Max Horten

Einführung in die türkische Sprache und Schrift

Literaricon

Max Horten

Einführung in die türkische Sprache und Schrift

ISBN/EAN: 9783965067615

Auflage: 1

Erscheinungsjahr: 2023

Erscheinungsort: Treuchtlingen, Deutschland

© Literaricon Verlag UG (haftungsbeschränkt)

www.literaricon.com

Printed in Germany

Einführung

in die

türkische Sprache und Schrift

von

Prof. Dr. M. Horten,

Privatdozent für orientalische Philologie an der Universität Bonn.

Halle a. S.

Verlag von Max Niemeyer

1916.

Inhaltsverzeichnis.

Vorwort.

Diese Einführung ist aus den türkischen Sprachkursen
des Winters 1915/16 enstanden. Es wurde damals großen
Kreisen des deutschen Volkes klar, daß in der Türkei ein
ausgedehntes Arbeitsfeld für deutschen Fleiß und deutsche
Unternehmungslust eröffnet worden sei — ein Feld, auf
dem unsere Kulturarbeit von dem kleinlichen und niedrigen
Neide Englands und der verächtlichen Hinterlist Frank-
reichs nichts mehr zu fürchten habe. Daher drängten sich
Hunderte von Strebsamen zum Erlernen des Türkischen
in der Hoffnung, sich einen Weg zu einer aussichtsreichen
Zukunft zu bahnen. Daraus ergab sich für die Leiter von
türkischen Sprachkursen ein neues Problem, das innerhalb
akademischer Kreise bis dahin noch nicht vorhanden gewesen war. Die türkische Schrift und Sprache sollte
weiteren Kreisen verständlich gemacht werden. Viele mit
Volksschulvorbildung meldeten sich zu den Kursen. Als
eine sehr große Schwierigkeit erwies sich das Problem der
türkischen Schrift. In den vorhandenen Grammatiken
war diese mit akademischer Kürze behandelt. Hier war
zunächst eine größere Ausführlichkeit dringend erwünscht.
Weitere Schwierigkeiten ergaben sich aus den Sprachformen, die zum Teil ungewohnte Begriffe waren, z. B.
die Gerundia des Türkischen, zum Teil undurchsichtig in
ihrem Aufbau wie die arabischen Formen, deren Einschlag
im Türkischen doch immer ein beachtenswerter bleiben
wird trotz aller sprachreinigenden Reformen. Wenn man
also nichts Unverstandenes dem Gedächtnisse einprägen

wollte, mußte der Leiter türkischer Kurse daran gehen, alle Sprachformen durchsichtig zu machen.

So ergab sich also die Notwendigkeit, zu den bisher vorliegenden Grammatiken[1]) und Konversationsbüchern[2]) und indirekt auch den sonstigen Hilfsmitteln[3]) zur Erlernung des Türkischen eine Einführung zu schreiben. Daß auch von anderer Seite dasselbe Bedürfnis empfunden wurde, zeigen einige der jüngsten Veröffentlichungen[4]). Sie legen besonderen Wert auf die türkische Kursivschrift und bieten wiederum besondere Schwierigkeiten, die für einen Anfänger ohne den Rat eines Lehrers wohl kaum überwindbar sein dürften. Von der Kursive und schwierigeren Texten sieht daher diese Einführung ab, zumal da

---

1) Jelitschka: türkische Konversations-Grammatik mit Schlüssel, Hagopian: turkish Conversation-Grammar and Key 1907, Horten: Kleine türkische Sprachlehre mit Schlüssel 1916, alle bei Julius Groos, Heidelberg, und mehrere andere Arbeiten, denen aber meistens der für Anfänger unentbehrliche Schlüssel fehlt.

2) Heintze: Türkischer Sprachführer, Leipzig u. Wien 1898, Bibliographisches Institut, Connor u. Bayer: Deutsch-türkisches Konversationsbuch, Heidelberg 1907.

3) Prof. Dr. Georg Jacob: Hilfsbuch für Vorlesungen über das Osmanisch-Türkische, Aufl. 1 (mit bibliographischem Wegweiser), 1911, dazu Franz Täschner: Glossar zu den transskribierten Texten in Georg Jacobs Hilfsbuch, 1915; 2. Aufl. des Hilfsbuches I. Teil 1915, II. 1916, III. in Vorbereitung (Berlin, Mayer & Müller). Eine erweiterte Auflage des Glossars erscheint Sommer 1916. Über die türkische Literatur orientiert: Türkische Bibliothek, hrsgg. von G. Jacob u. R. Tschudi. Die neueste Literatur über die Türkei wird besprochen in: Der Islam, Zeitschrift für Geschichte und Kultur des islamischen Orients, hrsgg. von C. H. Becker u. R. Tschudi. Reichhaltige Nachrichten über die moderne Türkei finden sich in: Die Welt des Islams, Zeitschrift der Deutschen Gesellschaft für Islamkunde, Berlin, und: Deutsch-türkische Industrie- und Handels-Rundschau, Dresden, Otto Polster. Österreichische Monatsschrift f. d. Orient; Wien usw.

4) Hans Stumme und St. Tertsakian: Türkische Schrift. Ein Übungsheft zum Schreibenlernen des Türkischen; Leipzig 1916, Hinrichs (schon in 3. Aufl.). W. Bolland: Erstes türkisches Lesebuch für Deutsche, Konstantinopel 1915, Deutsche Stein- und Buchdruckerei F. Löffler, Pera, Teke 585—587. Hans Stumme: Türkische Lesestücke, Leipzig 1916, Hinrichs. Hans Stumme u. Halil Tikret: Türkische Lesestoffe, Leipzig 1916, Harrassowitz.

sie nur die Absicht verfolgt auf die genannten umfangreicheren Grammatiken vorzubereiten. Alle grundlegenden
Fragen werden daher hier eingehender behandelt, also zunächst die Schrift, dann die Grundgesetze der Sprache
(Vokalharmonie, Entstehung von Vokalen und Konsonanten).
Gelegentlich der Vokalharmonie werden Deklination, Konjugation und Possessivsuffixe besprochen. Dadurch wird
dem Lernenden gezeigt, wie übersichtlich und leichtfaßlich
das gesprochene Türkisch ist. Die sonstige Formenlehre
konnte darauf in einem kurzen Überblicke zusammengefaßt
werden. Unter dem Titel „Syntax und Stilistik" werden
weitere Sprachprobleme gestreift, die sich erst nach Über-
windung der Formenlehre stellen und den Lernenden darauf
hinweisen sollen, daß das Wesen der Sprachbeherr-
schung in dem Verständnis für türkisches Denken und Empfinden liegt. In dieser Beziehung hat
jeder sich zu schulen, daß er in Konversation und Lektüre
auf die Eigenarten des Türkischen zu achten hat. Mit der
Zeit wird er dann seine eigenen Beobachtungen sammeln,
sich zu eigen machen und auf diese Weise in das türkische
Sprachbewußtsein eindringen. Nur auf diesem Wege ist
ein fehlerloses Handhaben des Türkischen zu erreichen.
Der Abschnitt II b will nur auf das Bestehen dieses Pro-
blemes hinweisen und einige Handhaben bieten. Abschnitt
II c verfolgt an leichten Sätzen das gleiche Ziel und führt
durch die Sprichwörter in die Begriffswelt des türkischen
Lebens ein. Jedes türkische Wort wird dabei umschrieben
und erklärt. Nachdem das Auge sich an diesen Proben
an die türkische Schrift gewöhnt hat, wird das Studium
einer der eingangs genannten größeren Grammatiken keine
unüberwindlichen Schwierigkeiten mehr bieten. Bei den
türkischen Kursen stellt sich immer wiederum heraus, wie
schwerverständlich die arabischen Formen sind. Auch auf
diesem Felde möchte diese Einführung nur den Weg zeigen.
Die Anleitung zum türkischen Briefstil und kaufmännischen
Schriftstücken dürfte wohl trotz ihrer großen Kürze nicht
ganz zwecklos sein. Sie will nur die ersten Schwierigkeiten
wegräumen und zu gründlicheren Studien anregen.

Nur schwer konnte ich mich entschließen, einige Angaben über türkische Metrik, den schwierigsten Teil der t. Grammatik, zu machen; denn eine eingehende Darstellung würde zu viel Raum beanspruchen und eine zu kurze muß in vielen Punkten unklar bleiben. Dennoch zog ich es vor, eine „zu kurze" der Einführung beizugeben. Der Lehrer wird hier dem Schüler mehr Aufschlüsse zu geben haben, und der Autodidakt mag die a.-t. Metrik in jeder beliebigen größeren arabischen Grammatik nachschlagen (Caspari, 5. Aufl., S. 420 ff.; Wright, 3. Aufl., II, S. 350—390; Nöldeke: Delectus, S. 234 ff.; Harder, S. 378 ff.; Hartmann: Metrum und Rhythmus. Die Entstehung der arabischen Versmaße). Zum ganzen Genusse der poetischen Stücke ist die metrisch korrekte Lektüre unerläßlich, da sie die Gefühlstimmung des Dichters und sogar eine Melodie seiner Worte wiederspiegelt. Der Lernende möge sich also die Mühe nicht verdrießen lassen, auch in diese tiefer liegenden, aber an kulturellen Werten (gefühlsmäßigen wie geistigen) um so reicheren Schichten der Sprachkenntnis einzudringen.

Die Aufgabe des Sprachstudiums ist es nicht, die Schriftbilder einer Sprache in Regeln zu fassen — eine auf solches zielende Grammatik bliebe in der Orthographistik stecken —, noch auch die akustischen Bilder, die gesprochenen und gehörten Worte zu analysieren und dem Gedächtnisse einzuprägen — ein solches Studium würde in der Formenlehre ersticken —, sondern die Sprache als psychisches Phänomen zu erfassen. Die beiden ersten Studien sind nur vorbereitende Stufen für das letzte, das man als Stilistik (im psychologischen und ästhetischen Sinne verstanden) bezeichnet. Wer also der Aufgabe, das Türkische zu erlernen, an die Wurzel fassen will, bestrebe sich, die türkische Denkweise zu erfassen. Er erreicht dies dadurch, daß er türkische Literatur in Bezug auf ihre Vorstellungen und deren Verknüpfungen untersucht, z. B. einen solchen Abschnitt möglichst frei ins Deutsche übersetzt. Die Übersetzung darf dem Originale sprachlich in keiner Weise folgen, sondern muß ihm nur gedanklich

gerecht werden, sprachlich aber aus dem deutschen Sprachgefühle erwachsen und durchaus deutsch empfunden werden.
Der Versuch der Rückübersetzung ins Türkische läßt die
Verschiedenheiten beider Sprachen dann deutlich hervortreten.

Der Weltkrieg hat eine Umgestaltung in den Beziehungen der Großmächte zu den kleineren Völkern her-
beigeführt. Die alten Kolonialmächte waren England,
Frankreich und Rußland. Sie gingen, England an der
Spitze (dazu noch mit der heuchlerischen Lüge auf den
Lippen, die Unabhängigkeit der kleinen Völker zu schützen),
darauf aus, die schwachen Völker zu entrechten, zu He-
loten zu machen und ihre selbständige Kräfteentfaltnng
in jeder Weise zu hindern. Indien, Persien, Ägypten usw.
sind die blutenden Zeugen dieser englischen Barbaren-
Politik. Die Türkei war von den drei genannten „Kultur-
mächten" als die nächste Beute ihrer kulturschänderischen
Ranbpolitik ausersehen. Ihr Besitzstand war zwischen
den eroberungslüsternen großen Länderräubern in Ab-
machungen schon längst aufgeteilt. Da erhob sich in
heiligem Kriege das flammende Schwert der Gerechtigkeit, um die elementarsten Völkerrechte (zunächst das
Recht der Selbstbestimmung der Schwachen) gegen die
englische Raub - Politik zu verteidigen, und das Welt-
gericht verlieh den Zentralmächten und der Türkei den
Sieg. Damit tritt an die Stelle der barbarischen Politik
Englands die Humanitätspolitik Deutschlands und
Österreichs. Ihr Grundsatz lautet: freie Entwicklung
und Kraftentfaltung der kleinen Völker. Auch der Schwache
hat das Recht der Selbstbestimmung und soll es geschützt
vor den Brutalitäten des englischen Imperialismus und
französischer Hinterlist und Auswucherung betätigen können. So hat der Weltkrieg aufgedeckt, in welchen Völkern Scheinkultur herrschte, unter der Barbarei schlum-
merte, und welche Völker die wahren Kulturideale verteidigen. Uns aber hat das gerecht waltende Schicksal
die Türkei zum Bundesgenossen und Freund gemacht. In
ihr, der neuen, freien und selbständigen Türkei, wird sich

ein großer Teil der wirtschaftlichen und kulturellen Schaffenskraft Deutschlands in Zukunft betätigen können. Ein neues, blühendes Leben wird sich dort entfalten können, unangreifbar und unvernichtbar durch den englischen Imperialismus. Möge unserm lieben Vaterlande eine segensreiche Tätigkeit in dem neu entstehenden Oriente beschieden sein!

Die Erlernung des Türkischen erfordert eine gewaltige Arbeit. Es liegt aber in unserm wirtschaftlichen, politischen und besonders kulturellen Interesse, daß viele Deutsche die Sprache unserer türkischen Verbündeten erlernen. Wenn dies auch für unsern Großhandel nicht erforderlich ist — die Geschäftssprache in der Türkei ist Französisch, Englisch, Griechisch und demnächst auch Deutsch —, so ist es doch wohl fast unerläßlich für den Kleinhandel und jeden, der eine dauernde Tätigkeit in der Türkei sucht und mit dem türkischen Volke selbst in Beziehung treten will. Zudem bezeugen wir dadurch unsern Verbündeten unsere Achtung, daß wir die große Mühe nicht scheuen, uns mit ihrer Sprache und Literatur bekannt zu machen. Jemandem, der in das Innere Kleinasiens kommt und der türkischen Schrift kundig ist, wird die Achtung eines Gelehrten nicht versagt, zumal da das türkische Volk nicht lesen oder schreiben kann. Er gilt sogleich als Autorität und kann seinen Einfluß in kulturfördernder Weise geltend machen. Erst auf dieser aufrichtigen Hochachtung, die wir unsern muslimischen Freunden bezeugen, wird sich eine dauernde Freundschaft aufbauen können. Erforderlich ist daneben auch, daß wir die Grundzüge der islamischen Religion kennen lernen und achten und dadurch vor befangenen und ungerechten Urteilen über sie bewahrt bleiben. Zu demselben Zwecke wäre auch ein kleiner Einblick in die islamische Kultur (Kunst, Ethik und Wissenschaft) und Geschichte von Vorteil. Auf diese Weise würden unsere Kulturpioniere zugleich ein günstiges Gegengewicht bilden gegen die rohe und barbarische Art und Weise, mit der z. B. der Engländer im Oriente verfährt, indem er dem Eingeborenen mit Stolz und Verachtung entgegentritt, ihre Kultur der der afrikanischen Neger fast gleichstellt, ihre Sprache als eine unzivilisierte betrachtet und ihre Religion mit Spott überhäuft. Solche englische Kulturlosigkeit wirkt um so abstoßender, als sie sich mit dem Scheine einer äußeren, materiellen Kultur umgibt und als englische Lüge und Heuchelei die eigene Gefühlsroheit und geistige Beschränktheit zu verdecken sucht. Möge Deutschland, das immer der wahre Hort der Kultur war, zum Entstehen einer neuen eigenen türkischen Kultur im nahen Oriente beitragen!

Bonn, 29. April 1916,
am Tage der Einnahme
von Kut al-Amara
durch die Türken.

I. Die türkische Schrift.

1. Die alleinstehenden Buchstaben.

Die türkische Schrift, die der arabisch-persischen gleich ist, besteht aus 32 Buchstaben. Sie wird von rechts nach links geschrieben. Die Vokale werden oft nur angedeutet (durch bestimmte Konsonanten), meistens aber unbezeichnet gelassen. Die Anordnung der Schriftzeichen ist nach der der Schriftbilder erfolgt auf Grund des hebräischen Alphabetes. Demnach ergeben sich folgende Gruppen [1]):

I	elif	‏ا‎	ﹶ (Vokalansatz)
II	be	‏ب‎	b
	pe	‏پ‎	p
	te	‏ت‎	t
	se	‏ث‎	s (t̠)
III	ǧim	‏ج‎	(dsch)

---

1) Abkürzungen: t. türkisch, a. arabisch, p. persisch, T. Türke, (das) Türkische, A. Araber, P. Perser, v. verbum, Verb, adj. adjektivum, adjektivisch, adv. adverbum, adverbial, s. substantivum, act. activum, pass. passivum, Si. Singular, Pl. Plural, m. masculinum, f. femininum, Inf. Infinitiv, Partz. Partizip, F. Form, Wortform, Verbalform. Die lateinischen Zahlen I—X bezeichnen die 10 a. Formen des Zeitworts, n. pr. nomen proprium (Eigenname), N. Nominativ, G. Genitiv, D. Dativ, A. Accusativ, Abl. Ablativ, L. Lokativ, ect = et cetera und so weiter. Wurzel und Suffixe werden durch einen Bindestrich getrennt und die alleinstehende Wortwurzel mit einem solchen gekennzeichnet.

1

	čim	ج	č (tsch)
	ha	ح	h (ḥ)
	ḫaj	خ	ḫ, h
IV	dal	د	d
	zal	ذ	z (ḏ)
	ry	ر	r
	ze	ز	z
	že	ژ	z (j, weiches sch)
V	sin	س	s
	šin	ش	š (sch)
	sad	ص	s (ṣ)
	dad (zad)	ض	z (ḍ)
	ty	ط	t (ṭ)
	zy	ظ	z (ẓ)
VI	'ain	ع	ʿ
	ġain	غ	ġ
VII	fe	ف	f
	kaf	ق	k (ḳ)
	kjaf	ك	k
	gef	گ	g
VIII	lam	ل	l
	mim	م	m
	nun	ن	n
	vav	و	v
	he	ه	h
	je	ى	j

Die Verwendung und Aussprache dieser Buchstaben
ist folgende:

I. elif ١ = ' ist Vokalansatz für jeden Vokal, also
seinem Wesen nach ein Konsonant, d. h. die Mundöffnung, von der aus jeder Vokal gesprochen werden kann.
Mit dem a. Dehnungszeichen (medde) آ wird im T. a im
A. und P. ā bezeichnet آدم adam der Mensch (aus dem

Hebraeischen durch das A.) ابت et Fleisch آت at Pferd ايت it Hund اوت ot Gras اوفاق ufak klein اوغر uğur, oğur gute Vorbedeutung (von augur-ium), Glück. Mit ع hemze (Schlagen; auch: „Zusammenpressen", „Einengung" d. h. des Kehlkopfes; die F. ist verkürztes ع) versehen ist seine konsonantische Natur besonders betont (als Stimmansatz und Stimmabsatz), sodaß es dann nicht als Dehnungszeichen für a gelesen werden darf te'sir تأثير (nicht tasir) Einwirkung, Verursachung (a. aṯara wirken, t. eser اثر Wirkung), mes'ele مَسْأَلة Frage (مساله wäre mesale), Selten wird ا nach einem Konsonanten als e gelesen.

II. Die vier folgenden Konsonanten haben die gleiche Basis des Schriftbildes: ب. Nur durch unterscheidende Punkte werden sie im einzelnen deutlich gemacht. ب = b, am Ende der Silbe oder des Wortes oft p (besonders vor t) edib = edip. پ = p, nicht in a. Worten, ت = t, mit Vokal gesprochen, also unter Einwirkung eines solchen wird es oft zu d erweicht dört درت vier dördü دردى vier Teile von dem Genannten, vier von ihnen ث = s. a. = ṯ = dem englischen th (stimmloser bidentaler Spirans).

III. Die vier folgenden Konsonanten weisen ebenfalls dasselbe Schriftbild auf. Nur die diakritischen Punkte führen Unterscheidungsmomente ein: ج = dsch = ǧ, چ = tsch = č. ح a. ḥ Reibelaut in der Kehle, im T. h. Er verliert oft seine Natur als Kehlkopflaut und wird dadurch zum „hellen" Konsonanten, der „helle" Vokale verlangt (s. Vokalharmonie): خ = ch in ach = ḫ am Schlusse von Silben und Worten, unter Vokal erweicht zu h: p. ḫudā Gott = t. huda, dem a. هدى huda (mit he) zum verwechseln ähnlich gesprochen: „die richtige Leitung in religiösen Dingen" (dies t. hüda gespr.).

IV. د = d, oft zu t verschärft unter Einfluß eines andern t: et-di = etti er tat, at-dan = attan von dem Pferde; ذ = z (weiches s, a. = ḏ = englischen dh), ر = r, ز = z, ژ = französischem j in jour = ž.

V. س = s, ش = sch = š. Die folgenden vier Laute sind eigenartige a. s- und t-Laute (die Zungenspitze wird

etwas zurückgebogen und artikuliert oberhalb des Zahn-
fleisches), die im T. von ihrer Eigenart im A. nur die
dunkle Vokalisation beibehalten haben (s. unten). Ihnen
gegenüber sind ث und س „helle" Konsonanten, d. h. sie
haben helle Vokale: ص = s', ض = z (weiches s, dem ذ
und ز gleich, doch neigen diese zu hellen Vokalen), ط =
t, ظ = z (= ض).

VI. Der spezifisch semitische Kehllaut unterscheidet
sich im T. nur dadurch von elif, daß er (meistens) dunkle
Vokale hat, während elif vokalisch indifferent ist. Hörbar
bleibt von ihm nur der Vokalansatz. غ Zäpfchen -r mit
Kehlkopfartikulation wie bei ع oft = v.

VII. ف = f, ق = k, von ك durch dunkle Vokale
unterschieden. Die scharfe Kehlkopfartikulation des a. ḳ
ist im T. verwischt. Unter Vokal wird es zu ġain erweicht, ك ist 1. palatales k („arabisches k"), 2. g („persisches g"). Vor Vokalen, besonders vor a lassen sie ein j
nachklingen, ein Beweis dafür, daß die Artikulation am
vordersten Gaumen stattfindet, während die des ق k etwas
zurückliegt. 3. Unter Einfluß von Vokalen wird es oft nasa-
liert: ñ = ng und 4. sogar zu j erweicht. jijit Held geschrieben jikit, jkt, eje Feile geschr. 'kh (eke), jirmi
zwanzig geschr. jkrmi. Zum Unterschiede von dem ersten
k erhält g (wenn auch selten) und ñ einen Strich ݢ oder
drei Punkte ڭ. ñ wird oft wie n gesprochen und mit n
auch geschrieben und umschrieben.

VIII. ل = l, م = m, ن = n, و w (bilabiales) = v
umschrieben v, ه = h, ى = j. (Beispiele zur Erläuterung
dieser Verhältnisse folgen später).

Die *Vokale* der original-türkischen Worte unterscheiden
sich nicht durch Länge und Kürze. In den Fremdworten
wird jedoch die Länge deutlich gesprochen, solange das
betreffende Wort als Fremdwort empfunden wird. Die
Zeichen für die Vokale sind weniger zahlreich als die in
der lebenden Sprache vorhandenen Selbstlaute. Daher hat
dasselbe Zeichen oft viele Werte. Die drei (arabischen)
nur in Korantexten obligatorischen Vokalzeichen sind:

1. فتحه fetha t. üstün = a ـَ = بَ ba (a. fataḥa öffnen)

2. كسره kesre t. esre = i ـِ = بِ bi (a. kasara (zerbrechen)

3. ضمه ḍamma, zamme t. ötürü = u ـُ = بُ bu (a. ḍamma hinzufügen).

Die Doppelsetzung dieser Zeichen wird mit einem folgenden n. gelesen. Bei a. fügt man noch ا hinzu بًا ban (nicht بٍ), بٍ bin بٌ bun. Im T. wird ا als a gelesen z. B. in حالا hala jetzt, مثلا mesela zum Beispiele (ursprünglich a. Accusativ in adv. Bedeutung).

Eine andere Bezeichnung der Vokale ist die in 3 bereits vorliegende durch Konsonanten. Diese sollen dabei nur Andeutungen für Selbstlaute sein und verlieren dann ihre Eigenschaft als Konsonanten. In a. und p. Worten werden auf diese Weise die langen Vokale geschrieben: ١ ā, ى = ī, و = ū. In ى aj bleibt ى Konsonant, ebenso و in و av (a. au). ا ist als „Direktionsbuchstabe" Anzeichen für a, selten e, و für u, o, ü, ö y und selten i ى für i, y, ü, u und ه h für e und a (meistens am Ende, selten im Innern des Wortes).

Die Konsonanten werden noch in einer anderen Reihenfolge genannt, wenn sie nämlich als Zahlzeichen verwandt werden. Diese Reihenfolge stellt eine ältere Entwicklungsphase der semitischen Schrift dar (die des Hebräischen, Syrischen und Aramäischen), an die noch das griechische Alphabet (dieses Wort entstammt dem Aramäischen) anklingt:

I	ا	' =	1 bir		بر
	ب	b =	2 iki		ايكى
	ج	ğ =	3 üč		اوچ
	د	d =	4 dört		درت
II	ه	h =	5 beš		بش
	و	v =	6 alty		آلتى
	ز	z =	7 jedi		يدى
III	ح	ḥ =	8 sekiz		سكز

	ط	ṭ =	9 dokuz	ضقوز
	ى	j =	10 on	اون
IV	ك	k =	20 jirmi	يكرمى
	ل	l =	30 otuz	اوتوز
	م	m =	40 kyrk	قيرق
	ن	n =	50 elli	اللى
V	س	s =	60 altmyš	آلتمش
	ع	ʿ =	70 jetmiš	يتمش
	ف	f =	80 seksen	سكسان
	ص	ṣ =	90 doksan	طقسان
VI	ق	ḳ =	100 jüz	يوز
	ر	r =	200 ikijüz	ايكى يوز
	ش	š =	300 üčjüz	اوچ يوز
	ت	t =	400 dörtjüz	درت يوز
VII	ث	ṯ =	500 bešjüz	بش يوز
	خ	ẖ =	600 alty jüz	آلتى يوز
	ذ	ḏ =	700 jedi jüz	يدى يوز
VIII	ض	ḍ =	800 sekiz jüz	سكز يوز
	ظ	ẓ =	900 dokuz jüz	طقوز يوز
	غ	ġ =	1000 biñ	بيك

Die einzelnen Gruppen werden durch Merkworte (das
erste: abǧed = ابجد) zusammengefaßt. Mit ت, Ende von
VI schließt das hebräische Alphabet. Im praktischen Leben
sind die „indischen" Zahlenzeichen in Gebrauch, die wir
als die arabischen übernommen haben ١ ٢ ٣ ٤ ٥ ٦ ٧ ٨ ٩ ٠
1 2 3 4 5 6 7 8 9 0 (von links nach rechts gelesen).

2. Die Verbindung der Buchstaben.

Nachdem die Buchstaben in ihrer selbständigen Form
besprochen sind, sind sie noch in der veränderten Gestalt
zu erklären, die sie zu Anfang und in der Mitte wie am
Ende des Wortes annehmen. In der Verbindung mit andern

Konsonanten nehmen viele eigenartige Formen an, die von der selbständigen Form verschiedentlich abweichen. Nach dieser ihrer neuen Gestalt ergeben sich besondere Gruppen verwandter Schriftbilder.

I. Elif wird nur nach rechts, nicht nach links verbunden ba = با. In solcher Verbindung zieht man den Strich des a ا von unten nach oben — sonst, in der selbständigen Stellung von oben nach unten. Soll er als scharfer Vokalansatz bezeichnet werden, so setzt man ein ء über diesen Buchstaben أ. In manchen Worten hat sich eine besondere Schreibung eingebürgert, indem elif als senkrechter Strich über einen Buchstaben geschrieben wird z. B. in Allah (Gott) s. unten. Nach l ل wird ا ebenfalls in die Höhe gezogen, sodaß es in das ل zu liegen kommt لا la, vielfach in den Grammatiken am Ende des Alphabetes wie ein besonderer Buchstabe angeführt. Bei dieser Verbindung beginnt man mit ل und schreibt dann das ا vom unteren Bogen des ل aus. Die Kursive beginnt oft mit dem ا und zieht vom unteren Ende des ا das ل als eine Schleife nach rechts [1]).

Mit ا sind wir in die Gruppe der Konsonanten gekommen, die in der Druckschrift nicht nach links verbunden werden. Zu dieser Gruppe gehören ferner 1. d = د z. B. بد bd, aber دب db (ohne Verbindung); 2. z ذ : bz بذ aber ذب zb; 3. ر r بر br aber رب rb; 4. ز z : بز bz aber زب; ‖5. ژ : بژ bž aber ژب; 6. و v : بو bv aber وب vb.

II. B ب führt uns in eine Gruppe von sechs gleichen Schriftzeichen, die sich nur durch die diakritischen Punkte unterscheiden. Sie gruppieren sich wie folgt in ihrer Form zu Anfang des Wortes oder einer Silbe, die die Feder mit neuem Ansatz beginnt:

1. ب = b	4. ن = n
2. ب = j	5. ت = t
3. پ = p	6. ث = s.

---

1) In den türkischen Schreibheften z. B. Stumme: Die türkische Schrift, Hinrichs, Leipzig 1916, S. 4 Z. 2 gegen Ende.

Die linke Reihe hat die Punkte untergesetzt, die rechte hat sie übergesetzt. Wir finden in dieser Gruppe also n, das unverbunden und am Ende ein Bogen ist ن und j, das sonst die Form ى hat. 1. بر br, mit i gelesen: bir = eins, einer, بو bv, mit u gelesen: bu dieser, بز bz mit i: biz wir, b und a doppelt gesetzt = بابا der Vater (p). 2. ja = با, jr: یر mit e gelesen: jer der Ort, یو jv: ju, jo, jü, ji z. B. ایو eji (ejü) gut auch ایى, یز jz, ایز iz wir sind (بز ایز biz iz), eine Form des Hilfszeitwort und ایز iz (dasselbe Schriftbild!) die Fußspur. 3. پا pa, پاى paj der Teil, der Fuß, پب pb, پن pn. 4. نا na nicht, persische Negationspartikel bei Adj. نت nt, نث n (t) s. نى nj. 5. تا ta (p. Partikel: „ungefähr" bei Zahlen), تن tn mit e: ten p. der Leib, 6. ثا sa, ثن sn. In der Mitte des Wortes ergeben sich verwandte Formen

1. ـبـ = b			4. ـنـ	
2. ـيـ = j			5. ـتـ	
3. ـپـ = p			6. ـثـ	

تپه tepe = دپه depe (der letzte Konsonant ist h am Ende) = der Hügel, پیر pir der Alte, das Oberhaupt religiöser Orden, im besonderen mystischen Sinne: der religiös-moralische Führer einer Zeitepoche, der Imam der Zeit. Am Ende erhalten sie wiederum ihre selbständige Form ببب bbb, بى bj = bi p. Negationspartikel vor Substantiven: „ohne", بن bn = ben a. Sohn, im Zusammenhange verschiedener Namen, allein und am Anfange ابن elif bn = ibn, mit Vokal ابن, نت nt, نث n (t) s.

III. Die dritte Gruppe bilden die Buchstaben ج ǧ, چ č, ح ḥ, خ ḫ, die zu Anfang und in der Mitte des Wortes den Halbbogen nach unten verlieren und nur durch den spitzen Winkel ausgedrückt werden. Zu Anfang جـ g, چـ č, حـ h, خـ ḫ z. B. جا ǧa, جد gd, mit e und verdoppeltem d: ǧedd Mühe, Arbeit, جان ǧan Seele, Geist p. جن ǧn mit i und doppeltem n: ǧinn Gespenst, Kobolde in der Wüste (eine den Orientalen völlig beherrschende Vorstellung), چان čan die Glocke, جز ǧüz (a. جزء ǧuz')

Teil. حد hd, mit a und doppeltem d: hadd Grenze; Definition, Strafe, حر hr mit u und doppeltem r: hurr frei,
حريت hurrijét Freiheit, خان han 1. Karavanserei, 2. Titel
der türkischen Sultane, خاندان handan edle Familie. Ihre
Form in der Wortmitte ist dieser sehr verwandt. Der
Anschluß nach rechts wird durch einen kleinen Strich ver-
mittelt: ج ǧ, چ č, ح h, خ ḫ: حح hh, حج hǧ, حج hč,
خج ḫǧ, حاج haǧǧ Pilger nach Mekka = haǧǧi (auch haǧi
gesprochen), حث bahs (bahys) Untersuchung, Verhand-
lung, يحيا Jahja = Johannes, حری bahri Seemann,
حر bahr Meer, حريه bahrije Marine (h am Ende für e).

IV. Die folgende Gruppe umfaßt die s- und t-Laute:
س s, ش š, ص s, ض z, ط t, ظ z. Der Endbogen der
vier ersten Buchstaben geht am Anfang und in der Mitte
des Wortes verloren: س s, ش š, ص s, ض z. سر sr = ser
p. Kopf = t. باش baš Führer, Leiter eines Unternehmens,
باص bas leg hin! Impt. ضرر zrr zarer Schaden, Unglück,
von a. ḍarra Schaden zufügen, ظن zn, mit a und doppeltem
n = ظن zann = unsichere Vermutung, Meinung, نظر nazar
Blick, Betrachtung, طاش taš Stein, نصر nsr, nasr Sieg,
دين dīn Religion, Recht, نصر الدين nasr el-din gesprochen
nasreddin (l assimiliert sich dem d wie überhaupt allen t-
und s-Lauten) Nasreddin, bekannter Name, صس ss, طش tš.

V. Die beiden 'ain-Laute ع غ haben besondere Eigentümlichkeiten. Zu Anfang haben sie die Form ع غ, in der
Mitte nehmen sie die Form eines Dreiecks an, das meistens
einem breiten Punkte ähnlich sieht ه غ. Am Ende wird
der untere Bogen, der sonst ausfällt, wieder ausgeschrie-
ben, عين 'jn = 'ain Auge, Quelle, Name dieses Buchstaben,
ععع dreimal ain, بع b', بعب b'b, طع t', عط 't.

VI. Die folgenden Buchstaben bieten keine Schwierigkeiten mehr. 1. ف f, ڢف = ff, نفر nfr nefer Mann,
Mensch, Person, فرار frar firār Flucht, fliehen. 2. ق k, قر
kr a. karra fest, kalt sein, قرار krar karar Festsetzung, Be-
schluß, Abkommen, das getroffen wird. 3. ك k, helles k,
ديك djk = dik, Perfektsuffix = ديق djk dyk بيك bjk

oder bjñ, bjg. biñ = tausend بك bk = bj bej der Bej,
Prinz تك tek allein, كاروان karvan kjarvan die Karavane.
4. l = ل. كل kl, لك lk, كن kn, قيش kjš = kyš Winter,
كوز k(g)vz, v kann für ö und ü hier stehen göz Auge,
güz Herbst, كوزل gvzl güzel schön, gut, لر lr mit e oder
a gelesen ler, lar, Pluralsuffix كوزلر güzel-ler die schönen
Dinge. 5. م m, am Anfang م, in der Mitte م, am Ende
م; ايم 'jm = im ich bin, بن bn: ben ich بن ايم ben im
ich bin, بنم bnm: benim meiner, بكا bka, k = ñ: baña
mir. بنى bnj beni mich, بندن bndn: benden von mir her
(Ablativ), بنده bndh (h steht hier für e): 1. bende in mir
(Lokativ), 2. als p. Wort gelesen bende der Diener (Nominativ); بز bz biz wir (-iz ist Pluralsuffix), بزم bzm: bizim unser, بزه bzh: bize uns (Dativ), بزى bzj: bizi uns
(Acc.), بزدن bzdn: bizden von uns (Ablativ), بزده bzdh:
bizde in uns (Lokativ); سن sn: sen du, سنك snk(gñ):
seniñ deiner, سكا sña saña dir, سنى seni dich, سندن sen-
den von dir, سنده sende in dir, سز siz ihr, سزك siziñ euer,
سزه size euch (Dativ), سزى euch, سزدن sizden, سزده sizde
in euch, او o, اول ol er sie es, اونك onuñ seiner ... اوكا
oña, ona ihm ... اونى onu ihn ... اوندن ondan von ihm,
اونده onda in ihm, اونلر onlar sie, اونلرك onlaryñ ihrer,
اونلره onlara ihnen, اونلرى onlary sie, اونلردن onlardan von
ihnen, اونلرده onlarda in ihnen.

VIII. Der schwierigste Buchstabe des türkischen
Alphabetes ist h, am Anfange: ه, in der Mitte: ه (in der
Kursive werden diese Schleifen zu spitzen Winkeln, von
denen meistens nur der untere ausgeführt wird), am Ende
ه. Diese Form gleicht am meisten der des alleinstehenden
h — ه: ههه 3 mal h, هيم hic irgendeines, wenn das zugehörige Verbum negiert wird: keines, الله allāh Gott (der
einzige Gott). هلال hlal: hilāl der Halbmond, هل hll
(ّ = Verdoppelungszeichen): das Erscheinen der Mondsichel
begrüßen, هلال أحمر hilal-i-ahmer der rote Halbmond, ahmer
rot, f. al-hamrā, الحمراء die rote (Alhambra). Das i zwischen beiden Worten ist die persische Form der Genitiv-

verbindung, die auch zwischen Substantiv und nachge-
stelltem Adj. verwandt wird. Die t. Syntax verlangt
Voranstellung des Adj. هديه hdjjh: hedīje Geschenk,
Wurzel هدى führen, leiten. مهدى mhdjj mahdīj „der
von Gott Geleitete“, der Mahdi, der berufen sein wird,
„ein neues Weltreich zu gründen, in dem die Gerechtigkeit
wohnt“, هپ hp hep alle, همشيره hmšjrh: hemšire Schwester
(p. hem zusammen, šīr Milch „die die gleiche Milch getrunken hat“), هر hr: her jeder, هركس her kes jedermann
(„jede Person“), نه né was, نه قدر né kadar wie viel? kadar Quantität, هر نه قدر „jedes wie viel es auch sei“ =
so viel als, obgleich, trotzdem daß, هروقت her vakyt immer,
zu jeder Zeit, هر طرفده hr trfdh: her tarafda „in jeder
Gegend, Richtung“ = überall, هند hnd: hind Indien, in-
disch, Hind, ein Mädchenname, هيچ بر يرده hic bir jerde
„an keinem Orte“ (hič zur reinen Negation geworden) =
nirgends, هيچ بر شى „nicht ein Ding“, absolut nichts, هيچ
بر وقت hič bir vakyt „nicht zu einer Zeit“ niemals, هجوم
hǧvm: huǧūm Angriff.

3. Beispiele mit Formenanalyse.

Der Lernende ist nunmehr imstande, ganze Worte zu
schreiben. Es sollen einige allbekannte a. und t. Worte
zunächst nach ihrem Schriftbilde, dann aber auch wenigstens in etwa nach ihrer grammatischen Form besprochen
werden. Dadurch ergibt sich der Übergang von der Schrift-
lehre zum folgenden Teile der Sprachlehre.

1. Ahmed enthält als Konsonanten elif ١, ح in An-
fangsstellung, م und د احمد (ohne Vokale) = 'ḥmd oder
von rechts nach links (dem arabischen Schriftbilde parallel) dmḥ'←. 2. Der Name des letzten Sultans ist
Abdulhamīd 1876—1908. Der lange Vokal i wird durch
j angedeutet und zwar in a. Worten regelmäßig, wenn
der Vokal lang ist. Das erste a hat als Konsonanten ein
'ain = ‘. Der Bestandteil des Schriftbildes ist also

'bdlhmjd, in der dem T. parallelen Schreibform von rechts nach links: d j m h l d b' ⟵ = عبدالحميد mit Vokalen: عَبْدُالْحَمِيد. 'abd Diener v. 'abada = dienen, al-hamīd der Gelobte, ein Name Gottes, al (el gesprochen, a. a-Vokal wird im Vulgärarabischen oft, im Türkischen immer, wenn auf hellen Konsonanten stehend, zu e) hamīd, hamada loben. Die Wurzel hat, wie meistens im A. d r e i Konsonanten. Zwischen dem 2. und 3. ist ein langes i eingeschoben. Bezeichnet man die drei Wurzelkonsonanten mit Zahlen, so ergibt sich als typisches Bild der Form (von rechts nach links): 3 j 2 1, mit Vokalbezeichnung: 3 j i 2 a 1 ⟵. 3. Häufig trifft man auf den Namen Mahmūd = mhmvd (u wird durch v angedeutet; es ist in dieser Form lang) = d v m h m ⟵ = محمود (der) Gelobte. Die Wurzel ist dieselbe wie in den vorausgehenden Worten حَمَد loben (diese Form, in der die Wurzeln genannt werden ist 3. Pers. Perfekt: er hat gelobt). Das typische Bild ist 3 v 2 1 m ⟵ oder 3 ū 2 1 a m ⟵ ein passives Partizip, während hamīd eine Adjektivform und Ahmed „der sehr Gelobte" eine Steigerungsform (Typus 3 2 1 a) ist. 4. Der Name des Propheten ist Muhammad, unvokalisiert mhmmd = دمحم = مُحَمَّد. Der mittlere Vokal ist verdoppelt, was durch das Verdoppelungszeichen ـّ (tešdīd) angedeutet werden kann, Typus 3 a 2 2 a 1 u m. Die Verdoppelung bedeutet eine Intensivform: „der viel Gelobte". 5. el-hamdu lillah „Das Lob gebührt Gott" ist ein Segenspruch el = Artikel ا + ل hamdu Lob, Substantiv, li Präposition: gehörend dem, gebührend dem llah (aus allah, das erste a ist Hilfsvokal und fällt in Verbindungen aus). Das letzte a ist lang und kann daher mit elif bezeichnet werden, das in diesem Worte über lam zu setzen ist: الْحَمدُ لله oder الْحَمدُ لله. 6. Eine andere Form derselben Wurzel ist hāmid „lobend" mit langem a nach dem ersten Konsonanten, Typus 3 i 2 ā 1 ⟵, während in hamd der Typus vorliegt 3 2 a 1 ⟵.

Aus diesen Beispielen ergibt sich eine Reihe, die auf

den ersten Blick als verwandt erscheint. Es sind Formen derselben Wurzel, eine Steigerungsform (No. 1 sehr gelobt) احمد, eine Adjektivform (حميد lobenswert, gelobt), ein passives Partz. (محمد), das ihm entsprechende aktive (حامد), ein Partz. der Intensivform (mit verdoppeltem m (محمّد) und ein Substantiv derselben Wurzel (حَمْد). Überall treten die drei konstanten Konsonanten hervor h m d, während die übrigen Bestandteile der aufgezählten Formen wechseln. Das Bleibende ist die Wurzel, die aus allen Bildungen herauszufinden ist, das sich Verändernde die formbildenden Momente, teils Vokale, teils Konsonanten mit oder ohne Vokal. Das Gruppierungsprinzip dieser Reihe ist die allen gleiche Wurzel. Gruppiert man die Worte nach der Form, so wird die Eigentümlichkeit derselben um so deutlicher, da sie an verschiedenen Wurzeln gezeigt wird.

Eine besondere Reihe von Formen sind dem allbekannten Worte 1. Tarif parallel 1. tarif = a. ta'rīf = t'rjf ت رع ى ف = تعريف Preisliste, zunächst: Bekanntmachung, Bestimmung, Definition von 'arafa: 'rf = عَرَف wissen, speziell im mystischen Sinne: Gott in besonderer Weise erkennen nach Art der islamischen Mönche, Derwische, Sufis (صوفي). 2. tesir = Einwirkung, Einfluß, Bedeutung: a. ta'tīr = t'tjr, t'sjr = تأثير von a. 'atara eine Spur im Sande hinterlassen, eine Wirkung ausüben اَثَّر, 'eser = 'sr اَثَر Wirkung, Leistung eines Menschen, seine Werke, Schriften .... 3. tesis a. ta'sīs = t'sjs تأسيس Grundsteinlegung, Gründung, ins Leben rufen, bewerkstelligen, esās Fundament اساس. 4. tedbir Anordnung, Leitung تدبير tdbjr, von seiten Gottes: die Weltleitung, sonst: Verwaltung eines Institutes. 5. tahsyl : thsjl = تحصيل Erlangung, Erwerbung, Gewinnen, Erlernen, Grundgedanke: Wirklichmachen, Aktualisieren, حصل hasala wirklich werden. 6. تسليم Übergeben des gekauften Objektes an den neuen Besitzer, Aushändigung. 7. tahsys : thsjs تخصيص Kennzeichnung, Bestimmung mit einer besonderen

Eigenschaft, Wurzel: ḫṣṣ خصّ ḫaṣṣa bezeichnen. Daß alle diese Formen nach der Art ihrer Bildung verwandt sind, liegt auf der Hand. Der Typus ist: 3 ī 2 1 a t ←. ta ist vorgesetzt und langes i zwischen zweitem und drittem Konsonanten eingeschoben. Ersetzen wir die drei Zahlen durch die Konsonanten des Schulbeispieles katala, so erhalten wir die typische Form تقتيل taktil. 8. Eine bekannte konstantinopeler Zeitung hat den Namen: tasvir-i-efkjar: tsvjr-i-'fkar, تصوير افكار „Spiegelbild der Gedanken" ṣavvara ein Bild herstellen, II. Verbalform zu ṣ. ṣūra (das) Bild افكار Pl. von فكر, fikr Gedanke v. fakara فكر denken. 9. Taufik t. Tevfik, ein Personenname, bedeutet: Glück „das Glück erhalten durch Gott" oder aktiv aufgefaßt: „Erfolg verleihen seitens Gottes" = die göttliche Gnade: tvfjk = توفيق.

Eine im T. sehr häufige a. Wortform ist die in mahmud vorliegende. 1. mevǧud : mvgvd: موجود existierend, a. vaǧada finden وجد, 2. mehǧub verschleiert : mḥǧvb محجوب. 3. meǧhūl unbekannt : mǧhvl مجهول. 4. maḫsūs besonders, eigenartig, gekennzeichnet, speziell: mḫṣvṣ خصوص. 5. memnun erfreut, dankbar, ursprünglich: „beschenkt": mmnvn ممنون, a. manna schenken, memnunijet: Dankbarkeit ممنونيّت. 6. makbul : mkbvl مقبول „angenommen", empfangen, aufgenommen, annehmbar, gebilligt, angenehm, was meine Zustimmung findet. Der Typus ist nach قتل : مقتول. Auch in Namen vorkommend: Mansur: منصور „dem Gott Sieg verliehen hat" vgl. Nasr-eddin نصر الدين Sieg der Religion (nasr = نصر Sieg), Mamun: m'mvn مامون, المأمون, amina امن in Sicherheit sein, sich jemandem anvertrauen, المأمون al-ma'mūn „dem man sich anvertraut hat, anvertrauen kann", die Stütze, der Machthaber, die Säule des Reiches, amīn = treu امين, nach einem Gebete gesagt = Amen = sicher.

Das Wortbild von · hamid حميد: Typus 3 j i 2 a 1 ←: langer i-Vokal zwischen Konsonant 2 und 3 und kurzes a nach 1, findet sich äußerst häufig: 1. tanin: tnjn =

طنين „das Klingen“, das Echo, Name einer bekannten konstantinopeler Zeitung, a. ṭanna klingen. 2. reis: r'js Führer رئيس, Leitender z. B. Direktor einer Schule, re's Kopf a. ra's. 3. Abdalmeǧīd, Name eines t. Sultans: عبد المجيد „Diener des Gelobten“, Preisenswerten = Diener Gottes. maǧada مجد loben. 4. kesir: ksjr a. ktjr = كثير viel. 5. kebir: kbjr groß كبير. 6. Abdelhalim, häufiger Name 'bd'l hljm: عبد الحليم „Diener des Mildherzigen“, „Gnädigen“ = Diener Gottes, h l m حلم ḥalima milde sein, 7. Abdellatif: 'bd'lltjf عبد اللطيف „Diener des Gnaden-spenders“ Diener Gottes, lutf لطف Gnade, Freundlichkeit. 8. Selim ist als Name von Sultanen ebenfalls bekannt: sljm: سليم. 9. Abdelhakim: 'bd'lhkjm عبد الحكيم „der Diener des Allweisen“. 10. Halil, ein häufiger Name: ḫljl: خليل „der Freund“, im speziellen Sinne: Abraham als d e r Freund Gottes. 11. ǧemīl schön: ǧmjl: جميل. Dieselbe Wurzel liegt in dem Worte ǧemel = Kamel (a. Fremd-wort) vor. 12. Abdelaziz: 'bd'l'zjz: عبد العزيز „der Diener des Mächtigen“, ein häufiger Name. 13. Die Haupteigen-schaft, die Gott in den Gebetsformeln beigelegt wird, lautet: er-raḥmān er-rahīm الرحمان الرحيم und der Spruch, mit dem der Muslim seine Arbeit beginnt, lautet daher: bismi-llahi-rrahmāni-rrahīmi. Das l des Artikels assimiliert sich dem r und der Vokal desselben fällt in Verbindungen mit an-dern Worten aus: بسم الله الرحمان الرحيم: Im Namen Gottes des Allerbarmers (ism Name, bi = mit). Gott ist für den Muslim der liebende Vater, der alles zum Besten seiner Gemeinde leitet. 14. Vezir = وزير „der eine Last Tra-gende“ Minister. 15. Emir Befehlshaber: امير amara befehlen.

Von bekannten Worten mögen noch genannt werden: 1. Nureddin „Licht der Religion“ din دين Recht, Religion, medina („der Ort wo Recht gesprochen wird“ entwickelt sich zur:) Stadt, نور Licht, in der Steigerungsform (vgl. Ahmed احمد): أنور enver „der sehr Lichtreiche“, der von Gott sehr Erleuchtete. 2. Saladin: slah 'ddjn صلاح الدين Blüte der Religion, صلاح = der geordnete, blühende Zu-

stand. 3. Schemseddin: šms'ldjn شمس الدين Sonne der
Religion. 4. Nağm-eddin nǧm 'ldjn نجم الدين Stern der
Religion. 5. Der islamische Gruß lautet: essalāmu ʿalaika
= essalām alek der Friede sei über dir السلام عليك. سلام
ist Substantivform: Typus 3 ā 2 a 1 ←. Die drei Wurzelkonsonanten sind also سلم = heil sein. Von derselben
sind gebildet Selim سليم der Friedreiche, Sulaiman = So-
liman سليمان (die Endung ān bildet auch Adjektiva z. B.
er-rahmān الرحمان auch geschrieben الرحمن) Salomo, teslīm
تسليم die Aushändigung, Islam: 'slām = اسلام „sich vertrauensvoll Gott hingeben" Gottvertrauen (dem Begriffe
der fides im ersten Christentume gleich), Muslim: mslm
مسلم der sich vertrauensvoll Gott Hingebende (Partz. derselben Form wie اسلام). Daraus ist ersichtlich weshalb
der Gruß: assalam aleka (oder alekum der Friede sei mit
euch) nur unter Muslimen gebräuchlich ist; denn Muslim
ist ein solcher, der den Salam besitzt, den wahren Frieden
mit Gott, der den Andersgläubigen nicht zukommt.
6. Hasan: ḥsn حسن der Schöne, dazu Diminutivum Hu-
sain, der kleine Hasan حسين Typus 3 j a 2 u 1 ←. Ein
Diminutivum von Ḥuda t. Huda خدا p. Gott = خديوى:
hudaivi = der Kedive von Ägypten. 7. Sultan: sltan سلطان
Substantivbildung auf ān, die Macht, dann: der Machthaber. 8. Mustafa „der von Gott Auserwählte" مصطفى
von der Wurzel ṣafā rein sein, Typus: 3 a 2 a t 1 um ←.
9. in ša-llah wenn Gott will = ان شاء الله, ša'a er hat
gewollt, ma ša-llah ما شاء الله „was Gott gewollt hat" =
wenn G. etwas gewollt hat. 10. (wa) Allahu akbar t. ekber والله اكبر Gott (aber) ist größer.

Das Wort Moschee führt uns zu einer eigenartigen
Form, die mit vorgesetztem ma- (t. me-) gebildet wird
und den Ort bezeichnet, an dem die Handlung des genannten Verbs sich vollzieht: msǧd = مسجد Wurzel:
سجد sich verneigen und mit der Stirne den Boden berühren, die Prosternation machen. مسجد ist also jeder
Art der Gottesverehrung in der genannten Weise. Ǧâmi:

gami' جامع bezeichnet dem gegenüber die große Moschee in der der Freitagsgottesdienst abgehalten wird (ǧami der Vereinigende, der die Gemeinde umschließende Ort . . .). Unser Wort Admiral ist entstanden aus: amiru-l-baḥr = Befehlshaber des Meeres امير البحر. Den Gedanken der Vorherbestimmung aller Ereignisse der geschöpflichen Welt durch Gott drückt der Muslim aus durch 1. kismet: ksmt قسمت, ḳasama teilen قسم, 2. kadar: kdr قدر und takdir: tkdjr تقدير „Bestimmung der Quantität" durch die kudra قدره „Macht" Gottes. Kalife bedeutet den Stellvertreter des Propheten oder Gottes, ḫalafa Hintermann, Nachfolger sein: خليفة الله oder خليفة النبى ḫalifat-Allah oder ḫalifat-en-nebi, nebi نبى Prophet. Kadi: kadj قضى Richter, kaḍā قضى abschneiden, entscheiden, die Sahara = الصحراء es-sahra die Wüste, Sudan: es-sudan السودان, esved اسود schwarz, sud سود schwarze Menschen, vali = والى Oberpräsident, mütesarrif متصرّف Regierungspräsident. — Gibraltar جبل الطارق „der Berg des Tarik" ǧebel et-tārik, gebel Berg von جبل Lehm kneten, Tarik = Wanderer, Magazin = a. maḫāzin مخازن Pl. von maḫzan مخزن Ort wo man Waren aufbewahrt" خزن ḫazana aufstapeln, t. verkürzt maǵazi — maǵaze مغازى und مغازه statt ḫ خ ist ع eingetreten und die Endsilbe hat sich verflüchtigt.

Bekannte original-türkische Worte sind 1. Janitscharen يكيچرى jñjčrj يكى jeñi neu چرى čeri die Schar, „die neue Schar. 2. jeñi dünja die neue Welt يكى دنيا, dunja die Welt. 3. Konak Wohnung قوناق. 4. Kiosk Pavillon: كوشك kjöšk. 5. Bazar بزار und پازار pazar. 6. Joghurt: joǵurt يوغورت saure Milch. 7. Aus den siegreichen Kämpfen der Türken gegen die Engländer auf Gallipoli sind bekannt geworden: ary burnu Bienenrüssel ary ارى die Biene, burn-u ihr Rüssel („ihre Nase"), burun برون die Nase. sedd-ül-baher „Verschluß des Meeres" a. sadda zustopfen a. bahr Meer. 8. kum kal'e (kal'esi) „Sand-Schloß" t. قوم kum Sand a. قلعه Festung, Burg. 9. Tschanak: čanak چانق der Topf, kilid-i-baher „Schlüssel des Meeres", p. كليد Schlüssel a. bahr Meer كليدبحر. Aus den Siegen der

Bulgaren über Engländer und Franzosen am Wardar: demir kapu قاپو دمیر Eisen-Tor. Timur leng = دمیر لنك (der lahme „Timur“ = Eisen). 10. Manche Namen haben als zweiten Teil dere-si دره سی sein Tal, als ersten einen Eigennamen. 11. Köprülü كوپریولی „das zur Brücke gehörige“ Dorf كوپیری — كوپرو die Brücke. 12. kalpak die Husarenmütze قلپاق, bei uns Kulpak genannt. 13. Pera: Bej oğlu Sohn des Bej „der Bej sein Sohn“ بك اوغلی, j am Ende ist besitzanzeigendes Suffix der 3. Pers. = sein und hier u zu lesen. 14. Saraj سرای Palast. 15. یازوب jazyp(b) geschrieben habend. 16. قونشو konša = قومشو komšu = قوكشو konša Nachbar. 17. استدنبول = استامبول Istambol Konstantinopel. 18. آقا aka, aga = اغا aǧa = aa Herr, صوغوق soǧuk = sovuk = souk kalt. 19. آت at das Pferd, آتڭ atyn des Pferdes (t wird nicht erweicht). ایتمك etmek tun, ایدیب = ایدوب edip(b) getan habend (t hier unter Vokal erweicht). 20. قیقجی kajyk-ǧy Fährmann, Bootsmann, قایق kajyk Nachen, جی bezeichnet die Berufstätigkeit. 21. Wegen mangelnder Vokalbezeichnung hat dasselbe Schriftbild oft verschiedene Bedeutungen bei verschiedener Aussprache: چول = 1. čöl Wüste, 2. čul Pferdedecke (aus p. ǧull = a. ǧull von ǧalla, ǧ zu č geworden!) كوز 1. göz Auge, قره كوز kara göz der Witzbold und die Hauptfigur im Schattentheater. 2. güz Herbst اول 1. ol jener, 2. ol! sei, werde, existiere! 3. öl stirb (öl-mek sterben = اولمك, اولمق = olmak, sein ق weist auf dunklen, ك auf hellen Vokal). 4. evvel früher a. erster كور 1. kör p. blind, 2. gūr p. Grab, 3. gör! sieh! كورمك görmek sehen, قول 1. kul Diener, 2. kol Arm, 3. a. kavl Wort, Rede, اون 1. on = zehn, 2. un Mehl, ün (ün, üj اوك) der Ruf. باغچه bag-če wird oft zu bakče der Garten.

Einige Bezeichnungsweisen für elif müssen noch erwähnt werden. Das Zeichen für konsonantiges elif (deutlicher Stimmansatz) ist ء Hamza (a. hamzatun: Einengung, Zusammenschnürung), ein verkürztes ع. Es steht oft auch über ی und و, wenn diese die Natur des elif (Stimmansatz) haben. mesele die Frage (von a. sa'ala سأل fragen F.

maktalatun) müßte مَسْكَلَة geschrieben werden. Man findet
oft auch die kursivere Form مَسْتَلَة. steht über einem
ی ohne Punkte, das nicht den Wert des ی j sondern den
des ا hat. Wenn unter ا im Innern des Wortes ein i zu
stehen kommt, ist diese Schreibung Regel: a. ka'in werdend, als t. Wort kjajin gesprochen behält die a. Schreib-
weise bei كَائِن. Der t. Aussprache entspräche كَايِن, ka'il
t. kajil redend قَائِل (nicht قَايِل), der Pl. von مَسْتَلَة ist me-
sa'il, t. mesajil: مَسَائِل, شَىْء šej, a. šaj'un Ding hat auch
im T. oft noch das nachgesetzte ء des Arabischen. Gesprochen wird ء auch im T. noch bei Silbenschluß me'ser
مَأْثِر Einwirkung, te'min تَأْمِين Versicherung, تَأْثِير te'sīr die
kausale Einwirkung; اِمَام der Vorbeter, der Imām, اِيمَان
iman der Glaube an Gott. Nach u-Vokal nimmt ا die Form
des vav an, behält aber seine Natur als elif bei. Es handelt sich also auch hier nur um eine Schreibgewohnheit,
nicht etwa um ein Sprachgesetz: مُؤَثِّر müessir der Ein-
wirkende, die Ursache (Partz. II), مُؤَلِّف müellif der Ver-
fasser einer Schrift, 'allafa ein Buch verfassen. Ist elif
kein Konsonant sondern nur Vokalansatz, so erhält es
kein ء. Sein Vokal ist dann ein Hilfsvokal, der ausfällt,
wenn ein Vokal vorausgeht. Ein solches elif ist z. B. das
des Artikels: اللّٰه Allah der Gott. Das erste l assimiliert
sich dem folgenden (dies gilt auch für alle t-, d- und s-
Laute, die dann verdoppelt werden) und dieser erhält das
Verdopplungszeichen. Geht ein Vokal vorher z. B. bei
Vorsetzung einer Präposition, so sind die Bedingungen für
die Bildung des Hilfsvokals nicht mehr gegeben. Er soll
nur vermeiden, daß ein Wort mit einem vokallosen Konsonanten beginnt. Diesem muß ein Hilfsvokal vorgeschlagen
werden. Wenn elif dann vokallos geschrieben wird erhält
es das Zeichen ◌: آ: billahi mit Gott: بِٱللّٰه.

Der Türke ermuntert sich selbst zum Fleiß im Erlernen
der Schrift durch das Sprichwort: okuma jazma öjrenseñ bej
olursun effendi olursun, öjrénmeseñ hammal olursun. Wenn

du Lesen und Schreiben (Inf. auf ma) erlernst (öjren-
lernen -señ Modus der Bedingung) wirst du ein Prinz (bej)
oder ein gebildeter Herr (effendi) sein (der Türke wiederholt in Aufzählungen paralleler Glieder wie auch in Ge-
gensätzen das Verbum, sodaß zwei Hauptsätze entstehen.
ol-ur-sun du bist, wirst sein — Aorist). Erlernst du es
nicht (öjrén-me-señ, me = Negation), wirst du ein Last-
träger sein (hammāl von a. ḥamala tragen, Form ḳattāl
zur Bezeichnung von Berufsbeschäftigungen) اوقومه يازمه

او كرنسه‌ك بك اولورسين افندى اولورسين او كرنمسه‌ك حمّال اولورسين

II. Die Sprache.

a. Die Formenlehre.

1. Allgemeines.

Das Türkische unterscheidet sich dadurch von dem Arabischen und Persischen wie allen flektierenden Sprachen, daß es seine Wurzeln nicht verändert und die Formen durch Suffixe bildet, die an die unveränderte Wurzel angefügt werden. Die Wurzeln haben einen für sie wesentlichen Vokal, der unveränderlich ist, weil er ebenso wie die Konsonanten Träger der Bedeutung ist z. B. güz Herbst, göz Auge. Veränderlicher Wurzelvokal — wenn z. B. ö in ü überging — würde hier die Bedeutung verwischen. An die konstante Wurzel treten die variablen Suffixe. Sie werden in ihren Vokalen durch die Wurzel bestimmt. Dadurch erhält die Wortform eine harmonische Einheit, was sie den Formen flektierender Sprachen ähnlich gestaltet. Das Wort konak = Wohnung fügt an die Wurzel ko- legen, stellen, das Reflexivsuffix -n- an: ko-n- sich stellen, sich legen = wohnen, dann das substantivbildende Suffix -ak: ko-n-ak der Ort wo man wohnt, das Gebäude. Das reziproke Verhältnis wird durch iš (mit veränderlichem und sogar entfernbarem Vokal) bezeichnet: kon-uš- zusammenwohnen, benachbart sein. Ein substantivbildendes Suffix ist ferner i (u, ü, y): kon-š-u der (mit mir) Zusammenwohnende, der Nachbar. Fügt man noch Pronomen und Kasusendung hinzu, so erhält man eine mit fünf Suffixen ausgestattete Form, die sich in der Reihenfolge ihrer Suffixe logisch aufbaut; ko-n-š-u-muz-uñ = unseres Nachbars. Faßt man -muz- als aus zwei Bestandteilen gebildet auf (m = Personenbezeichnung, uz = Pluralsuffix), so ergibt sich sogar die Zahl von 6 Suffixen; ko-n-š-u-ñ-uz-a eurem Nachbar, ko-n-š-u-lar-y-n-dan von seinen Nachbarn (ihrem Nachbar) her, ko-n-š-u-lar-ym-yz-da bei unsern Nachbarn (verflüchtigt zu komšu- oder koñšu-).

Ganz anders verhält sich das Arabische. Es besitzt ebenfalls Suffixe, die äußerlich der Wurzel angefügt werden (durch Vor- oder Nachsetzung). Daneben aber — und dies ist das unterscheidende Merkmal — verändert es auch die Wurzel. Durch innere Umgestaltung der Wurzel, indem es lange und kurze Vokale (sogar Konsonanten) zwischen die Konsonanten der Wurzel einschiebt, bildet es viele seiner Formen. Wer zum Verständnis dieser Sprache vordringen will, muß also nicht nur die äußerlich angefügten, sondern auch die im Innern eingeschobenen formbildenden Bestandteile entfernen, um die Wurzel rein herauszuschälen. Im Türkischen ist es verhältnismäßig leicht, die Wurzel zu finden, da man nur die angefügten Suffixe zu entfernen hat. Zudem sind die Suffixe als solche unschwer erkennbar. Im Arabischen sind die Schwierigkeiten deshalb größer, weil die Wurzel auf die verschiedenste Weise umgestaltet sein kann und die Suffixe nicht immer in derselben leichten Weise wie im Türkischen als Suffixe erkennbar sind. Das Persische bietet keine Schwierigkeiten, da von ihm nur die reinen Wortwurzeln oder das Partiz. Perfekt solcher ins T. übergegangen sind.

Ohne die arabische Formenlehre böte die türkische Grammatik keine großen Schwierigkeiten. Es ist zu hoffen, daß die Bewegung, die auf eine Sprachreinigung des Türkischen abzielt, viele überflüssigen arabischen Worte entfernen wird. Das Erlernen des T. wird dadurch erleichtert. Dennoch werden immer noch recht viele a. Worte zurückbleiben. Wer also die Absicht hat, in intelligenter Weise das Studium des T. zu betreiben, und den Sinn der Wortformen zu erfassen, ist in die Notwendigkeit versetzt, sich wenigstens über die Grundzüge der a. Formenlehre Klarheit zu verschaffen. Der Lohn dieser Mühe ist zudem ein großer: er erhält einen Einblick in das Arabische, ist in der Lage, den Sinn der Worte richtig zu erfassen, die Formen selbständig und mit Sicherheit zu handhaben, viele Wortformen der gleichen Wurzel auf ein Bekanntes, die Wurzel, zurückzuführen und sie auf diese Weise dem Gedächtnisse leichter einzuprägen. Um auf diese Arbeit vorzubereiten wurden als Übungsbeispiele für die Schrift bereits einige arabische Formen erwähnt. Das dort Gegebene ist nun zu vervollständigen.

2. Das System der arabischen Formen.

Die bisher nur als Schreibübung bekannten Worte gestatten uns, einen kleinen Einblick in die a. Formenwelt zu tun. Ihr Fundament ist das Zeitwort, und wenn dessen zehn Grundformen bekannt sind, können die Hauptschwierigkeiten als überwunden gelten. Während die t. Wortwurzel meistens einsilbig ist (Konsonant und Vokal, oft noch Endkonsonant, mehrsilbige Wurzeln lassen sich vielfach noch auf einsilbige zurückführen) ist die arabische meistens dreisilbig. Sie stellt drei Konsonanten und drei Vokale dar. Auch diese wird man theoretisch auf zwei- und einsilbige Wurzeln zurückzuführen haben. Die historisch auftretenden semitischen Sprachen, deren jüngste das Arabische ist, haben die dreikonsonantigen Wurzeln schon fertig entwickelt, wenn auch einzelne Anzeichen zwei- und einkonsonantiger Wortstämme an vorhistorische Entwicklungsstufen der Sprache erinnern. Man findet die Wurzel aus einer Wortform, indem man die zur Formbildung hinzugefügten Bestandteile entfernt. Die drei übrigbleibenden Wurzelkonsonanten liest man mit dreimaligem a-Vokal. Diese reine Wurzel ist die dritte Person des Perfekts. Das Schulbeispiel der Formenlehre ist katala „er hat getötet“, als Wurzel verstanden: töten (da wir das Wort im Infinitiv nennen, der Semite im Perfekt 3. Pers.). In der Form maktūl ist ma vorgesetzt und ū eingeschoben. Entfernen wir diese Teile also, so erhalten wir die Buchstaben ḳ t l als einen Stamm. Mit dreimaligem a ergibt sich: ḳatala. Der mittlere Vokal kann auch i und u sein (bei Worten die flüchtige oder dauernde Eigenschaften bezeichnen) also: ḳatila, ḳatula.

Eine Handlung (oder jeder beliebige Vorgang) kann verschiedene Formen und Beziehungen annehmen. Man kann sie I. als einen einfachen Vorgang auffassen, der in bestimmten Phasen verläuft ḳatala er hat getötet, ḳātil tötend, aktives Partz. dieser F., maktūl getötet, passives Partz., katl, mit der altarabischen Nominativendung un: ḳatlun ein Töten, Inf., G. ḳatlin eines Tötens, A. ḳatlan ein Töten. Der Artikel el (al) hebt das Unbestimmtsein des S. auf. Daher muß das verallgemeinernde n der Endung fortfallen: alkatlu das Töten, alkatli des Tötens, alkatla das Töten A. Man kann das Zeitwort II. ferner als ein intensives bezeichnen. Der mittlere Konsonant wird dann verdoppelt: ḳattala oft, viel, mit Heftigkeit t. Partz. act. muḳattil (die Endung un, verallgemeinernd, oder u fällt im modernen A. fort) pass. muḳattal, Inf. taḳtīl, „das viel Töten“ oder auch pass. aufgefaßt: das viel Getötetwerden. Hier treffen wir auf eine bereits bekannte Wortform: tarif, teslim (S. 13). Auch das Kausativum wird durch diese Form ausgedrückt: töten lassen. III. Die Beziehung zu anderen Subjekten oder die Gegenseitigkeit wird mit der Verlängerung des ersten a-Vokals wiedergegeben; ḳātala; gegen jemanden die Handlung des Tötens oder Schlagens ausüben, mit jemandem kämpfen. Auch das Streben nach etwas liegt in dieser Bildung. Partz. muḳātil ein Kämpfender, muḳātal ein Bekämpfter, Inf. muḳātalatun. Die Endung -atun verliert die Endsilbe und lautet dann at oder ah, a, eh, e. Die auf e endigenden Worte haben im Altarabischen also meistens die Form auf -atun. Ein zweiter Inf. lautet ḳitāl (ḳitālun). IV. Die Kausativform setzt ein a vor den Stamm. Dabei fällt dessen erster Vokal aus: aḳtala (nicht aḳatala) er hat töten lassen. Partz. act. muḳtil, pass. muḳtal, Inf. iḳtāl (vgl. islām, muslim). Von diesen vier Grundformen werden vier verschiedene Reflexiva gebildet durch das Suffix t (dessen Urbedeutung „du" ist). Das System der a. Verbalformen ist daher sehr übersichtlich, indem die vier ersten F. die natürlichen Grundformen einer Handlung darstellen (II. Intensivum III. Reziprokum IV. Kausativum) und die folgenden die Reflexiva zu diesen bilden. Dazu kommt noch ein besonderes Passivum. V. Das Reflexivum zur II. F. setzt t vor: taḳattala. Es bezeichnet neben dem Reflexivgedanken oft auch ein schrittweise fortschreitendes Handeln, Partz. mutaḳattil, pass. mutaḳattal, Inf. taḳattul, VI. das zur III. wird ebenso gebildet: taḳātala „sich gegenseitig bekämpfen, zu bekämpfen streben". Es bedeutet auch: sich stellen, als ob man eine Handlung vollzöge, sich verstellen; Partz. act. mutaḳātil, pass. mutaḳātal, Inf. taḳātul. Als VII. F. schiebt sich das Passivum ein, das mit vorgesetztem n und i als Hilfsvokal gebildet wird: inḳatala. In der a. Schrift ist der erste Konsonant elif wie bei jedem Vokalansatz. Dies darf aber nicht mit Hemze bezeichnet werden, da elif hier nicht Konsonant, sondern nur Ansatz des Hilfsvokals ist. Das erste elif der IV. F. ist dem gegenüber Konsonant und kann Hemze erhalten. Partz. munḳatil (munḳatal), Inf. inḳitāl. Das Reflexivum zu I ist VIII iḳtatala er tötete sich. Das reflexive t ist hier nach dem ersten Konsonanten eingeschoben. Ihm assimilieren sich die t-Laute. Der erste Vokal ist Hilfsvokal. Partz. muḳtatil, pass. muḳtatal. Die IV. F. lautete in den älteren Bildungen der Sprache saḳtala. Von ihr hat sich das Reflexivum istaḳtala X. F. erhalten: etwas für sich tun lassen. Es ist die Wunschform z. B. fahima wissen, istafhama etwas zu wissen verlangen, fragen, jemanden ausforschen. Partz. mustaḳtil, pass. mustaḳtal, Inf. istiḳtal. Auch hier ist der erste Vokal ein Hilfsvokal. Die IX. F. bezeichnet Farben und körperliche Gebrechen. Sie verdoppelt den letzten Konsonanten iḥḍarra (von ḥaḍara) grün sein, grün werden. Die Infinitive der I. F. sind sehr zahlreich (ca. 50). Von

ibnen kommen im T. nur wenige als Fremdworte vor.
Ihre Bildungen decken sich zum Teil mit den Substantiven
und sind sehr übersichtlich je nachdem sie einen kurzen
Vokal haben (ḳatl, ḳitl, ḳutl) oder zwei ḳatal, ḳatil, ḳa-
tul, ḳital . . . .) oder einen kurzen und einen langen (ḳa-
tāl z. B. in salām Friede, ḳatīl ist meist Adjektivum wie
ḳatūl, ḳitāl, ḳitīl . . ., ḳutūl, ḳutāl). Die Endung atun
= at, a, e wird oft angefügt und auch die Vorsilbe ma-
vorgesetzt, die meistens den Ort bezeichnet, an dem die
genannte Handlung stattfindet: kataba schreiben, maktab
Schule. Die vorgesetzte Silbe mi- bezeichnet das Instrument. Andere Endungen sind noch ā (aus aj, geschrieben
ى) ān (auch Adj. u. S. bedeutend) und a' (aus a'u geschr.
اء). Jede F. bildet ein eigenes Passiv das die Vokalisation
u-i-a hat قُتِلَ ḳutila er wurde getötet. Das Imperfektum
setzt die alten Pronominalsuffixe vor (jaḳtulu er tötet...)
das Perfektum nach (ḳatalta du hast getötet...).

Tabelle der X Verbalformen.

Infinitiv	Partizipium passivum	Partizipium activum	Perfekt	
قَتْل قُتُول قِتَال مَقْتَل . . .	مقتول	قَاتِل	قَتَلَ	I
تَقْتِيل (تِقْتَال)	مُقَتَّل	مُقَتِّل	قَتَّلَ	II
مُقَاتَلَة قِتَال	مُقَاتَل	مُقَاتِل	قَاتِل	III
اِقْتَال	مُقْتَل	مُقْتِل	أَقْتَل	IV
تَقَتُّل	مُتَقَتَّل	مُتَقَتِّل	تَقَتَّلَ	V
تَقَاتُل	مُتَقَاتَل	مُتَقَاتِل	تقاتل	VI
اِنْقِتَال		مُنْقَتِل	اِنْقَتَلَ	VII
اِقْتِتَال	مُقْتَتَل	مُقْتَتِل	اِقْتَتَلَ	VIII
اِسْتِقْتَال	مُسْتَقْتَل	مُسْتَقْتِل	اِسْتَقْتَلَ	X

Der a. Pl. wird auf zweierlei Weise gebildet I. durch das Suffix (die äußeren Plurale) ūna N. īna G. A. (modern beides īn) für m. und ātun N., ātin G. A. für f. (modern āt), II. durch innere Veränderungen der Wurzel. Diese Formen sind vielgestaltig. Man merke sich die Pluralform zu der jedesmaligen Singularform; denn wenn der Spielraum auch ein sehr großer ist, so kann doch nicht jede Form des Singulars jede beliebige Pluralbildung annehmen. Die Tabelle der Substantive wird also am besten nach Paaren angelegt, in denen zum Sing. der entsprechende Pl. tritt. Dabei ist die Eigentümlichkeit zu beachten, daß dieselbe Form oft Pl.- und Sing.-Bedeutung hat. Im einzelnen Falle unterscheidet die Gegenüberstellung mit dem bekannten Singular. Die vierkonsonantigen Worte bilden den Pl. nach dem Typus: ḳatālil: mesǧid Moschée Pl. masāǧid. Einige der gebräuchlicheren dreikonsonantigen sind mit ihren Singularen:

Plural	Singular	
قَتَّل	قَتْل	a. 1.
قتال	قَتْل	b.
قتَال	قَتَّل	c.
قتّال	قتيل	d.
قتّل	قَاتِل	e.
قتول	قَتْل	a. 2.
قتول	قَاتِل	b.
أقتال	قَتْل.....	a. 3.
أقتال	قتيل	b.
أقتِلة	قتال...	a. 4.
أقتِلة	قتيل	b.

Plural	Singular	
قَوَاتِل	قَاتِل	5.
قُتَّل	قتال	a. 6.
قُتَّل	قتيلة	b.
قَتَاتِل	قتيلة	7.
قُتْلان	قتل...	8.
قُتَلَاء	قتيل	9.

Aus dieser Tabelle geht hervor, daß die Pl. قتَال (auch
Inf. III und I) اقتال أقّتل قُتَّل قُتول zu den verschiedensten
Sing. gehören. Dieselbe Sing.-F. kann verschiedene Pl.-F.
haben und umgekehrt. Die meisten Formen sind zudem
auch Inf. I. Wie die Formen durcheinander fließen, zeigt
sich in der Tatsache, daß dieselbe Form oft Sing.- und
Pl.-Bedeutung (in verschiedenen Worten) haben kann. ḳitāl
ist Sing. in kitāb Buch aber Pl. in biḥār Meere. Beispiele:
بَحْر baḥr Meer : بحار biḥār Meere, رَجُل raǧul Mann : رجال
Männer, جَبَل ǧabal, ǧebel Berg: جبَال ǧibāl Berge, Adjektiva شَرِيف šerif edel : شراف širāf, صَعْب ṣaʿb schwie-
rig, تاجِر tāǧir : تجَّار tiǧār تُجَّار tüǧǧār Kaufmann أَمْر emr :
umūr Ding, شاهد šāhid Zeuge : شهود šuhūd, شىء sej : أَشْياء
ešjāʾ Ding, شريف šerif auch : أشّراف Edler, كتاب kitāb :
كُتُب kutub Buch, سفينة safīna Schiff : سُفَن sufun, عجيبة
ʿaǧiba wunderbares Ding, عجَائب im T. zum Adj. geworden,
بَلَد beled Dorf : بُلدان buldan, امير emir Fürst : أُمَرَاء
umarā, وزير vezir der Minister : وزراء vüzera a. vuzaraʾ.

Von den Adjektivbildungen sind die gebräuchlichsten
schon bekannt: ḥamīd lobenswert, aḥmed sehr gepriesen
(abgesehen von den Partizipialbildungen, die als Adj. gelten

können). 1. قتیل z. B. كثير viel. 2. فتول : رَؤُوف ra'ūf gnä-
dig, غَفور ġafūr verzeihend. 3. رحمان فتلان raḥmān barmherzig. 4. فتيل : صدّيق ṣiddiḳ treu, wahrhaft (Beiname
des abu Bekr). 5. Steigerungsform أَقْتَل: Ahmed اكبر أحمد
ekber f. kubra t. kübra كُبْرى. 6. Seltener sind مقتّل (eine
intensive Eigenschaft bezeichnend, ebenso :) 7. فَتّالة : علامة
allāma sehr gelehrt, ein großer Gelehrter. Die F. قَتّال
bezeichnet eine Berufstätigkeit, ṭabaha kochen, ṭabbāh طبّاخ
Koch. Die sehr häufige F. maktūl (Partz. pass. I) bildet
ihren Pl. regelmäßig nach den vierkonsonantigen Worten:
maḳātīl مقتيل, مكتوب mektūb Brief; mekätīb مكاتيب
Briefe (t. Pl. mektub-lar), سلطان sultan Pl. سلاطين salātīn
Sultane.

3. Die Vokalharmonie.

Das Gesetz der Vokalharmonie im Türkischen ist ein
Prozeß, der die Sprachformen einheitlicher gestaltet und
allzugroße Verschiedenheiten zwischen Wurzel und Suffixen beseitigt. Er ist ein Vorgang, der von der rein
agglutinierenden Sprache (die Suffixe sind gegenüber der
Wurzel selbständige Größen mit eigenen konstanten Vokalen) zur flektierenden führt oder sich ihr nähert (Ver-
schmelzung der Suffixe mit der Wurzel zu einer homo-
genen Einheit). In der Tat verlieren die Suffixe durch
die Vokalharmonie viel von ihrer Selbständigkeit. Sie
fallen unter den beherrschenden Einfluß der Wurzel und
müssen sich dieser unterordnen. Freilich bleibt dabei immer
noch ein wesentlicher Unterschied zwischen den eigentlich
flektierenden Sprachen und dem Türkischen bestehen. Dieses
läßt die Wurzel unverändert, während jene auch durch
innere Umgestaltung der Wurzel Formen bilden.
Die t. Vokale bilden nach der Natur ihrer Artikulation zwei Reihen. I. eine helle, die in der vorderen und

II. eine dunkle, die in der hinteren Mundhöhle gesprochen wird.

I. e i ö ü

II. a y o u

Der Vergleich der einzelnen Vokalpaare zeigt diese Eigenart deutlich. y ist ein deutlich nach der Kehle zu artikulierter und gleichsam aus der Kehle kommender Laut (nicht zusammenzustellen mit ü), während i fast zwischen den Zähnen zu klingen scheint. Ebenso verhält sich e zu a, ö zu o und ü zu u. Danach ist zu erwarten, daß die gutturalen Konsonanten die dunklen Vokale erfordern. So ergibt sich eine Reihe von dunklen (in der hinteren Mundhöhle liegenden), eine von hellen (in der vorderen Mundhöhle gesprochenen) und eine von indifferenten Konsonanten. Letztere können Vokale der beiden Reihen annehmen. Bei den k-Lauten ist der Unterschied am deutlichsten, gutturales k (ḳ) hat dunkle, palatales k helle Vokale. Dieser Unterschied deutet schon an, daß wir auch im T. mit zwei k (und ebenso s und t)-Lauten zu rechnen haben, wenn diese Verschiedenheit auch nicht mehr so scharf wie im Arabischen hervortritt. Dunkel weil guttural sind ferner 'ain, ġain, die Hauchlaute ḥ ḫ (gegenüber h, das eigentlich auch als heller Konsonant gelten könnte). Die arabischen t- und s-Laute neigen etwas zur Artikulation nach der Kehle hin (ḍ ist sogar mit ain verwandt wie sein Übergang zu diesem im Aramäischen zeigt) im Vergleiche zu den rein deutschen Konsonanten t und s. So ergeben sich also folgende zwei Reihen der I. hellen und II. dunklen Konsonanten:

I. k   s z t (d)   (h)

II. ḳ ' ġ ṣ ẓ (ḍ) ṭ ẓ (ṭ mit Punkt = ظ) ḥ ꞌ.

Da die jetzige Sprache die Aussprache beider Reihen nicht mehr bewußt und deutlich unterscheidet, werden beide in der Transkription nicht unterschieden. In der gesprochenen und transkribierten Sprache ist also dunkler Vokal ein Zeichen, daß in der türkischen Schrift ein dunkler Konsonant geschrieben wird, und umgekehrt ist in dieser

dunkler Konsonant ein Hinweis auf dunklen Vokal. Die
Verwandtschaft der Konsonanten und Vokale wird aller-
dings nicht streng durchgeführt. Man schreibt daǧ und
ţaǧ Berg, dur- und ţur- stehen, bleiben, ḥarif wird zu ḥerif
und dann auch herif (der Bauer, dummer Mensch; ursprünglich: Geschäfts- und Zunftgenosse) geschrieben. Ain hat
auch helle Vokale, wo es sich zu elif verflüchtigt. Wo es
dunkle trägt, ist auch für ʻain ein mehr gutturaler Laut
als elif anzusetzen. Die Verschiedenheit der Vokale dürfte
also den Rückschluß auf verschiedene Arten des beglei-
tenden Konsonanten gestatten. Die nicht in jenen beiden
Reihen enthaltenen Konsonanten sind vokalisch indifferent.

Das Gesetz der Vokalharmonie besagt nun, daß die
beiden Vokalreihen in einem Worte nicht ineinander fließen.
Ein Wort kann nicht teils helle, teils dunkle Vokale haben.
Beides sind abgeschlossene Gruppen. Hat eine Wurzel
als den ihr wesentlichen und unveränderlichen Vokal einen
hellen, dann müssen die anzufügenden Suffixe alle helle
Vokale erhalten. Ein Überspringen von der einen Reihe
zur andern ist unzulässig. Das Gleiche gilt für den Fall,
daß der wesentliche Vokal einer Wurzel ein dunkler ist.
Es handelt sich weiterhin darum, festzustellen, wie viele
vokalische Werte die einzelnen Suffixe annehmen können.
Man hat i- und e-Suffixe zu unterscheiden. Ersteres ist z. B.
di, das Perfektsuffix: gel- kommen, gel-di er ist gekommen, düz- ordnen, düz-dü er hat geordnet, öl- sterben, öl-
dü er ist gestorben. Alle diese Wurzeln haben helle Vokale; daher muß di hellen Vokal haben. Vokal ö ist wie
o nur den Wurzeln als konstanter Laut eigen. Für die
variabeln Vokale der Suffixe sind sie auszuschalten. So
bleiben nur noch von Reihe I e i ü. E und i sind nicht
so nahe verwandt, daß sie in einander übergehen können.
Die e- und i-Suffixe bilden also zwei geschlossene Reihen,
zwischen denen keine Verbindung des Überganges besteht,
während i zu ü werden kann. Von diesen beiden Möglichkeiten (i und ü) wählt man nun den dem Wurzelvokale
nächstverwandten also gel-di aber öl-dü und düz-dü. Eine
andere Variationsmöglichkeit ergeben Wurzeln mit dunklem

Vokale; ol- sein: ol-du, bul- finden: bul-du, al- nehmen:
al-dy. In der dunklen Reihe wird i also zu y und u;
denn o ist als nichtveränderlicher Wurzelvokal ausgeschlossen und a ist eine Variationsform von e, also nicht
so nahe mit y-i verwandt, daß ein Übergang statthaben
könnte. Von den beiden Möglichkeiten: y und u wählt
man wieder den dem Wurzelvokale nächstverwandten also
ol-du, bul-du aber al-dy. Die Peripherie, auf der sich i
verändert umfaßt also vier Werte i- ü- y- u. Auf dieser
i-Reihe sind alle i-Suffixe veränderlich d. h. sie können
sich in diese vier Vokale verwandeln: „sie bewegen sich
auf der i-Reihe". Der Umfang der Veränderlichkeit der
e-Suffixe ergibt sich z. B. aus dem Dativsuffix e. ev- Haus:
ev-e dem Hause, penir Rahmkäse: penir-e, üzüm Traube:
üzüm-e, göz Auge: göz-e. Die Verschiedenheit des Wurzel-
vokals innerhalb der hellen Vokalreihe bewirkt also keine
Verschiedenheit des e-Suffixes. Dieses kann nicht zu i ö
oder ü werden sondern bleibt immer e. Ihm entspricht in
der dunklen Vokalreihe a, ohne daß es zu y o oder u
werden könnte: at Pferd: at-a dem Pferde; kuš Vogel:
kuš-a, zor Gewalt: zor-a, kyz Mädchen: kyz-a. Allen
dunklen Vokalen entspricht bei einem e-Suffixe also nur a.
Demnach gestaltet sich die e-Reihe kürzer als die i-Reihe,
indem jene nur aus zwei Werten besteht: e — a. Demnach
ergibt sich die Veränderlichkeit aller Suffixe aus ihrem
Grundvokale. Ist dieser i, so variiert er auf der i-Reihe,
ist er e, dann auf der e-Reihe. Die Suffixe sind für den
Genitiv iñ, Acc. i, Ablativ den, Lokativ de, Plural ler.
Somit ergibt sich die Deklination: ev, ev-iñ, ev-e, ev-i,
ev-den (von dem Hause), ev-de (in dem H.), penir-iñ, penir-e,
penir-i, penir-den und -de, üzüm-üñ, üzüm-e, üzüm-ü,
üzüm-den, üzüm-de, üzüm-ler, göz-üñ, göz-e, göz-ü, gözden, göz-de, göz-ler, göz-ler-iñ (da sich das Suffix nach
dem letzten Vokale richtet, an den es gehängt wird,
nicht göz-ler-üñ der Augen usw.), aber: at-yñ, at-a, at-y,
at-dan, at-da, at-lar, kuš-uñ, kuš-a, kuš-u, kuš-dan, kuš-
da, kuš-lar, kuš-lar-yñ (der Vögel), zor-uñ, zor-a, zor-u,
zor-dan, zor-da, zor-lar.

Die besitzanzeigenden Fürwörter haben (außer lari) i als Grundvokal, sind also auf der i-Reihe variabel: -im mein, -iñ dein (dem Genitivsuffix gleich) -i sein (dem Accusativsuffix gleich), -imiz unser (iz ist Pluralsuffix, sodaß im-iz aus zwei Suffixen besteht), -iñiz euer, -leri ihr, ev-im, ev-iñ, ev-i, ev-imiz, ev-iñiz, ev-leri mein, dein . . . . Haus, üzüm-üm, üzüm-üñ, üzüm-ü, üzüm-ümüz, üzüm-üñüz, üzüm-leri meine, deine . . . Traube, göz-üm, göz-üñ, göz-ü, göz-ümüz, göz-üñüz, göz-leri mein, dein . . . Auge, penir-im . . . Käse . . . wie ev-im. at-ym, at-yñ, at-y, at-ymyz, at-yñyz, at-lary mein . . . Pferd, kuš-um, kuš-uñ, kuš-u, kuš-umuz, kuš-uñuz, kuš-lary mein . . . Vogel, zor-um, zor-uñ, zor-u, zor-umuz, zor-uñuz, zor-lary meine . . . Macht.

Durch die Deklination von Formen mit Suffixen ergeben sich größere Formgestaltungen, die sich durch strenge Vokalharmonie auszeichnen: söz-üm mein Wort, söz-üm-üñ meines Wortes, söz-üm-e meinem W., söz-üm-ü mein W., söz-üm-den von meinem W. — söz-üñ dein W., söz-üñ-üñ deines Wortes (in Konstantinopel wird ñ zu n: sözünün, dialektisch kann das erste ñ zu j werden: söz-üj-üñ), söz-üñ-e deinem W., söz-üñ-ü dein W., söz-üñ-den von deinem W. Das Suffix der 3. Person fügt die Deklinationssuffixe durch Vermittelung eines n an (vgl. baba-nyñ des Vaters, aber Dativ: baba-ja): söz-ü sein Wort: söz-ü-nüñ seines W., söz-ü-ne seinem W., söz-ü-nü sein W., söz-ü-nden von seinem W. kuš-lar-yñ deine Vögel, kuš-lar-yñ-yñ deiner V., kuš-lar-yñ-a deinen V., kuš-lar-yñ-y deinen V., kuš-lar-y seine (und: „ihre“) Vögel, kuš-lar-y-nyñ seiner V., kuš-lar-y-na seinen V., kuš-lar-y-ny seine V., baba-sy sein Vater, baba-sy-nyñ seines Vaters, baba-sy-na seinem V., baba-sy-ny seinen V., baba-sy-ndan von seinem V., ev-ler-i seine Häuser (ev-leri i h r Haus, zugleich A. von evler: die Häuser), ev-ler-i-niñ seiner H., ev-ler-i-ne seinen H., ev-ler-i-ni seine H. (A.), ev-ler-i-nden von seinen H., evler-i-nde in seinen H., at-ymyz unser Pferd, at-ymyz-yñ unseres Pf., atymyz-a unserm Pf., atymyz-y unser Pferd. jol-uñuz euer Weg, jol-uñuz-uñ eures W., jol-uñuz-a eurem W., jol-uñuz-u euren Weg, jol-uñuz-dan von eurem Wege, jol-ŭŭŭz-da auf eurem W., kysym-lary-nyñ ihres Anteiles, kysym-lary-na ihrem Anteile, kysym-lary-ny ihren Anteil, kyzym-lar-ymyz unsere Anteile, kysym-lar-ymyz-yñ unsrer Anteile, göñl-ü-nüñ seines Herzens, göñl-ü-ne seinem Herzen, göñl-ü-nü sein Herz; oǵlumuz-uñ unseres Sohnes, oǵul-lar-ymyz-yñ unserer Söhne, oǵul-lar-ymyz-a unsern S., oǵul-lar-ymyz-y unsere S., padišah-ymyz ćok jaša unser Padischa möge lange leben, hurra dem Kaiser!

Damit ist das Wesen der türkischen Genitivverbindung verständlich, sodaß diese hier erwähnt werden kann. Sie wird durch das besitzanzeigende Pronomen ausgedrückt: „das Tor der Stadt“ wird also im t. Sprachbewußtsein zu: „der Stadt ihr Tor“ šehriñ kapu-su, „ein Tor einer Stadt“ = ein Stadttor: šehir kapu-su (das erste Wort erhält also kein Genitivsuffix), das Tor einer (genannten, bestimmten) Stadt: bir šehriñ kapu-su, ein Tor einer (genannten) Stadt: bir šehrin bir kapu-su. Bezeichnet das erste Wort einer Verbindung von zwei Substantiven den Stoff, die Zahl oder eine Eigenschaft des folgenden, so fehlen alle Suffixe des Besitzes: kuršun kalem die Bleifeder, der Bleistift, jirmi aršyn bez zwanzig Ellen Leinwand, Linnen, kedi göz das Katzenauge. Die Stellung v o r dem Substantiv ist die spezifische Adjektivstellung. Worte die in dieser Stellung stehen, enthalten also eine adj. Bestimmung zum folgenden Substantiv. Daher stehen in einem Satze z. B. alle durch Partizipia ausgedrückten Bestimmungen des Subjektes v o r diesem, und aus demselben Grundsatze heraus alle Gerundia und irgendwelche Bestimmungen des Zeitwortes v o r dem Hauptverbum. Damit ist der Grundgedanke der t. Satzlehre klargestellt. Er ergibt sich also aus einem Gesetze der Gedankenverbindung und Gedankenordnung, das bereits in der Adjektivstellung und Verwandtem zu Tage tritt.

Eine besondere Schwierigkeit liegt in dem Aoristsuffix. Es variiert sowohl auf der e- wie der i-Reihe. Wir haben also zwei verschiedene Suffixe (-er und -ir) anzunehmen, und die Frage ist nur die, welche Wurzeln -er und welche -ir haben. Man hat einfache und erweiterte Stämme zu unterscheiden. Die ersteren haben, wenn sie auf l r n endigen, meist, die letzteren allgemein ir. Die übrigen einfachen Wurzeln haben er. So ergeben sich die Formen: I. der einfachen Stämme (mit er): ed-er (et-mek tun, et ist die Wurzel, durch Abwerfung der Infinitivendung mek, -mak gewonnen, t verwandelt sich in d unter einem Vokal wie ḳ zu ġ und k zu j) er tut, ič-er er trinkt (ič s. Inneres, adv. hinein, drinnen), dök-er er gießt aus, düz-er er ordnet. Bei allen Vokalen der hellen Reihe ist das Suffix also konstant: er, bei allen der dunklen Reihe ist es dementsprechend ar: bak-ar er sieht, syk-ar er preßt, drückt, boz-ar er verdirbt, tut-ar er faßt, greift. II. Die einfachen Stämme auf r l n (mit vorausgehendem a) haben ir, das auf der i-Reihe variiert, also zu ür, yr, ur werden kann: a) gel-ir er kommt, bil-ir er weiß, er kann, öl-ür er stirbt, gül-ür er lacht, al-yr er nimmt, kyl-yr er tut, ol-ur er ist, wird, bul-ur er findet; b) ver-ir er bringt, gibt, gir-ir er tritt ein, gör-ür er sieht, sür-ür es dauert — auch sür-er es dauert, und: er pflügt, er vertreibt, er verbannt; var-yr er geht, dur-ur er steht; hier A u s - n a h m e n : kyr-ar er zerbricht, sor-ar er fragt; c) san-yr er denkt (aber jan-ar es brennt) kazan-yr er verdient, gewinnt, hošlan-yr er ist zufrieden, utan-yr er schämt sich. Ebenso haben die mit dir (Kausativa), il (Passiva), iš (yš Reziproka), in (Reflexivum), ir: čal-yš-yr er arbeitet (čal- stoßen, schlagen), bul-aš-yr sie (die Krankheit) steckt an (bul- finden, das regelmäßige Reziprokum ist bul-uš-), jet- iš-ir er erreicht, bak-dyr-yr er läßt sehen, boz-dur-ur er läßt verderben, tut-dur-ur er läßt greifen, syk-dyr-yr er läßt drücken, et-dir-ir er läßt tun, ič-dir-ir er läßt trinken, dök-dür-ür er läßt ausgießen, düz-dür-ür er läßt ordnen, ebenso die Passiva dieser Wurzeln: bak-yl-yr, boz-ul-ur, tut-ul-ur, syk-yl-yr, ed-il-ir, ič-il-ir, dök-ül-ür. düz-ül-ür, und die Reflexiva: bul-un-ur er wird gefunden, findet sich. Stämme die auf einen Vokal endigen haben keinen besondern Aoristvokal (vor dem r). Ihr Aoristsuffix ist also einfaches r. patla-r er platzt, baš-la-r er beginnt (baš

Kopf), besle-r er ernährt, ko-r er stellt (ko-n-ur er wohnt), oku-r er liest.

Daraus ergibt sich die Konjugation, wenn als Voraussetzung gilt, daß die Suffixe derselben lauten -im ich . . -sin (auch siñ) du, -(suffixlos) er . ., iz wir (im-iz war Possessivsuffix: unser), siñ-iz ihr (siñ ist Singular und iñ-iz Possessivsuffix: euer, iz ist Pluralsuffix und s vor dem Suffix der 2. Person wird beim Verbum und Hilfsverb gesetzt), ler sie. Letzteres ist auf der e-Reihe variabel, alle übrigen auf der i-Reihe. Im Perfekt (an di- anzufügen) treten die Suffixe auf — m ich, ñ du (identisch mit iñ dein und iñ Genitivsuffix) — (3. Pers. suffixlos), k wir, ñiz ihr (ñ Kennzeichen der 2. Person und -iz Pluralsuffix), ler. Nur die erste Person Pl. -k ist also wesentlich verschieden (im Optativ und Imperativ lautet sie -lim). Die zweiten Personen sind im Grunde mit der ersten Konjugationsform identisch; nur fehlt ihnen das vorgesetzte s, das zur Kennzeichnung der 2. Person nicht wesentlich ist. Der Imperativ konjugiert mit -iñ (ver-iñ gib du, oder reine Wurzel ver!) -sin er soll . . ., -iñiz (ver-iñ-iz gebet ihr) sin-ler (ver-sin-ler sie sollen geben, ver-e-lim wir wollen, sollen geben). In der dritten Person tritt hier also als neues Suffix sin (sin-ler) auf.

In der Vokalharmonie gestaltet sich also die Konjugation wie folgt: 1. ed-er-im ich mache, 2. ed-er-sin, 3. ed-er. 1. Pl. ed-er-iz, 2. ed-er-siñiz, 3. ed-er-ler, ebenso ič-er-im, dök-er-im, düz-er-im; 1. bak-ar-ym ich sehe, 2. bak-ar-syn, 3. bak-ar. 1. Pl. bak-ar-yz, 2. bak-ar-syñyz, 3. bak-ar-lar. Der variable Vokal richtet sich also immer nach der vorhergehenden Silbe, demnach: boz-ar-ym, tut-ar-ym, syk-ar-ym. Die Endvokale (der Personalsuffixe) sind durch a, das Aoristsuffix, nicht durch den Wurzelvokal bestimmt. Im Perfekt tritt zwischen Wurzel und Personalsuffix kein besonderer Suffixvokal, sodaß die Vokale der Suffixe durch den Wurzelvokal direkt beeinflußt werden, was eine größere Veränderlichkeit zur Folge hat: 1. at-dym ich warf, 2. at-dyñ, 3. at-dy. 1. Pl. at-dyk, 2. at-dyñyz, 3. at-dylar; 1. al-dym ich nahm, 2. al-dyñ . . . . bak-dym ich sah.

var-dym ich ging. 1. kyr-dym ich zerbrach. 2. kyr-dyñ, 3. kyr-dy. 1. Pl. kyr-dyk, 2. kyr-dy-ñyz, 3. kyr-dylar, 1. syk-dym ich preßte, 1. boz-dum ich verdarb, 2. boz-duñ, 3. boz-du. 1. Pl. boz-duk, 2. boz-duñuz, 3. boz-du-lar; 1. tut-dum ich habe genommen, 2. tut-duñ, 3. tut-du. 1. Pl. tut-duk, 2. tut-duñuz, 3. tut-du-lar. Die Beispiele für Wurzeln mit hellem Vokal lassen dem entsprechend das i ihrer Suffixe zwischen i und ü wechseln: 1. gel-dim ich bin gekommen, 2. gel-diñ du bist gekommen, 3. gel-di. 1. Pl. gel-dik wir ..., 2. gel-diñiz ihr ...., 3. gel-diler; 1. öl-düm ich bin gestorben, 2. öl-düñ, 3. öl-dü. 1. Pl. öl-dük, 2. öl-düñüz, 3. öl-düler; 1. düz-düm ich habe geordnet, 2. düz-düñ, 3. düz-dü. 1. Pl. düz-dük, 2. düz-düñüz, 3. düz-düler; ebenso: et-dim, et-diñ .... ich habe getan, ič-dim ich habe getrunken, dök-düm ich habe ausgegossen (wie öldüm), bul-dum ich habe gefunden, dur-dum ich habe gestanden, gewartet, sür-düm ich habe gezogen, sür-dü es hat gedauert, bil-dim ich weiß, habe kennen gelernt, gir-dim ich bin eingetreten, gör-düm ich habe gesehen, ol-dum ich bin geworden, gewesen! gönder-ir-im ich sende, gönder-dim ich sandte.

Als Ausnahmen der Vokalharmonie werden angeführt: elma der Apfel und pilav Gericht aus Reis und Milch. Fremde Worte wie kahve Kaffee, limon Zitrone, kimjon Kümmel sind nicht als Ausnahmen zu bezeichnen, da die Vokalharmonie nur für die original-türkischen Worte gilt. Einige Suffixe erweisen sich als fest kristallisierte Einheiten mit unveränderlichem Vokal. In dem Sprachbewußtsein leben sie also fast wie selbständige Wortwurzeln und konnten daher der harmonisierenden Wirkung jenes ausgleichenden Gesetzes widerstehen, z. B. 1. če in ak-če Silberstück (ak weiß, če = Diminutivendung), 2. -ki. Es bildet Adjektiva von dem Genitiv und Lokativ der Substantiva: ev-iñ-ki zu dem Hause gehörig, auch at-yñ-ki zu dem Pferde gehörig. k wird hier niemals erweicht, was ein Zeichen dafür ist, daß ki als eine selbständige Sprachwurzel empfunden wird, also unveränderlichen Vokal behalten muß; 3. dek, dejin bis hin: Bagdad-a dek,

Istambul-a dejin bis nach Bagdad, Konstantinopel (regieren den Dativ). Sie können als selbständige Worte bezeichnet werden wie irgendeine Präposition, die von ihrem Worte durch eine Pause in der Aussprache getrennt wird, z. B. ile. Jede Pause durchbricht die Vokalharmonie. So sagt man jazmak-ile durch das Schreiben jazmakla, oder mit Erweichung des k: jazmaǵla, jazmaǵyla (jazmakyla), jok--idi wird jokudu, joǵudu er war nicht. 4. Die wichtigste Ausnahme bildet jedoch das Präsenssuffix -jor-, das unverändert auch an hellvokalige Wurzeln gehängt wird: 1. gel-i-jor-um ich komme (der Verbindungsvokal i variiert auf der i-Reihe). 2. gel-i-jor-sun du kommst, 3. gel-i-jor er kommt. 1. Pl. gel-i-jor-uz, 2. gel-i-jor-suñuz, 3. gel-i-jor-lar; 1. bul-u-jor-um ich finde, ol-u-jor-um ich werde. düz-ü-jorum ich ordne, dök-ü-jorum ich gieße aus, al-y-jorum ich nehme, at-y-jorum ich werfe, ed-i-jorum ich tue, ič-i-jorum ich trinke, kyr-y-jorum ich zerbreche, čal-yš-y-jorum ich arbeite. bulun-u-jorum ich werde gefunden, finde mich, gönder-i-jorum ich sende. Der Hilfsvokal i fehlt bei Wurzeln, die auf einen Vokal auslauten: bašla-jorum ich beginne, oku-jorum ich lese, uju-jorum ich schlafe, ko-jorum ich stelle, lege, aber gid-i-jorum ich gehe fort.

Die Vokalharmonie wird in a. Worten meistens nicht durchgeführt. Man findet sie nur in Worten, die als gut türkische empfunden werden, z. B. lazym statt lazim notwendig. Der Vokal einer Silbe wird hier also nicht nach dem der vorhergehenden bestimmt, sondern nach der Natur ihrer eigenen Konsonanten und zwar zunächst des ersten, desjenigen also, der unter dem Vokale steht und mit ihm ausgesprochen wird, kyssa Geschichte, Fabel, dann aber auch nach der des folgenden Konsonanten, z. B. dakyka Minute. Die dunkle Natur des folgenden k wirkt bereits auf das vorausgehende a. Daß es sich hier um durchaus schwankende Verhältnisse handelt und von einer strengen Gesetzmäßigkeit nicht die Rede sein kann, liegt auf der Hand. Der eine empfindet ein arabisches Wort nach seinem Sprachbewußtsein als gut türkisch, der andere als Fremdwort. Beide sprechen es daher verschieden aus.

Eine andere Frage betrifft die Anfügung der variablen
Suffixe. Diese müßte sich nach dem Sprachgesetze auf
Grund des letzten Vokales bestimmen. Es besteht jedoch
die Neigung, sich auch hier wiederum nach dem letzten
Konsonanten zu richten. Ist dieser ein heller, so folgen
selbst auf dunklen letzten Vokal helle Suffixe, statt hal-da
(in dem Zustande) kann man also hal-de zu hören bekommen, hal-en jetzt, hal-inde statt hal-ynda ect. Auf dem
Boden des a. Sprachgutes befindet sich dieses Gesetz also
noch in der Phase des Werdens, was die mancherlei Un-
sicherheiten zur Folge hat. Beispiele: sadyk (sadik) treu,
wahr, maǧaze (meǧaze) = mahazin Magazin, fakat (fekat)
jedoch, taklil et- verringern (teklil a. ḳalla Inf. II), umūr
(ümur) Dinge (Pl. von a. emr), aber sürür (nicht surur,
weil s einen hellen Vokal erfordert, elif hingegen ein vokalisch indifferenter Konsonant ist) Freude (von a. sarra
jemanden erfreuen), akval Worte (nicht ekval, Pl. von a.
kaul, t. kavl), akvam (ekvam, Pl. von a. kaum, t. kavm)
Völker, akvas (ekvas, Pl. von a. kaus. t. kavs) Bögen
(auch in der Geometrie: Kreisbogen), akvyja (ekvija, ak-
vija) die Starken (Pl. von kavij, a. ākvijā'), akva (nicht
ekva) stärker. Die langen Vokale des A. und P. bleiben
šürut, šurut (Bedingungen (Pl. von šert, auch šart), esās
Fundament. Bei ḥ und ʿain ist der Vokal oft hell, hüsn
Schönheit, ömr Leben, ḥīn (statt hyn) Zeit, ahbab (statt
ehbab) Freunde; saj (statt seʿy) Eile, Anstrengung, naǧme
Melodie, Lied, Hymnus, mahzunane (mehzunane a. hazina
traurig sein, Partz. Pass. I mit p. Adj.-Endung äne) traurig, madum (medum a. ʿadima nicht sein) vernichtet, tot
(rückwirkender Einfluß des ʿain), maksud erstrebt (Partz. I
von ḳaṣada) maksad Ziel. ʿAin tritt auch als indifferenter
Vokal auf ümr, ümür, ömür Leben aber: talim, — mazy
Vergangenheit (a. maḍā weggehen), šamāta (auch šamāṭa,
das erste und letzte a sind durch das lange mittlere a
beeinflußt; daher entstand auch die Schreibung mit ṭ) Ge-
räusch, nakl, nakyl Bericht, Transport (Rückwirkung des
ḳ auf den Vokal von n). Daß ḥ zu hellem h geworden
ist, findet man in Beispielen wie sahib der Gefährte, sa-

hibiniñ seines Gefährten (statt des korrekten: sahyb-y-
nyñ . . . .), herif aus a. ḥarif im T. oft mit hellem he geschrieben. Auch die Vokalharmonie der Suffixe a. Worte
wird nicht durchgeführt, was Formen beweisen wie hal-de
(statt hal-da) in dem Zustande, hal-i sein Zustand, halinde
in seinem Zustande, in dem genannten Umstande. Der
Vokal richtet sich also nach dem Konsonanten der einzelnen Silbe, für sich allein betrachtet. Ist ḥ verdoppelt,
so tritt seine Natur als dunkler Konsonant wieder hervor
syhhat (nicht syhhet) die Gesundheit. Auch in der Kon-
sonantenschreibung prägt sich dieses Schwanken aus, sa-
lamlik = selam-lyk سلاملك = سلاملق das Männergemach
(im Gegensatze zum Harem حرم), hastalik = hastalyk
خستنق = خستنلك. Auch die verschiedene Bedeutung
könnte in einzelnen Fällen differenzierend gewirkt haben:
zeval der Verfall, aber zavally arm, zur Unterscheidung
von zevali südlich, kadah Becher (nicht so gut kadeh, rückwirkender Einfluß des a. ḥ), fukara (nicht fükara) der
Arme (a. Pl.; rückwirkender Einfluß des ḳ), mykdar (nicht
mikdar) Größe, Quantität, zahmet Belästigung, Unruhe
aber müktezi, mükteza (statt müktezy, müktazy) notwendig, bazen (statt bazan, a. baʿḍan) teilweise t. oft, hefta,
hafta (statt hefte) die Woche, ġurbet Verweilen in der
Fremde (ġain hat den Vokal dunkel gemacht, aber in ömür
Leben wirkt ʿain nicht in dieser Weise), sefa (statt des
korrekten ṣafa) Freude, ahmakyñ (a. aḥmaḳ) des Törichten
(k wirkt auf den Vokal von m und wird bei Vokal nicht
erweicht).

4. Die Entstehung von Vokalen und Konsonanten.

Das Gesetz der Vokalentstehung beherrscht ebenso
wie das (freilich wichtigere) der Vokalharmonie die t. Formenlehre. Der t. Akzent ist ein musikalischer, der fast
gleichmäßig über den Vokalen schwebt. Daraus ergibt
sich die Notwendigkeit, daß letztere gleichmäßig über das
Wort verteilt werden müssen. Die Häufung von Konso-

nanten (geschärfte Silben) ist Anzeichen eines exspiratorischen Akzentes. Die Auflösung von Konsonantenanhäu-
fungen durch zwischentretende Vokale ist eine (fast phy-
siologisch) notwendige Funktion des musikalischen Tones.
Geschärfte Silben kommen also (der Regel nach) unter
diesem nicht vor. Ausnahmslos wird dieses Gesetz im T.
jedoch nicht durchgeführt. Dennoch tritt es gelegentlich
deutlich hervor. Es scheint noch im Werden zu sein.
Doppelkonsonanz ist zunächst bei gleichlautenden Konsonanten zulässig, sodann beim Hinzutreten von Suffixen,
die mit einem Konsonanten anlauten (dir, t = Kausativ-
suffix, di, ti, ki usw.). Würden sich aber in der Wurzel
selbst zwei Konsonanten folgen, so muß ein Hilfsvokal
eintreten. Derselbe richtet sich nach dem vorausgehenden
Wurzelvokale und wird meistens der i-Reihe entnommen
(auf ö folgt ü, auf o — u, sodaß also ö und o selbst nicht
zu Hilfsvokalen verwandt werden. Sie kommen nur als
unveränderliche Wurzelvokale vor). Die im allgemeinen
(abgesehen von den mit einem Konsonanten beginnenden
Suffixen) überaus regelmäßige Vokalverteilung in den Endungen der Konjugation, Deklination und den Personalsuffixen (-ler -im -iz -iñ usw.) ist ebenfalls eine Wirkung
dieses Gesetzes. Die meisten Wurzeln, die von ihm getroffen werden, sind wohl arabische, deren Endvokal ab-
gefallen ist. Es gibt aber auch original-türkische, an denen
dieses Gesetz gestaltend wirkt. Göñlüñ „des Herzen, des
Verlangens" läßt auf einen N. göñl schließen. Zwei verschiedene Konsonanten würden in einer solchen Form zusammentreffen. Es muß also ein Hilfsvokal (der nächst-
verwandte aus der i-Reihe) genommen werden: göñül das
Herz. ojn-u sein Spiel ergibt als N. ojn. Dies wird zu
ojun das Spiel; burn-u seine Nase — burn → burun, bojn-u
den Hals, Nacken (A.) — N. bojn → bojun, alnyñ deine
Stirne aln → alyn, nütük verständige Rede, a. nutķ, karn
→ karyn Leib, baġyr Busen, baġry ihr B., hüzün a.
huzn Trauer, nakyd a. nakd Geld, Wechselgeld, dahr t.
dehr, korrekter dehir Zeit, Alter; a. kufr, t. küfr, küfür
Unglaube, a. vaķf t. vakuf fromme Stiftung (dem Verkehre

entzogene, „stillstehende“ Werte a. vaḳafa stillstehen),
a. kabr t. kabyr, kabir das Grab, a. ʻumr t. ümür, ömür
Leben, a. nakl t. nakyl Bericht, a. ṭabl t. (daḅyl) davul
Trommel, sabyr a. ṣabr Geduld, fikir a fikr Denken, Gedanke, mit Vokalveränderung: muhabbet (Fehler statt mahabbet, mehabbet) Liebe.

Neben der *Neubildung* von Vokalen läuft eine solche
von *Konsonanten*. Der Türke vermeidet es, zwei Vokale
unvermittelt nebeneinander zu stellen. Tritt dieser Fall
in der Formbildung auf, so muß ein Hilfskonsonant eingeschoben werden. Die Deklinationen vokalisch auslautender
Worte bilden hier die bezeichnendsten Beispiele. Die Deklinationssuffixe beginnen teils mit Vokalen (iñ) teils sind
sie Vokale (e, i). Zwischen iñ und auslautendem Wurzelvokal wird n eingeschoben (wohl ein alter Bildungskonso-
nant, der sich an dieser Stelle noch erhalten hat), zwischen
e und i in denselben Fällen j. Die Deklination von baba
der Vater lautet also: baba-n-yñ des Vaters, baba-j-a dem
V., baba-j-y den Vater, baba-dan von dem V., baba-da in
dem V. Das Futurum hat vokalisch anlautendes Suffix
(aǧak, eǧek), wie auch der Optativ (e, a). Auch sie verbinden sich also mit vokalisch auslautenden Stämmen durch
j: uju-j-aǧak er wird schlafen, besle-j-e-ǧek er wird ernähren.

Die Pronominalsuffixe zeigen bei konsonantig endigenden Wurzeln einen Vokal: ev-im mein Haus, ev-iñ dein
Haus, ev-imiz unser H., ev-iñiz euer Haus. Dieser Vokal
ist den genannten Suffixen nicht wesentlich. Er hat die
Natur eines Hilfsvokals der die sonst entstehende Doppelkonsonanz vermeiden soll. Dies läßt sich dadurch beweisen, daß er bei vokalisch auslautenden Wurzeln fehlt:
baba-m mein Vater, baba-ñ dein V., baba-myz unser V.,
baba-ñyz euer V. Das Suffix der 3. Person ist ein Vokal.
Der Hilfskonsonant ist hier s: baba-sy. Die Deklinationssuffixe fügen sich an diese Form vermittels n (das bereits
aus baba-n-yñ bekannt ist): baba-sy-n-yñ seines V., baba-
sy-n-a seinem V., baba-sy-n-y seinen V., baba-sy-n-dan von
seinem V., baba-sy-n-da bei (in) seinem V.; ebenso ev-i-n-iñ

seines Hauses, ev-i-n-e seinem H., ev-i-n-i sein H. (Acc.),
ev-i-n-den von seinem H., ev-i-n-de in seinem H. — sofra-
sy-n-yñ seines Tisches, kapu-su-n-uñ seiner Türe kapu-su-
n-a, kapu-su-n-u, kapu-su-n-dan, kapu-su-n-da; göz-ü-n-üñ
seines Auges, göz-ü-n-e, göz-ü-n-ü, göz-ü-n-den, göz-ü-n-de;
Das Futurum fügt e-ğek an den Stamm. Endigt dieser
auf einen Vokal, so tritt als Hilfskonsonant j auf: je-jeğek
er wird essen (je- essen) bašla-jağak er wird anfangen
(baš Kopf, baš-la- anfangen), ebenso in allen verneinten
Futurformen: jáz-ma-ja-ğağ-ym ich werde nicht (Suffix
ma, me) schreiben (jaz-).

Von dem Hilfszeitworte beginnen viele Formen mit
Vokal: im ich bin (sin, siñ du bist, o dur er ist), iz wir
sind (siñiz ihr seid, dirler sie sind), isem wenn ich bin, iseñ
wenn du bist, ise wenn er ist, isek wenn wir sind, iseñiz
wenn ihr seid, iseler wenn sie sind, idim ich war, ich bin
gewesen, idiñ du warst, idi er war, idik wir waren, idiñiz
ihr waret, idiler sie waren (die Perfektsuffixe -di-m ...
sind hier an den Stamm i- sein gefügt), imiš-im ich war,
wie man berichtet (Narnativus) imiš-sin du warst, imiš er
war, imiš-iz, imiš-siñiz, imiš-ler; imiš-isem wenn ich gewesen bin, wenn ich war .... Die Formen treten verschiedentlich an auslautende Vokale z. B. in der Frage,
deren Suffix mi lautet: bén mi jim bin ich? (sén mi sin
bist du? ó mu dur ist er?) biz mi jiz sind wir? (síz mi
siñiz seid ihr? onlár my dyrlar sind sie?); dejíl mi jim
bin ich nicht? (dejil mi sin bist du nicht? dejil mi dir ist
er nicht?) dejíl mi jiz sind wir nicht? Im Perfekt: bén
mi jidim war ich? sén mi jidiñ warst du? ó mu judu war
er? bíz mi jidik waren wir? síz mi jidiñiz wart ihr?
onlár my jydylar waren sie? ben dejíl mi jidim war ich
nicht? sen dejil mi jidiñ warst du nicht? usw. (-jidi -jidik
-jidiñiz -dejil mi jidiler); eji jimiš er ist (wie man sagt)
gut.

Sind die zusammentreffenden Vokale u oder u und a
so ist der Hilfskonsonant v: kavnš- sich verbinden (nicht
kajuš-), kavun die Melone (nicht kajun), tavuk (statt tauk)
Huhn, sovuk (auch Hiatus: souk) kalt.

Eine *Erweichung* von Konsonanten unter Vokalen ist bei t, ḳ und k zu beobachten, jedoch mit „Unregelmäßig-keiten", so daß man verschiedene t-, ḳ- und k-Laute an-zusetzen hat, von denen sich die einen unter Vokal er-weichen zu d, ġ und j, die anderen hart bleiben. Das t von at ist z. B. von solcher Natur, daß es nicht erweicht wird also atyñ des Pferdes, ata dem Pferde, während das von et-mek eine andere Art von t sein muß. Denn es wird unter Vokal zu d: edijor er tut, eder er tat. Man sagt ferner kyrkynġy der vierzigste (kyrk) aber konaġyñ des Palastes. Kyrk (wie auch tok gesättigt ok der Pfeil) endigt also auf ein anderes k als konak und sonst alle Worte auf ḳ. Das Gleiche gilt von jük die Last, kök die Wurzel, deren palatales k unveränderlich bleibt, während die andern palatalen k-Laute unter Vokalen zu j werden oder ñ bleiben: eviñ dein Haus, eviñiñ deines H., eviñe deinem H., eviñi dein H. (A.), eviñden von deinem H., eviñde in deinem H. Ist k letzter Konsonant, an den Suffixe angelehnt werden, so verwandelt er sich in j: ek-mek das Brot, ekmejim mein B., ekmejiñ dein B. und des B., ekmeji sein B. und das B. (A.), ekmeje dem B., aber ekmekden und ekmekde; uġaḳ der Herd, nġaġym mein H., uġaġyñ dein H. und des H., uġaġy sein H. und den H., uġaga dem H., aber uġaḳdan, uġaḳda uġaklar usw. Küčük klein, küčüj-üm ich bin klein glaubt man oft wie küčüg-üm zu hören.

Diese Erweichung von t ت, k ك, ḳ ق findet statt, wenn diese Konsonanten unter Vokalen, d. h. unter dem Einflusse von Vokalen stehen. Dazu ist in der Regel er-forderlich, daß sie zwischen Vokalen ihre Stelle haben: gel-e-ġej-im (geleġek-im). Jedoch ist diese Zwischenstellung nicht erforderlich bek, beg der Prinz wird zu bej (bei), čıkne- kauen, zerstampfen zu čijne-. Also auch hier finden wir eine kleine Unsicherheit, ein wissenschaftlich noch nicht erklärtes Schwanken, das wohl auf verschiedene Arten von k - Laute oder verschiedene dialektische Ein-flüsse zurückzuführen sein dürfte. In a. Worten bleibt t

und k hart: avret-iñ der Frau, ahmak-yñ des törichten
Menschen.

Eine *Verschärfung* von weichen Konsonanten findet
sich I am Ende der Silben oder auch II an ihrem Anfange
bei vorausgehendem scharfen Konsonante z. B. et-di wird
in der Aussprache zu etti er hat getan, ed-ip getan habend
(geschrieben und früher gesprochen: edib), iptida (aus a.
ibtida) Anfang (Inf. VIII von a. bada'a). Auch mektup
der Brief (a. Geschriebenes) wird neben mektub genannt,
a. kelb —> kelp Hund (jedoch kelb-iñ des Hundes), seped
= sepet der Korb . . . .

Man kann verschiedentlich einen Ausfall von Vokalen
beobachten und zwar in Fällen, die auf folgendes Gesetz
zu weisen scheinen. Das Türkische sucht geschlossene
Silben herbeizuführen. Es vermeidet nicht nur geschärfte
Silben (mit zwei Konsonanten geschlossene), sondern auch
eine zu große Anzahl offener kurzer Silben, die unvermittelt aufeinander folgen. Devrān und hajvan (a. davarān
„Zeit" und hajavān „Tier") sind hier die klassischen Beispiele. Zu beachten ist, daß der ausfallende Vokal vor
dem Akzente steht, wo er auch in anderen Sprachen leicht
in die Schwundstufe kommt, und ferner daß es sich hier
um Fremdworte handelt, deren Akzent vielleicht nicht
der eigentlich türkische, der musikalische ist (ein solcher
führt keine Schwundstufe von Vokalen herbei), sondern
ein dem Fremdworte eigener, vielleicht etwas exspiratori-
scher. In den original-türkischen Worten findet man sehr
häufig eine längere Aufeinanderfolge kurzer offener Silben,
ohne daß ein Vokalschwund eintritt.

5. Der Akzent.

Der Akzent schwebt im Türkischen ziemlich gleichmäßig über alle Silben hinweg, und dies ist sehr natürlich,
da jede Silbe in der Formbildung eine für den Inhalt
wichtige Bedeutung hat. Sie darf also durch eine akzent-
lose Aussprache nicht verflüchtigt werden. Die Suffixe
behalten auch trotz der Vokalharmonie noch eine größere

Selbständigkeit bei als die Silben der Wortformen in den eigentlich flektierenden Sprachen. Der Träger der Bedeutung ist nicht so sehr die Wortform als Ganzes, sondern die einzelnen Silben (Stamm und Suffixe) in ihrer logischen Aufeinanderfolge. Die Einheit der ganzen Form ist noch nicht so sehr durchgeführt, daß die Selbständigkeit und getrennt empfundene Bedeutung der einzelnen Teile dadurch vollständig aufgehoben worden wäre. Die letzte Silbe des Wortes fällt also nicht unbetont ab, was für unser Ohr eine besondere Betonung zu sein scheint. Ein musikalischer Akzent hebt das Wortende etwas hervor, ohne die vorhergehenden Silben verkümmern zu lassen. Letzteres wäre die Folge eines exspiratorischen Akzentes, der für die umstehenden Vokale Schwundstufe bedeutet. Aus der musikalischen und gleichmäßig schwebenden Natur des t. Akzentes erklärt sich auch die Entstehung neuer Vokale.

Frage und Negation erfordern schon ihrer Bedeutung nach einen besonderen Akzent, der hier die Funktion des Gestus übernimmt. Hinter das in der Frage inhaltlich betonte Wort tritt das Suffix mi (variabel auf der i-Reihe). Es folgt also immer dem Akzente und bleibt selbst unbetont. Ebenso liegt bei der Negation der Akzent vor dem Negationssuffixe (me, ma). Dies tritt hinter die Wurzel, das fragende mi vor die Personalendungen, abgesehen von Perfekte, wo es hinter das Wort gesetzt wird.

6. Die Hilfsverba.

Viele Formen des Hilfsverbum i-mek sein (Inf. ungebräuchlich) sind bereits gelegentlich der Vokalharmonie besprochen worden. Es erübrigt nur noch, weniges von diesem Verbum hinzuzufügen und darauf die anderen Hilfsverba zu erwähnen. Mit vorgesetztem dejil wird die Negation gebildet: 1. dejil-im ich bin nicht, 2. dejil-sin, 3. dejil-dir; 1. Pl. dejil-iz wir sind nicht, 2. dejil-siñiz, 3. dejil-dirler; Perfekt: dejil-idim ich war nicht, dejil-imiš ich war nicht, wie man erzählt oder wie ich schließe;

isem wenn ich bin hat veränderliche Vokale: 1. ysam,
2. ysañ, 3. ysa; 1. Pl. ysak, 2. ysañyz, 3. ysalar. Der
erste Vokal kann bei engen Verbindungen mit Verbal-
stämmen auch ausfallen: olur er ist, er wird: 1. Sing.
olúr-sam (statt olur usam) wenn ich bin, wenn ich werde.
2. olúr-sañ, 3. olúr-sa; 1. Pl. olur-sak wenn wir werden,
sind 2. olúr-sañyz, 3. olur-salar, ebenso im eigentlichen
Praesens: 1. Sing. olu-jór-sam wenn ich werde, 2. olujór-
sañ, 3. olujór-sa; 1. Pl. olujór-sak, 2. olujór-sañyz. 3. olu-
jorlársa (olujor-salar); oder es wird an die reine Wurzel
ol- angefügt: 1. Sing. ól-sam wenn ich wäre, 2. ól-sañ.
3. ól-sa; 1. Pl. ol-sak, 2. ol-sañyz, 3. ol-salar. Die negative Bedingung: dejil-isem (dejilsem) wenn ich nicht bin:
dejil-iseñ, dejil-ise 1. Pl. dejil-isek, 2. dejil-iseñiz, 3. dejil-
iseler wird nach der Vokalharmonie bei ól-ma-jor er ist
nicht: ólmajor-sam (statt: usam) — sañ ... und bei ol-
máz er ist nicht, ebenfalls: olmáz-sam, -- sañ ....
Der Narrativus: imiš-im ich bin, wie man erzählt,
gewesen (idi-m ich bin gewesen, wie ich aus eigener Er-
fahrung weiß) hat ebenfalls veränderliche Vokale und
kann den ersten Vokal abstoßen: ol-muš (statt ol-umuš):
1. olmúšum ich bin gewesen, ich war, ich wurde, ich bin
geworden, wie ich vermute, wie man erzählt, 2. olmus-šun
(olmuš-suñ), 3. olmuš (dur), 1. Pl. olmuš-uz, 2. olmuš-sunuz
(olmuš-suñuz), 3. olmuš-lar, negiert: 1. ol-ma-myš-ym, 2. ol-
mamyššyn du bist nicht geworden. Das eigentliche Perfekt lautet: 1. ol-dum ich bin gewesen, geworden, wie ich
es selbst erfahren habe, 2. ol-duñ, 3. ol-du; 1. Pl. ol-duk,
2. ol-duñuz, 3. ol-dular — vgl. idim, das veränderlichen
Vokal hat und den ersten Vokal abstoßen kann. Es bildet
die Perfekta. Negiert: ól-ma-dym ich bin nicht gewesen,
2. ólmadyñ, 3. olmady; 1. Pl. olmadyk, 2. olmadyñyz,
3. olmadylar.
Der Optativ fügt ein a an den Stamm und an dieses
die Formen von im ...: 1. ol-á-jym möge ich sein, 2. ola-
syn mögest du sein, 3. ola; 1. Pl. olá-jys, olalým (alt:
oláuz) mögen wir sein, 2. ola-syñyz möget ihr sein, 3. ola-
lar mögen sie sein; verneint 1. ól-ma-ja-jym möge ich

nicht sein, 2. ólma-ja-syn, 3. olmaja; 1. Pl. ólmajalym,
2. olmajasyñyz, 3. olmajalar.

Wie durch ise die Verbalformen in den Bedingungsmodus treten (und die Pronomina verallgemeinert werden:
kim wer, kim-se wer auch immer), so werden sie durch
idi-m in die *Vergangenheit* versetzt: imiš-idim ich war gewesen (mit veränderlichen Vokalen ymyšydym, -mušudum,
-müšdüm) ich war geworden (wie man berichtet), 2. imišidiñ,
3. imišidi; 1. Pl. imišidik, 2. imišidiñiz, 3. imišidiler; 1. ol-
du-judum (oldu ydym) = olmuš-udum ich war gewesen,
war geworden, 2. — uduñ, 3. — udu; 1. Pl. — uduk,
2. — uduñuz, 3. — udular. Dem gegenüber bedeutet olur-
udum die Vergangenheit des Aorists: ich wurde, war (eine
regelmäßig sich wiederholende Handlung wird in die Zeitsphäre der Vergangenheit versetzt) und olujor-udum ich
wurde d. h. der Vorgang, daß ich einmal wurde, wird in
die Vergangenheit versetzt (eine einmal auftretende Handlung wird als vergangen bezeichnet). Der erste Vokal des
perfektischen Hilfszeitwortes kann auch ausfallen: olur-
dum . . ., olujor-dum . . . . Wo zwei Vokale unvermittelt
nebeneinander treten würden, muß der Hilfskonsonant j
eingeschoben werden. Die Personenbezeichnung kann auch
vorausgestellt werden, ein Beweis dafür, daß die Suffixe
noch ihre Selbständigkeit behalten haben und mit der
Wurzel noch nicht zu einer einheitlichen Wortform, wie
in den flektierenden Sprachen verschmolzen sind: 1. oldum-
ydy (udu) ich war gewesen, 2. olduñ-ydy (udu) du warst
gewesen . . .; 1. ise-jidim = imiš-išem (mit veränderlichen
Vokalen: ysa-jydym usw.) wenn ich gewesen bin, wenn ich
wäre, 2. ise-jidiñ = imiš-iseñ, 3. ise-jidi = imiš-ise; 1. Pl.
ise-jidik = imiš-isek, 2. ise-idiñiz = imiš-iseñiz, 3. ise-
didiler = (imiš-iseler) imišler-ise; dejil-imiš-isem wenn ich
nicht gewesen wäre. Mit ol- gebildet lauten diese Formen:
olmuš olsam (statt ysam, usam) = olsa-jydym wenn ich
gewesen (geworden) wäre, 2. olsá-jydyñ, 3. olsá-jydy;
1. Pl. olsá-jydyk, 2. olsá-jydyñyz, 3. olsa-jydylar =
1. oldu-jysam, 2. — jysañ, 3. — jysa . . . = olmuš ysam,
-ysañ . . . = oldum ysa (ysa wir hier als unveränderliches

Suffix an das konjugierte Perfekt angefügt, oldu-jysa = olmušum ysa, usa) negiert: ól-ma-sa-jydym ..., ólmadym ... ysa, ólmamyš ysam .... ólmamyšym ysa wenn ich nicht gewesen wäre; ólmadym ... ydy ... ich war nicht gewesen = ólmady jydym ... = ólmamyš ydym (ólmamyšym ... ydy) = 1. dejil imišidim, 2. dejil imišidiñ ....

Die *Optativformen* der Vergangenheit berühren sich mit den irrealen Bedingungssätzen 1. ol-á-jydym möchte ich doch gewesen (geworden) sein = wenn ich doch gewesen wäre = ol-sá-jydym ...: 1. Pl. olajydyk = olsajydyk.

Das *Futurum* wird von ol- regelmäßig gebildet (Suffix e-gek): 1. ol-agág-ym ich werde sein, 2. ol-agák-syn du wirst sein (k tritt hier, weil vokallos, wieder deutlich hervor, während es in der ersten Person unter Vokal zu g wurde), 3. olagák (dyr) er wird sein; 1. Pl. olagágyz wir werden sein, 2. olagáksyñyz ihr werdet sein, 3. olagak-lar sie werden sein. Bedingungsmodus: olagáksam, olagágysam wenn ich sein werde, 3. Pl. olagaklar ysa (ysa als unveränderliche Partikel behandelt, als ob die erste Pers. lautete: olagágym ysa), ól-ma-jagak-sam, ólmajagagysam wenn ich nicht sein werde, olmuš olagagym ... = olmuš olnrum ... ich werde gewesen (geworden) sein, Irrealis: olagag-ydym ich würde gewesen sein, olur-udum, Konditionalis: olmuš olursam wenn ich geworden sein werde (der Aorist weist hier auf die Zukunft).

Imperativ: ol sei ol-sun er soll sein, ol-alym laßt uns sein — Optativform), oluñ = oluñuz seid, olsunlar sie sollen sein, ólma sei nicht, ólmasyn er soll nicht sein, ólmajalym laßt uns nicht sein (negierter Optativ), ólmajyñyz ólmajyñ seid nicht, ólmasynlar sie sollen nicht sein.

Partizipia: 1. olan (Praesens) seiend,
    2. olur (Aorist) seiend, gewesen seiend,
    3. olduk (Perfekt) } gewesen, geworden
    4. olmuš (Narrativus) } seiend,
    5. imiš (Narrativus von i-mek) gewesen,
    6. olagak (Futur) sein werdend;

negiert: 1. ólmajan nicht seiend,
2. olmaz nicht seiend (nicht sein könnend),
3. ólmadyk ⎫
4. ólmamyš ⎭ nicht gewesen, nicht geworden,
5. dejil-imiš nicht gewesen,
6. ólmajaǧak nicht sein werdend;

Gerundium   iken (-ken) seiend, während ist
olúr-iken während es ist, war, wird.

Bestimmte Verba können die Funktionen von Hilfsverben übernehmen, um besondere Aktionsarten auszu-
drücken. ver- mit dem Inf. auf i bedeutet eine Beschleunigung: jürü-jü verdi er machte sich schleunigst davon.
Der erste Teil dieser Konstruktion bleibt unveränderlich;
der zweite wird regelmäßig konjugiert („ein Gehen brachte
er“). Ver bring! gib! bildet daher verstärkte Imperative:
jazy ver schreib doch! schreib schnell! („ein Schreiben
bring!“).

bil- „wissen“ (an die Optativform gefügt) umschreibt
den Begriff des Könnens: jaz-a-bil-ir-im ich kann schreiben, verstehe zu schreiben, habe die Fähigkeit zu schreiben,
jaza bildim ich konnte schreiben. Es wird sogar mit bil-
selbst verbunden: bil-e-bil-mek wissen können. git-di „er
ging“ ist fast zu einer adverbialen Form geworden in der
Bedeutung: „schließlicn“: gör-dü gitti (git-di) schließlich
sah er. Seltener findet man jaz-dy „er schrieb“ in dem
Sinne von „beinahe“ mit der Optativform des Verbs: ede
jazdy er hatte beinahe getan („er schrieb zu machen“,
schreiben = bestimmen, sich entschließen. „Geschrieben“
ist identisch mit: „im Schicksal, in den Sternen vorherbestimmt: jaz-yl-y vorherbestimmt durch Gott, „geschrieben“, jaz-yk = Schade! leider, Grundgedanke: „unab-
wendbar vorausbestimmt“). gel- „kommen“ bedeutet das
gewohnheitsmäßige Handeln (mit derselben Verbalform wie
jazdy): ed-e gel- etwas zu tun gewohnt sein.

Der Türke setzt manchmal Zeitwörter unverbunden
nebeneinander. Das eine stellt dabei einen Modus des
andern dar und kann durch ein Adverb wiedergegeben
werden. Zu solchen modalen Verben kann jedes Zeitwort

verwendet werden, das einen Modus einer Handlung (lang-sam, schnell . . .) ausdrückt: hič durmaz ağlar bağyryr ydy er weinte und schrie unablässig „er ließ nicht ab, er weinte, er schrie" (ydy ist auch nach den ersten beiden Verben zu ergänzen. Bei parallelen Verben nimmt nur das letzte eine Personenbezeichnung an. Die ersten stehen in der dritten Person Singular. Bei ihnen ist die bestimmte Person aus dem letzten zu ergänzen). Die syntaktische Anordnung der modalen Verba ist manchmal so, daß eines (vielfach dasjenige, das wir als Hauptverbum auffassen — so ist auch die Behandlung der modalen Verba im Arabi-schen: „er las eiligst" wird a.: „er eilte lesend") in das Gerundium gesetzt wird: bir kimseğek kanad ger-ip túr-major keiner hält (seine) Flügel beständig ausgebreitet. „Beständig" wird im T. zum Hauptverbum, während es im Deutschen Adverb ist. Das Hauptverb dem Sinne nach liegt im Gerundium: „Irgend jemand einen Flügel aus-gebreitet habend steht nicht, wartet nicht".

7. Die Verba.

Um einen Überblick über das Zeitwort, den wesent-lichsten Teil des Türkischen zu gewinnen, hat man Wur-zeln (einfache und erweiterte), Zeiten, Modi, Partizipia. Gerundia und Infinitiva zu unterscheiden. Da die Kon-jugation mit den Personalsuffixen bereits aus der Vokal-harmonie bekannt ist, bleibt nur noch übrig, den Aufbau des Verbum in großen Zügen zu geben, ohne die Konju-gation der einzelnen Zeiten und Modi durchzuführen. Diese bietet keine Unregelmäßigkeiten. Jeder kann sie nach dem in der Vokalharmonie Gesagten leicht ausführen.

Die Infinitive bezeichnen I. teils die Handlung im ab-strakten Sinne oder auch das Handeln (den konkreten Verlauf der Handlung) ohne die Zeit, in der sie verfließt, II. teils nehmen sie den Zeitbegriff mit auf.

I. Zeitlose Infinitive:

    1. auf mek: jaz-mak schreiben, zu schreiben,

    2. „ mek-lik: jaz-mak-lyk die Handlung des
                      Schreibens,

3. auf me: jaz-ma Schreiben, Geschriebenes, auch
      adj. verwandt: jap-ma gefälscht (ge-
      macht),
4. „ iš: jaz-yš die Schrift,
5. „ i: jaz-y die Schrift, das Schreiben,
6. „ im: jaz-ym das Ausüben des Schreibens,
      al-ym das Nehmen.

II. Zeitinfinitive sind die des Perfekts und Futurs
    also:

1. auf dik: jaz-dyk geschrieben zu haben,
2. „ ağak: jaz-ağak schreiben werden. Dekliniert
und mit den besitzanzeigenden Fürwörtern ausgestattet
vielfach auch in Abhängigkeit von Präpositionen werden
sie zu Gerundien, indem sie Nebensätze vertreten. Der in
ihnen enthaltene Zeitbegriff kommt dabei zur Geltung.

Das t. Verbum hat vier Grundformen, die vier verschiedene Arten des Handelns bezeichnen: I. die einfache
Handlung, die ein Einwirken eines Subjektes auf ein Objekt bedeutet. Die Phase des Unfertigseins wird durch
Präsens und Aorist, die des Fertigseins durch das Perfekt
(auch ursprünglicher Sinn des arabischen Perfekts) wiedergegeben, II. die reflexive Handlung gez- reisen, gezin-
sich ergehen, durch n als Suffixe gebildet, III. die reziproke Tätigkeit mit iš : gül- lachen, gülüš- gemeinsam
mit andern lachen und IV. das Kausativum mit dir und
V. das Passivum mit il : ič- trinken, ič-il- getrunken werden. Neue Verbalstämme werden aus Substantiven gebildet entweder ohne Verbindungsbuchstabe — bei den
vokalisch auslautenden Wurzeln — oder durch Vermitt-
lung von l (el, le, len, leš): ev- das Haus, ev-len- sich
ein Haus gründen = heiraten. Von den Reflexiven können
wieder kausative Bildungen entwickelt werden: ev-len-dir-
jdn. verheiraten. jer-leš-dir- = düz-et- in Ordnung bringen, doğru-t = düzel-t- ausbessern (kim düzeltir wer
bessert das aus?) (nicht dir) bil-dirtdir- veranlassen, daß
man benachrichtigen läßt, öl-dürtdür- indirekt töten lassen.
diñlen- sich ausruhen („zuhören"), čekin- sich weigern, sev-
indiril- veranlaßt werden, daß man sich freut, sev-išdiril-

veranlaßt werden, daß man sich gegenseitig liebt, kalem-e
al- verfassen (eine Abhandlung „in die Feder nehmen“),
nürlendir-, nur-lan-dyr- leuchten lassen, at-la- springen (at
Pferd; werfen), üš-üš- in Menge herbeiholen (üš! Ausruf
zum Antreiben des Lasttieres), kol gez- = kol dolaš- die
Runde machen (dolaj herum), karar-t- schwärzen (vgl.
sarart- gelb = kyzart- rot färben).

Die abgeleiteten Verba werden zumeist mit dem
Suffix l (el, le, le-š) gebildet: kejfle-n- zufrieden sein,
kejfle-t- zufrieden machen (a. kaifa wie? fragt nach dem
Befinden, daher Wohlbefinden bedeutend t. kejf), fajydalan-
fajidelen- Nutzen ziehen (fajide et-), eksikle- verkleinern,
mangelhaft machen, eksil- = eksimek klein, gering sein,
baš der Kopf, baš-la- anfangen. Selten macht der Vokal
a die S.-Wurzel zu einer verbalen: kan Blut kan-a- bluten.
Endigt der Stamm auf einen Vokal, so kann er ohne
weiteres Suffix auch als Zeitwort verwendet werden ekši
sauer und: sauer sein, kuru trocken und: trocken werden.
Dieselbe Wurzel findet sich vereinzelt als Verb und als
S. ič. Inneres, ič-mek trinken. Die ganze Fülle der mög-
lichen Gestaltungen und Ausdrucksweisen kann erst die
Lektüre und das Lexikon lehren. Besonders gilt dies von
den mit S. oder Adj. gebildeten verbalen Ausdrucksformen,
deren Gebrauchsart folgende ist.

Die zusammengesetzten Verba werden mit einem
a. oder p. Infinitiv usw. und einem Ausdruck für „tun“
(et-, ele-, kyl-, bujur-) oder „sein“ gebildet. Der a. Inf.
hat dabei oft passive Bedeutung: def ol- vertrieben werden
(a. daf'un das Vertreiben, selten: Vertrieben werden, hier
im Sinne des Partiz. Pass. = madfū' „vertrieben sein“)
= indifa et-; ittibaz olun- angenommen, befolgt werden
(a. 'ahad VIII), hükm olun- verurteilt werden (= mehkum
ol-), arz et- darbieten, unterbreiten (a. 'ard = ma'rūd ange-
boten) arz olun-(ol-) dargeboten werden, tekrar et- (a. ta-
krār Inf. II Wiederholung) wiederholen, mušahede olun-
gesehen werden (šahada sehen, sichtbar sein Inf. III der
Passivbegriff wird in das Hilfsverb verlegt) seni habs (haps)
eder er bringt dich ins Gefängnis (= maḥbūs gefangen,

von ḥabasa), vuku bul- sich ereignen (a. vaḳaʿa fallen, wirklich werden Inf. I), istiǧar et- mieten, iǧar et- vermieten (a. aǧara den Lohn auszahlen Inf. X u. IV), seniñ ile muarefem olur mit dir stimme ich überein (ʿarafa Inf. III im A. selbst nicht gebräuchlich), ittifak et- eine Übereinkunft, ein Abkommen treffen (a. vafaḳa Inf. VIII), mukajese et- vergleichen (mit = ile; a. ḳāsa messen Inf. III ḳijās Vergleich), müsaade et- entschuldigen (a. saʿada glücklich sein III jdm. helfen Inf. III a. Hilfe, t. Entschuldigung), istirham ele- (a. raḥima barmherzig sein X) bitten, zann et- denken, meinen (a. ẓanna meinen, vermuten), izhar et- (ẓahara sichtbar sein Inf. IV) zeigen, deutlich machen, ruhsat ver- erlauben („eine Erlaubnis geben, bringen" a. rahuṣa im Preise sinken), istintak et- eine gerichtliche Untersuchung, ein Verhör anstellen (a. naṭaḳa sprechen X jeden ausfragen), ikrar et- etwas eingestehen (a. ḳarra fest sein Inf. IV), teessüf et- bedauern (a. asifa betrübt sein Inf. V), hakkdan irtidad et- von dem Rechte (u. d. Wahrheit) abweichen (radda zurückstoßen Inf. VIII) redd et- abweisen, tarakky et- sich entwicklen, Fortschritte machen (raḳā aufsteigen auf einer Leiter Inf. V), tezevvüǧ (ʿaḳd-i-zdivaǧ) et- heiraten (zāǧa ein Paar bilden Inf. V u. VIII), teǧammü et- sich vereinigen (a. gamaʿa versammeln Inf. V = iǧtima Inf. VIII), inširahym var ich freue mich (šaraḥa aufschneiden, die Brust aufschneiden = sich freuen Inf. VII), inša et- eröffnen (našaa wachsen Inf. IV), sudur et- hervorgehen (ṣadara Inf. I), iktiza et- notwendigsein, -werden, -machen, befehlen (ḳaḍā Inf. VIII), inkyjad et- sich leiten lassen (ḳāda an der Fessel führen Inf. VII), tešrif et- besuchen (šarafa edel sein II ehren Inf. II), tahsyl et- erwerben, erlernen (ḥaṣala wirklich werden Inf. II), eve isal et- mit dem Hause (Dat.) verbinden, an das H. anschließen lassen (vaṣala verbinden Inf. IV), teškil et- gestalten, bewirken, zur Existenz bringen, aña bir šej tedarük et- ihm etwas besorgen, verschaffen (daraka erreichen Inf. VI ausbessern, etwas wieder gut machen), maslahat tahkyk olunur die

Angelegenheit wird untersucht, čičiklerden hazz (a. ḥazz)
ederiz wir ergötzen uns an (den) Blumen.

Das Präsens: Suffix jor mit unveränderlichem Vokal,
Konjugation durch das Hilfszeitwort für „sein" (im, sin ...)
I. 1 a. Indikativ sev-i-jór-um ich liebe, b. sév-me-jor-um
ich liebe nicht; 2 a. sev-i-jór-mu-jum liebe ich? b. sév-me-
jor-mu-jum liebe ich nicht? II. Bedingung: a. sev-i-jor-ysam
(sevijorsam) wenn ich liebe, b. sév-me-jor-ysam (jor-sam)
wenn ich nicht liebe. III. In die Vergangenheit versetzt
(Perfekt von i-mek): einmalige Handlung der Vergangenheit:
a. sev-i-jór-(u)dum (gel-i-jor udum ich kam einmal an), b. sév-
me-jor udum: negiert; 2 a. sev-ijór udúm mu: Frage,
b. sévmejor udúm mu: verneinte Frage. IV. In den Narrativus versetzt: einmalige Handlung der Vergangenheit,
auf die man schließt, über die man etwas gehört hat; 1 a. sev-
i-jor umúšum, b. verneint sévmejor umúšum; 2 a. Frage:
sevijor umúšmujum, b. verneint: sévmejor umúšmujum; Bedingungsmodus dieser Verbalart: a. sevijor udu ysam, b. sévmejor udu ysam (verneinte einmalige Handlung der Vergangenheit in Bedingungsform) — im Narrativus a. sevijor umuš ysam, b. verneint: sevmejor umuš ysam.

Der Aorist: Suffix -er, -ir, -r. Er wird mit dem Hilfszeitwort für „sein" ... konjugiert. Die Modi lauten:
1. Indikativ: sev-er-im ich liebe, b. verneint: sév-me-m
ich liebe nicht (sev-méz-sin du liebst nicht ...); 2. Frage:
a. sev-er-mi-jim liebe ich? b. sev-méz-mi-jim liebe ich nicht?
(auch sev-me-m-mi wird als möglich und gebräuchlich genannt). II. Möglichkeit: 1 a. sev-e-bilir-im ich kann lieben,
b. verneint (Unmöglichkeit): sev-é-me-m ich kann nicht
lieben (sev-e-mez-sin du kannst nicht lieben); 2 a. sev-e-
bilír-mi-jim kann ich lieben? 2 b. sev-emez-mi-jim kann
ich nicht lieben? ist es mir unmöglich zu lieben (sev-eme-
m-mi)? III. Notwendigkeit¹): Dieser Modus ist wie auch

---

1) Die 3. Sing. hat auch die Bedeutung: „m a n muß" gitmeli man
muß geben, vermeli man muß bezahlen, para vérmemeli man soll (darf)
kein Geld geben. Auch die Bedeutung: „es muß wohl sein" (Vermutung)
liegt in diesem Modus: zengin bir adam olmaly „er muß wohl ein reicher
Mann sein".

Nr. II nicht dem Aorist speziell. Das Suffix der Notwendigkeit wird unvermittelt an die Wurzel gehängt: 1 a. sev-meli-jim ich muß lieben, b. verneint: sév-me-meli-jim ich darf nicht („muß nicht") lieben; 2 a. sev-meli-mi-jim muß ich lieben? b. sév-me-meli-mi-jim darf ich nicht lieben? bedingt: sev-meli-jisem (sév-me-meli-jisem) wenn ich (nicht) schreiben muß. IV. Bedingung. Es gibt einen zweifachen Konditionalis, der hier zu erwähnen ist, A. einen speziell dem Aorist zukommenden und B. einen andern, der das Bedingungssuffix an den reinen Stamm fügt, dabei aber (wie Nr. III) aoristische Bedeutung hat d. h. nicht auf eine bestimmte Zeitsphäre beschränkt ist und deshalb hier Erwähnung finden darf: A a. sev-er-se-m (sev-er-ise-m) wenn ich liebe (3. Pers. Pl. severiseler und severlerise, severlerse), b. sev-mez-isem (sev-mez-sem) wenn ich nicht liebte). B a. sev-sem wenn ich liebte (irreal gedacht — in der Zeitsphäre, um die es sich im Zusammenhange gerade handelt — Gleichzeitigkeit, Gegenwart), b. sév-me-sem wenn ich nicht liebte. V. Der Optativ (aus demselben Grunde wie II, III und IV B dem Aorist anzugliedern): a. sev-é-jim ich möchte lieben, b. sév-me-je-jim ich möchte nicht lieben (1. Pl. sevé-jiz = sevelím wir wollen lieben auch als Imperativ 1. Pl. bezeichnet). VI. Der Narrativus: 1 a. sev-ér imišim ich liebte (ver-ir-imišim ich soll die Gewohnheit gehabt haben zu geben, soll wie man sagt, oft gegeben haben); 2 a. sev-mez imišim ich liebe nicht, b. sev-mez-imiš-mi-jim liebte ich nicht (wie man sagt ...); Bedingung: 1 a. sever imiš isem, b. verneint: sevmez imiš isem. Dieser Modus versetzt den Begriff der regelmäßig oder oft sich wiederholenden Handlung in die Vergangenheit, die der Sprechende nicht selbst erlebt hat. Man könnte diesen Modus also wie eine neue Zeitsphäre betrachten, wie die folgende Verbalform.

Von dem Aorist werden mit dem Hilfszeitworte auch andere Zeitformen gebildet: 1 a. sev-ér-idim ich liebte (Aorist beschränkt auf die Vergangenheit: regelmäßige Handlung der Vergangenheit), b. sev-mez-idim ich liebte nicht; 2 a. Frage: sevér idim mi, b. verneint: sevmez idímmi.

II. Bedingung: 1 a. sever idi isem (seversem idi), b. verneint: sevmez idijisem (sevmez-sem idi). Statt severidim ist auch severdim, statt sevijorudum auch seviordum gebräuchlich. Der Optativ der Vergangenheit wird ebenfalls mit idim gebildet. Er bedeutet einen unerfüllbaren Wunsch gelé jidim o daß ich gekommen wäre; o daß ich hätte kommen können (wollen). Das Optativsuffix kann auch dem Hilfsverb ol- angefügt werden: gel-miš ol-a-jydym. Durch dieselbe Bildung wird die Bedingung irreal und in die Vergangenheit versetzt: gel-se-jidim, mit Umstellung der Suffixe: gel-dim-ise (mit dem Narrativus: gel-se-jimiš-im) wenn ich gekommen wäre. Die Bedingungsform wird auch als Optativ verwendet: kjaški ... olsa o daß doch ... wäre — und umgekehrt die Optativform zur Bezeichnung einer Bedingung. Die Umstellung der Suffixe tritt besonders bei dem Hilfsverbum ol- ein gelmiš ol-sam (statt gel-se-jidim, gel-se-m-idi). Ebenso wird auch der Notwendigkeitsmodus in die Vergangenheit versetzt: gel-meli jidim ich mußte kommen, hatte die Pflicht zu kommen, verneint: gél-me-meli-jidim ich hätte nicht kommen sollen, ich durfte nicht kommen, fragend: gel-melí-mi-jidim? verneint: gél-me-meli-mi-jidim durfte ich nicht kommen, hätte ich nicht kommen sollen? Der Narrativus setzt imiš-im (imiš mijim fragend) an Stelle von idim.

Das Perfekt: Suffix di, Konjugation nicht durch das Hilfsverb sondern durch: m, ñ, —, k, ñiz, ler: I. Indikativ 1 a. sev-di-m ich liebte, b. sév-me-di-m ich liebte nicht; 2 a. sev-dí-m-mi liebte ich? b. sév-me-dí-m-mi liebte ich nicht? II. Bedingungsmodus: a. sev-di-jisem wenn ich liebte (geliebt habe); sev-sé-jidim (Umstellung der Suffixe, das Perfektsuffix nimmt die Form des Perfekts des Hilfszeitwortes an: idim) wenn ich geliebt hätte (Irrealis der Vergangenheit), b. sév-me-di-jisem wenn ich nicht liebte (sév-me-se-jidim wenn ich nicht geliebt hätte). III. Notwendigkeitsmodus: 1 a. sev-meli-jidim ich mußte lieben, b. sév-me-meli-jidim ich durfte nicht lieben; 2 a. Frage: sev-meli-jidím mi mußte ich lieben, b. sévmemelijidímmi durfte ich nicht lieben? mit Bedingungssuffix: a. gelmeli-jidi-jisem wenn ich kommen müßte, b. gél-memelijidi-jisem wenn ich nicht kommen müßte.

Die *Erzählende Form* des Perfekts (Narrativus) setzt miš an Stelle von di der vorhergehenden Form. Sie bedeutet einen Vorgang auf den man schließt, über den man gehört hat, ohne ihn selbst erlebt zu haben, von der Wurzel gel- kommen. I. Indikativus: 1 a. gel-míš-im ich bin gekommen, b. gél-me-miš-im ich bin nicht gekommen; 2. Frage: gel-miš-mi-jim bin ich gekommen? b. verneint: gél-me-miš-mi-jim bin ich nicht gekommen. II. Bedingung: 1 a. gel-miš-isem wenn ich gekommen bin, b. verneint: gél-me-miš-isem wenn ich nicht gekommen bin.

Das *Perfekt*, das ursprünglich die abgeschlossene Handlung bezeichnet (die unter Umständen bis an die Gegenwart reicht) wird durch die perfektischen Formen von i-mek in die Vergangenheit versetzt, wodurch das Plusquamperfektum entsteht: gel- kommen. I. Indikativus: 1 a. gel-dí-jidim [1]) ich war gekommen, b. verneint: gél-me-di-jidim; 2. Frage: gel-di-jidím mi, b. verneint: gelmedijidím mi. II. Bedingung: 1 a. gel-sé-jidim, b. verneint: gél-mese-jidim (Umstellung der Suffixe nur: gel-di-jisem, nicht gel-di-jidim ise; abgekürzt aus: gel-di-jise-jidim oder gel-di-jidim-ise oder gel-di-jidi-jisem oder gel-di-jisem-jidi. Die Personenbezeichnung kann an dem Suffix der Bedingung oder auch an dem des Perfekts erfolgen). III. Narrativus, I. Indikativus: 1 a. gel-miš-idim, b. gel-me-miš-idim ich bin nicht gekommen, wie man sagt; 2 a. Frage: gel-miš-idim-mi, b. verneint: gél-memiš-idím-mi; Bedingung (statt i-mek = ise-m wird ol-mak = ol-sam, ol-sa-jydym genommen): 1 a. gelmiš olsam, -olsa-jydym (statt isem; ise-idim oder idi-isem) wenn ich gekommen wäre, b. verneint: gélmemiš ol-sam; ol-sa-jydym wenn ich nicht gekommen wäre (Plusquamperfekt der Bedingung ist dem Irrealis identisch).

------

1) Die Reihenfolge der Suffixe kann auch hier, wie bei dem Bedingungssuffixe, umgestellt werden: gel-dim-idi. Dabei ist das letzte ein unveränderliches Suffix der Vergangenheit, während das vorhergehende (dim) konjugiert wird.

Das Futurum: Suffix e‑ǧek, Konjugation mit dem Hilfszeitwort. I. Indikativ: 1 a. sev‑e‑ǧej‑im ich werde lieben, b. sev‑me‑je‑ǧej‑im ich werde nicht lieben; 2 a. sev‑e‑ǧék‑mi‑jim werde ich lieben? b. sév‑me‑je‑ǧek‑mi‑jim. II. Bedingung: a. seveǧék‑isem (seveǧék‑sem) wenn ich lieben werde, b. sév‑mejeǧek isem (sem) wenn ich nicht lieben werde oder a. seveǧek olsam, b. sévmejeǧek olsam. In die Vergangenheit versetzt (mit idim) ergibt sich das Futurum II gewöhnlich im Sinne der Abhängigkeit von einer Bedingung verwandt (gel‑ kommen): 1 a. gel‑eǧek‑idim = geleǧej‑idim ich werde (würde) gegangen sein, b. gélmejeǧek idim (gélmejeǧejidim) verneint; 2 a. Frage: geleǧek idím mi (geleǧejidim mi), b. verneint: gélmejeǧek idímmi (gélmejeǧejidimmi) würde ich nicht gekommen sein? Bedingung: a. geleǧejidi isem (geleǧejidim ise) wenn ich gekommen sein werde (würde) = geleǧek olsajydym, b. verneint: gelmejeǧek idi isem usw. III. Narrativus: 1 a. geleǧej‑imišim ich werde gekommen sein, b. gelmejeǧej‑imišim; 2. Frage: geleǧej‑imiš mijim, b. gélmejeǧejimišmijim. Der Narrativus (gel‑miš) mit olur‑ bedeutet ebenfalls die Zukunft im Sinne des futurum exactum: gelmiš olurum (Verneinung und Frage sind regelmäßig); Bedingung: gelmiš olur‑sam wenn ich gekommen sein werde, Verneinung gelmemiš olur‑sam.

Die *Gerundia* sind Verbalformen die untergeordnete Nebensätze vertreten. Wie die Partizipia den Inhalt von Relativsätzen wiedergeben, so enthalten die Gerundia Gedanken, die wir durch temporale oder kausale Nebensätze ausdrücken. Sie sind teils eigene Formbildungen, teils Erweiterungen bekannter Formen z. B. des Aorist und besonders der Infinitive. Das handelnde Subjekt ist vielfach nicht bezeichnet. Oft findet es sich im Pronomen, das den Infinitiven angefügt wird und dadurch ein Gerundium bildet. I. Die Infinitive werden in folgenden Fällen zu Gerundien: 1. Der Inf. auf mek erhält das Suffix in (das in den Zeitbestimmungen oft auftritt: jaz‑yn im Sommer, jaryn morgen): gel‑mej‑in indem er kommt, weil er kommt, weil er gekommen ist („in dem Kommen").

2. Der Inf. auf i erhält das Suffix ǧek: gel-i-ǧek sobald er gekommen ist, nachdem er gekommen ist. In der klassischen Literatur ist diese Form häufig, in der modernen wird sie durch die auf -ib ersetzt. 3. Mit der adverbialen Endung ǧe, verbunden durch den Hilfskonsonanten n: nǧe entsteht ein Gerundium, das bedeutet: sobald er … gel-i-nǧe sobald er kommt (kam), kuš-u-nǧa sobald er lief. 4. Mit -dek, -dejin oder kadar (a. Quantität) verbunden bedeutet es: bis daß er … gel-i-nǧe-je-dek (dek regiert den Dativ der Bewegungsrichtung) bis daß er kommt = gelinǧeje-dejin, kušunǧaja dek (außerhalb der Vokalharmonie) bis daß er läuft. 5. Der Inf. des Perfekts kommt als Vertretung eines Nebensatzes in mannigfacher Form vor z. B. mit Suffix ǧe: je mehr er … gel-dik-ǧe je mehr (öfter) er kommt, kuš-duk-ǧa je mehr er läuft. 6. Neben dieser adverbialen Endung wird dieser Inf. auch mit oder ohne Possessivpronomina dekliniert. Sein Lokativ bedeutet: als er … gel-dik-de als er kam („in dem Kommen"). 7. Mit Pronomen: gel-dij-im-de wenn ich gekommen bin, gel-dij-iñ-de wenn du gekommen bist gel-dij-i-nde wenn er gekommen ist, gel-dij-imiz-de wenn wir gekommen sind, gel-dij-iñiz-de wenn ihr gekommen seid, gel-dik-leri-nde wenn sie gekommen sind („in ihrem Gekommensein"). 8. gibi = wie, als, gibt ihm die Bedeutung: sobald als: gel-dij-im gibi sobald ich gekommen bin, geldijiñ gibi sobald du gekommen bist, geldiji gibi sobald er gekommen ist, geldijimiz gibi sobald wir gekommen sind …. 9. Im Ablativ bezeichnet es eine Ursache: gel-dij-im-den weil ich kam, gel-dij-iñ-den weil du kamst, gel-dij-i-nden weil er kam, gel-dij-imiz-den weil wir kamen. 10. Mit soñ-ra „am Ende" entwickelt es den Gedanken: nachdem er …, mit evvel: bevor er. gel-dij-im-den (geldikden) soñra (sora) nachdem ich gekommen bin, gel-dij-im-den evvel bevor ich gekommen bin. Ebenso werden die übrigen „Präpositionen" mit den ihnen zukommenden Fällen (D. Abl. G. N.) konstruiert: gel-dij-imiz-den dolaj betreffs des Umstandes, daß wir gekommen sind. Daraus ergibt sich eine große Mannigfaltigkeit und Gewandtheit des t. Ausdrucks. 11. An diese Formen reiht

sich naturgemäß der Inf. des Futurs, der in derselben Weise von Präpositionen abhängig werden kann wie der des Perfekts: gel-eǧej-im-den maada abgesehen davon, daß ich kommen werde etc. 12. Im Ablativ mit dem Pronomen bezeichnet er den Grund: gel-eǧej-im-den weil ich kommen wollte. Der Futurbegriff wird zu dem der beabsichtigten Handlung; gel-eǧej-iñ-den weil du kommen wolltest, gel-eǧek-leri-nden weil sie kommen wollten. 13. Im D. bedeutet er anstatt dessen, daß ... gel-eǧej-im-e anstatt dessen, daß ich komme, geleǧek-leri-ne anstatt dessen, daß sie kommen, kuš-aǧaǧ-y-na anstatt dessen, daß er läuft.

II. Durch den Inf. des Futurs sind wir zur Optativform geführt worden. 1. Sie drückt in ihrer Wiederholung die Beständigkeit aus: gele gele beständig kommend, kuša kuša beständig laufend, 2. mit dem Suffix rek die Gleichzeitigkeit: gel-e-rek indem er kommt. Die Person ist aus dem Zusammenhange zu ergänzen. Die genannte Form kann also auch bedeuten: indem ich komme, du kommst etc. kuš-a-rak indem sie ... laufen. 3. Mit li erweitert bedeutet sie: seitdem: gel-e-li seitdem er gekommen ist (du gekommen bist, ich gekommen bin ...), verstärkt durch das Abl. Suffix ergibt sich: gel-e-li-den, zu dem man gerne noch: beri, berü „seit" hinzusetzt. Auch das Perfekt kann noch vorgesetzt werden: geldi geleli seitdem er gekommen ist. 4. Eine Wunschform fügt noch si und siǧe hinzu: gel-e-si, gel-e-si-ǧe er möge doch kommen.

III. Der Aoriststamm findet sich ebenfalls in einigen Gerundien vor. 1. Mit dem Gerundium iken, ken des Hilfsverbs ergibt sich: gel-ir ken indem er kommt, bak-ar ken indem er sieht. 2. Mit -ǧesine entwickelt sich die Bedeutung: sich stellend als ob, die Absicht vortäuschend, als ob man ... wolle: gel-ir-ǧesine sich stellend als ob er kommen wolle (ǧe = adv. Suffix, si Pronomen der dritten Person ne D. Suffix: „seiner Art und Weise"). 3 In der Verneinung bilden sich: gel-me den bevor er (ich ...) kam = gélmeden evvel = gel-mez-den und gelmezden evvel. 4. Eigenartig ist die Vereinigung des positiven und negativen Aoristpartizips in der Bedeutung: sobald er, du, ich ... gelir gelmez sobald er kommt, ich komme, du kommst ... d. h. in dem Zeitpunkte, in dem sein Kommen und Nichtgekommensein zusammentreffen, wo das letztere von dem ersteren abgelöst wird.

IV. Die unter III 3 zuerst genannten beiden Formen können als Bildungen am reinen Stamme aufgefaßt werden. Eine solche ist ferner die auf ib (ip). Sie bezeichnet eine Handlung die abgeschlossen ist, wenn eine andere eintritt. Die Zeitsphäre wird durch das Hauptverbum bestimmt. Eine Personenbezeichnung findet nicht statt. Die Person ergibt sich ebenfalls aus dem Hauptverbum: gelip gördü er kam und sah dann, nachdem er gekommen war, sah er gelip görür er kommt und sieht dann, gelip görüjorum ich komme und sehe darauf, gelip göreǧeksiñiz ihr werdet kommen und dann sehen.

Die *Partizipia* schließen sich an die verschiedenen Zeiten an. Sie zerfallen in solche die das Subjekt und solche die das Objekt bezeichnen und werden von allen Verbalformen gebildet. Man kann also nicht nur von aktiven und passiven, sondern ebenso von reflexiven und reziproken Partizipien reden. Durch die Hinzufügung des negierenden Suffixes vervielfältigen sich diese Formen noch weiter.

Den Handelnden bezeichnen:

Präsens کلین gelen der Kommende,

Aorist کلیر gelir wer kommt,

Perfekt کلدك geldik wer gekommen ist,

Perfekt der Erzählung کلمش gelmiš wer gekommen ist,

کلمش اولان gelmiš olan wer gekommen ist,

Futurum کله‌جك geleǧek wer kommen wird,

کله‌جك اولان geleǧek olan wer kommen wird.

Narrativum und Futurum können durch Hinzufügung von olan seiend ein Präsenspartizip hinzunehmen und dadurch zugleich die Gesetzmäßigkeiten des Präsenspartizip erhalten. Diese besteht darin, daß es zum Substantiv gemacht werden kann, also Deklinations- und Pronominalsuffixe annimmt, wärend die übrigen Partizipia (کله‌جك

كليِر كَذك (كَلمِش) nur Adjektiva sind also dem Substantiv undekliniert und ohne Pronominalsuffixe voranstehen: كلنآدم gelen adam der Mensch, der kommt und: كلن gelen jemand der kommt — aber nur gelir adam, geldik adam, gelmiš adam der Mann, der kommt ... gekommen ist. Diese Partz. können nur in Adjektivstellung verwandt werden, jedoch in Substantivstellung: gelmis olanlar solche die angekommen sind = gelmiš olan adamlar, und: geleǧek olanlar = solche die ankommen werden = geleǧek olan adamlar. Als Adj. bleiben sie unverändert, als Substantiva werden sie zu neuen Formen weiterentwickelt. Das Gesetz lautet also: „Das Präsenspartizip kann substantivische Funktionen annehmen". Dabei sind unter Präsenspartizip auch jene Partizipia zu verstehen, die durch Hinzufügung von olan die Natur des Partz. des Präsens angenommen haben also auch unter dessen Gesetzmäßigkeit stehen.

Während das Partz. des Präsens, wenn es den Handelnden bezeichnet, substantiviert werden kann, gilt das Gleiche von dem Partz. des Perfekts, wenn es das Objekt wiedergibt. Der Handelnde wird durch ein besitzanzeigendes Suffix ausgedrückt. Es haben sich hier feste Sprachassoziationen gebildet nach denen Suffix -an den Handelnden und Suffix -dik (mit angefügtem Pronomen des Besitzes) den Gegenstand der Handlung bezeichnet. Daher kann auch olduk das Partz. des Narrativus, das an und für sich nur die Person bezeichnet, zu einem Partz. des Objektes machen, wie olan es zu einem substantivierten Partz. des Subjekts umgestaltet. Das Partz. des Futurs kann sodann in derselben Weise behandelt werden. So ergeben sich als Partizipia, die das Objekt (sowohl substantivisch wie adjektivisch) bezeichnen, folgende:

Perfekt	ياپديغم	jap-dyǧ-ym
Narrativus	ياپمش 'ولديغم	japmyš olduǧum
Futur	ياپهجغم	japaǧaǧym
	ياپهجق اولديغم	japaǧak olduǧum

d. h. mein Gemachtes, das was ich gemacht habe, und:

das was ich machen werde, auch adjektivisch: japdyğym
šej das Ding, das ich gemacht habe. Das Partz. des Perfekt auf dik wird in der positiven Form oft durch das
Partz. des Präsens oder Aorist ersetzt. Die negative
Form (z. B. gél-me-dik) findet man jedoch häufig. Da das
Perfekt eine jetzt abgeschlossene (also bis zur Gegenwart
reichende in gewissem Sinne also präsentische) Handlung
bezeichnet, ist dieser Ersatz durch das Präsenspartizip
nicht allzu auffällig; denn dieses bedeutet einen in der
Gegenwart liegenden Vorgang. Noch weniger auffällig
ist der genannte Ersatz durch das Aoristprinzip; denn
der Zeitkreis des Aoristes deckt sich zum Teil mit dem
des Perfekts und dehnt seine Bedeutung auch insofern
aus, als er das Können und Sollen mitbezeichnet: ič-il-ir
su Wasser das getrunken wird und werden k a n n, das m a n
trinken k a n n (und s o l l); bu su ič-il-mez dieses Wasser
ist nicht trinkbar (ebenso das negative Aoristpartizip).

8. Substantivum und Adjektivum.

Da Deklination der Substantiva und Pronomina bei
Gelegenheit der Vokalharmonie erwähnt wurden, sind hier
nur noch wenige Punkte zu erläutern, die grundlegend
sind. Einzelheiten werden in der Erläuterung der Übungen
besprochen. — Ein Gegenstand kann als bestimmter (d a s
Haus) oder unbestimmter (e i n Haus) aufgefaßt werden.
Da das T. keinen Artikel besitzt ist das bloße Wort im
N. schon an sich bestimmt: ev das Haus, bir ev e i n Haus.
Im Genitiv wird die Indetermination durch Auslassung
des Genitivsuffixes bewirkt: d i e Haustür = t. „des Hauses
seine Tür" ev-iñ kapu-su. Das Genitivsuffix des ersten
Wortes: -iñ führt den Begriff des Bestimmtseins in diese
Verbindung ein. Es handelt sich nicht um ein beliebiges,
sondern um ein bestimmtes Haus. Soll der Begriff: e i n e
Haustür wiedergegeben werden, so muß dieses determi-
nierende Suffix wegfallen: „ein Haus seine Tür". Das
erste Wort verliert mit der Determination zugleich seine
Genitivbezeichnung. Es tritt also in den N., d. h. es steht

äußerlich im N. aber gedanklich (virtuell und latent) im Genitiv: „eines Hauses seine Tür" ev kapu-su. Im Dativ unterscheidet sich das determinierte Substantiv nicht von dem undeterminierten, während im A. wieder dasselbe Unterscheidungsprinzip wie im Genitiv angewandt wird: bei determinierten Objekten ist das A.-Suffix zu setzen: ev-i gördüm ich sah das Haus, — bei indeterminierten fällt es aus: ev gördüm ich sah ein Haus.

Die Singularform hat oft die Bedeutung des Plurals. Dieser bedeutet dann eine Kollektivität, eine große Masse von Gegenständen dostuň biri einer der Freunde, einer aus der Kategorie Freund. Auch das Verbum steht dann (sogar beim eigentlichen, dem distributiven Plural, der Pluralform hat und eine Vielheit von Einzeldingen bedeutet) oft im Singular. Dabei ist es gleichgültig, ob die Subjekte belebte oder leblose Dinge sind. Die Übereinstimmung zwischen Subjekt und Prädikat ist also eine lose.

Der T. liebt es, bestimmte Substantive, die bekannte Kategorien bilden z. B. Länder, Flüsse, Städte, Jahreszeiten . . ., näher mit dieser Kategorie zu bezeichnen. „Der Frühling" wird „generisch bestimmt" also zu: „die Jahreszeit des Frühlings". Diese Genitivverbindung ist eine undeterminierte; denn der deutsche Artikel hat hier generelle Bedeutung: des Frühlings bedeutet nicht: „dieses bestimmten Frühlings" sondern „des Fr. im allgemeinen". Im T. wird dieser Genitiv also zu: „ein Frühling seine Jahreszeit" behar mevsim-i. Auch Eigennamen treten in diesen undeterminierten Genitiv, obwohl sie an sich determiniert sind und daher in determinierter Genitivverbindung stehen. Aber die Analogie der übrigen generischen Bestimmungen wirkt hier ein: Konstantinopel wird also zu: Stambul seine Stadt: istambol šehri.

Eine große Anzahl von Suffixen bilden Substantiva: ač: kys-ač Zange (kys- enge), ča: kop-ča Knopf, čik, ǧik: bal-čyk Lehm, kol-čak Manschette („kleiner Arm" Diminutivbildung), čy für ǧi byčak-čy Messerschmied, -d: geč-id Übergang über ein Gebirge, dak (tuk . . .): ćynǧyr-dak (auch

čyngyrak) Klingel, kol-tuk dejnek Krücke (kol der Arm),
p. dan: tükür-dan Spucknapf, daš, taš Gefährte: jol arka-
daš Mitreisender, ǧa ǧe: ček-me-ǧe Schublade (ček- ziehen),
ǧa (ǧy ǧu) kar-ǧa die Krähe, sar-ǧy Notverband, bor-ǧu
Stopfenzieher, dal-ǧa die Welle („tauchen"), ǧač: bor-ǧač
gewunden, geč: bil-geč (gić) Vielwisser, jüz-geč Schwim-
mer, ǧi (Berufstätigkeit) bek-ǧi Nachtwächter (bek-le-
wachen), dik-iš-ǧi kary Näherin, sür-ü-ǧü Reitknecht (an
den Inf. auf i gehängt), gin: diz-gin Zügel, düz-gün (kin)
regelmäßig, ki, gi, ky: ič-ki Likör, bile-gi Schleifstein,
bil-gi-lik (bil-gü-lük) Kennzeichen, bil-gü (bil-gi) Wissen,
bil-gi-li (bil-gü-lü) weise, gut unterrichtet (bil-gič-lik Pe-
danterie „Vielwisserei"), l (al, il, aǧ): tut-k-al Leim, top-al
hinkend, ješ-il grün (ješir-), kyz-yl rot, süd-la-ǧ (Suffix
außerhalb der Vokalharmonie) Rɛis mit Milch, mur: jaǧmur Regen, r: jul-ar Halfter, rak: jap-rak Blatt, top-rak
Staub (top Boden; Kugel), aǧ-ymtrak ranzig, š: ǧümb-üš
festliches Treiben. k: jumš-ak mürbe, weich, örn-ek Muster,
Probe (ör- flechten), kalp-ak Husarenmütze, čypl-ak nackt,
tyrn-ak Fingernagel, yslak naß = jaš, böbr-ek Niere,
jürük Nomade, ǧeviz kabuǧu Nußschale (kabuk = Rinde),
jakyš-yk passend, kazy-k Pfahl, čybu-k Pfeife, dir-ek
Pfosten, tekerle-k Rad, bin-ek haivan Reitpferd, görge, göl-
ge (كولكه) Schatten, čyr čyplak ganz nackt, karma karyšyk
ganz verwickelt, aksak hinkend, dön-ek unbeständig, ky-
zam-uk Masern, göml-ek Hemd, jüz-ük Fingerring, bile-zik
Armspange, kirpi-k Wimper, göz kapaǧ-y Augenlied (kap-
ak) bašy boz-uk irregulärer t. Soldat („dessen Kopf ver-
derbt ist"), čömle-k Topf, kujr-uk Schweif, okun-ak-ly
leserlich, ör-kek scheu, sol-ak linkshändig. bitik beendigt,
alyš-yk gewöhnt, sol-uk verwelkt, boǧ-uk erwürgt, heiser,
ujan-yk lebhaft, intelligent, jyrtyk zerrissen, jykyk zerstört, kötük Baumstamm, otla-k Viehweide, jary-k = čat-
la-k Ritze, Spalte, juvarla-k rund (rollen), dire-k Säule,
oǧa-k Schacht (Herd), yšyk Lichtschein, dusa-k Schlinge,
kepen-ek Schmetterling, byjyk Schnurrbart, eš-ik Schwelle.
    me (Infinitiv): išle-me Macherlohn, bes-le-me Dienst-
mädchen, döše-me, düš-me Zimmergeräte, döšemeli oda

möbliertes Zimmer, düzme gefälscht „geordnet“, nach-
gemacht, gezme Spaziergang, kapma = jaǧma = jauma
Raub, dönme der sich Umwendende, vom Islam Abfallende,
Renegat, sečme auserlesen, kač-yrma Schmuggel, sačma
Schrot, artyrma Steigerung des Preises, jyldyz atma
Sternschnuppe. m: kötr-üm Krüppel, kaldyrym Straßen-
pflaster, perč-em Mähne, dön-em Joch, bičim Zuschnitt,
Beschaffenheit, jutum Schluck, atym Schuß, verim Ernte,
verimli produktiv, jalym Schneide des Messers. nǧ: kys-
kanǧ neidisch, der Neid, gülünǧ lächerlich, kazanǧ Gewinn.
korkunǧ furchterregend, usanǧ Langweile, görünǧ = göste-
riš Anschein, Äußeres. ly wird nach l zu y; kyrmyzy
sakal-y adam der Mann mit dem roten Barte, auch: syky
dicht. teahüdlü empfohlen, enli breit (ensiz schmal), hoš
raihaly wohlriechend. lik: ai-lyk Monatsgehalt = -lohn,
gün-de-lik Tageslohn, göz-lük Brille, sür-gün-lük Abführ-
mittel, ot-luk = ot minderi Matratze, jorǧunluk Müdig-
keit, hekimlik Wissenschaft der Medizin, usta-lyk Meister-
stück, čok ǧalabalyk eine große Menschenmenge, azlyk
geringe Anzahl, jaǧmukluk Regenmantel, jaramazlyk Un-
arten, Taugenichtsigkeiten, emnijet-siz-lik Mißtrauen, jañ-
lyš-lyk Mißverständnis, odun-luk Holzlager, tuz-luk Salz-
faß, saatlyk Lohn für eine Stunde, aǧyzlyk Mundstück
der Pfeife, Zigarrenspitze komšuluk Nachbarschaft, ijñe
ile iplik Nadel und Faden, fukaralyk Not, yslyk Pfeife
(zum Signalgeben), Pfiff, zaptije kolluǧa (kolluk) Polizei-
wache, bazarlyk Feilschen im Handel, örneklik Probe, als
Probe, zenginlik Reichtum, jol-ǧu-luk Reise, at baš-lyǧ-y
Halfter; mezarlyk Kirchhof, Grab, geǧelik Nachtmütze,
altmyšlyk adam ein 60jähriger, dellallyk Maklergebühr,
Maklergeschäft. parmaklyk = Gitterwerk („Fingerge-
bilde“), ferner der Inf. auf lik; adjektivisch vorangestellt:
üč franklyk bir odañys varmy haben Sie ein Zimmer im
Preise von drei Frank? (im Gasthaus), ufaklyk Kleingeld,
kar-yš-yk-lyk Verwirrung (karyš- sich einmischen, vgl.
a. bāšara III „Haut an Haut sein“ t. kar-yn Leib), iki
saatlyk jol ein zweistündiger Weg, evlilik Verheiratetsein,
čiftǧilik Landwirtschaft, mešatlyk Friedhof (für Nicht-

mohammedaner a. mašā gehen, mašat gehende), güč-lük
ček- Mühe erdulden, birlikde zusammen, ortalyk Umgegend,
zyfyr karañlyk pechschwarz a. zafīr Unglück), syġ-lyk
seicht, kaja-lyk felsig, madenǧilik-i-fenni Metallarbeiter-
kunst, rahatlyk Ruhe (a. rāḥatun), ekšilik Säure, ujku-
suzluk Schlaflosigkeit, geǧelik Schlafrock, čulluk Schnepfe,
dolan-dyryǧylyk Betrug, otluk Strohsack, kiralyk oda
vármy? Haben Sie ein Zimmer zu vermieten? jakalyk
Vorhemd, satlyk verkäuflich. kyn, ġyn: jan-ġyn kullesi
Feuerturm (im Hofe des Kriegsministeriums: „brennender
Gipfel" a. ḳulla), šaš-kyn leichtsinnig („abirrend"), čap-kyn
schlechter Mensch, ujġun schicklich, passend, düšgün elend,
herabgekommen, synġyn = syngyn gebrochen, vernichtet,
bas-gyn Überfall, dal-ġyn traurig, zerstreut. t: ġau syk-
yn-ty-sy Langeweile („Pressung des Geistes"), ġanym
sykyl-dy ich langweilte mich („mein Geist wurde be-
drängt"), syklet ver- jemanden langweilen (kausativ), (gür)
gör-ül-tü Volksauflauf, Lärm („Schaustück"), es-inti Luft-
zug, Durchzugsluft, iñ-ilti (ايكدى) Seufzer, akynty (اقندى)
Strömung. čarp-ynty Herzklopfen, saj-ynty Achtung, Rücksicht, čaġ-ylty Gemurmel (des Wassers), pat-yr-dy Lärm,
süpür-üntü Kehricht, jyġ-ynty Haufen (يغندى), hyrylty
Schnarchen. Besondere Formen: tyr-pan Sichel, kül basty
geröstetes Fleisch („auf Asche — Gepreßtes"), patly ġan
Eieräpfel (aubergine; „geplatzter Geist"), kemankeš Violin-
spieler (p. keš- ziehen), panzehir Gegengift, jel-paze Fächer
(jel Wind vgl. p. pazīr = paḏīr annehmend). din: ai-dyn-
lyk Mondschein.

Das Adjektivum ist in mannigfacher Weise mit
dem Substantivum verwandt. Ein S. kann adj. Bedeutung
annehmen, wenn es in die Adjektivstellung tritt und unverändert bleibt. Erhält das Adj. Suffixe, so wird es zum
S. Besondere Suffixe werden an S. angefügt, um diese zu
Adj. umzubilden: li: ev Haus, ev-li verheiratet „ein Haus
besitzend", ǧe 1. bildet Adv. eji-ǧe in guter Weise 2. und
Diminutiva (wie če ǧik, ǧak, ǧijez, ġyġaz) 3. und bezeichnet
mit dem Namen eines Landes verbunden dessen Sprache:
alman-ǧa die deutsche Sprache, ik: ač- öffnen, ač-yk ge-

öffnet. ki (außerhalb der Vokalharmonie stehend) wird an
G. und L. angefügt: baba-nyū-ki dem Vater gehörig, baba-
da-ki in dem Besitze des Vaters seiend. Mit Suffixen wird
es (wie alle Adj.) zum S.: hoǧa-nyū-ki-ler: Die Dinge, die
dem Lehrer gehören. Intensitätsbildungen sind die F. auf
ǧun, kan, ken, kin.

b. Syntax und Stilistik.

1. Die Satzteile.

a. Das Verbum.

Die Formenlehre ist eine Vorbereitung zur Syntax.
Das Problem, die Sprache allseitig zu erfassen, wird erst
gelöst, wenn die lebende Sprache bis in ihre komplizierte-
sten Erscheinungen hinein keine Dunkelheiten für unser
Sprachbewußtsein mehr besitzt. Die Wortformen treten in
das ihnen eigentümliche gedankliche und sprachliche Leben
erst durch die Verbindung zu Sätzen ein. Der Satz baut
sich aus seinen Bestandteilen I. Satzteil und II. Sprech-
takt bis zum III. einfachen Satze und zur IV. Periode
auf. Darüber hinaus liegt die ästhetische Untersuchung
allgemeiner und individueller Stileigentümlichkeiten —
eine lange Reihe unerschöpflich ergiebiger Probleme. Bevor die Satzteile als solche d. h. als Glieder eines Satz-
ganzen betrachtet werden (als Subjekt, Prädikat . . .) sind
sie selbständig für sich (als Verbum, Substantivum und
Partikel) zu untersuchen, insofern sie besonders geartete
Ausdrucksweisen bilden; denn von diesen hängt die
Eigenart der Satzbildung ab. Eine fremde Sprache kennen
wir erst dann, wenn wir die ihr eigentümliche Denkweise
verstehen, in ihren Denkformen denken und ihre Vorstellungen und Empfindungen erleben und nachempfinden
können. Daher ist die Phraseologie der erste Teil der
Stilistik. Sie ist am klarsten nach den drei großen Kategorien der Gegenstände und Gedanken (Substanzen, Vor-

gänge, Beziehungen) einzuteilen in Substantivum, Verbum und Partikel. Das Verbum mag seiner praktischen Wichtigkeit nach die erste Stelle einnehmen, wenn auch rein logisch das Substantivum (die Substanz) das erste ist.

Negative Ausdrücke bezeichnen oft nicht nur die reine Negation, sondern das positive Gegenteil: istémehassen, sich weigern („nicht lieben, wünschen können"), hass etme- abweisen („nicht empfinden"), hoš gelme- verabscheuen („nicht zur Freude für uns kommen"), emnijet etme- mißtrauen, kál-ma-mag-yn da er aufgestanden ist, vürmadym ich habe vorbeigeschossen, eji ujúmadym ich habe schlecht geschlafen, keifi jok er ist in schlechter Stimmung („sein keif- gemütliche Stimmung ist nicht vorhanden"), treno jetíšme- den Zug verfehlen, ujúmamak Wache halten, wachen, istémedijim halda = istémejerek mit Widerwillen meinerseits, gegen meinen Willen, játmajaǧaǧym ich werde wachen, aufbleiben, uzátma faß dich kurz, verlier nicht viele Worte, verlier keine Zeit! šu adama göñlüm ysy-n-áma-dy ich habe Abneigung gegen jenen Menschen (für jenen Menschen konnte sich mein Herz nicht erwärmen — regiert der Dativ).

Eigenartige Auffassungen des *Verbalbegriffes:* Der Begriff des Werdens und Seins wird nicht nur durch ol- ausgedrückt, — olabilir es kann vor sich gehen, von statten gehen, sich ereignen, zustande kommen — sondern auch durch gel-: bahaly gelir = es wird teuer (size bahaly gelirse = wenn es euch (zu) teuer erscheint „kommt"), ferner kal- „bleiben" in Verbindung mit Partizipien: mağlub kalmasy daß er unterliegt (sein machtlos werden, sein „bleiben"), el-imden gelmez („es entsteht nicht aus meiner Hand" = es kann nicht a. m. H. entstehen = „kommen") es liegt nicht in meiner Macht (= elimde dejil), jaǧmur kesildi der Regen hat nachgelassen, ist geringer geworden, „wurde gebrochen", lazym gel- notwendig werden, hükmüne gir- ist geworden zu ... (bir lisan-y-mahsus hukmüne girmišdir ist zu einer besonderen Sprache geworden).

Das Zeitwort muß eine Ergänzung durch ein Objekt und Subjekt haben. Ein solches ist auch zu ergänzen in

den Fällen, in denen wir diese Ergänzungen auslassen.
Der T. sagt nicht: es donnert, sondern „der Himmel
donnert" gök gürle-, (dolu, kar) jaġmur jaġmakda dyr es
(hagelt, schneit) regnet, jazy jazar er schreibt („ein
Schreiben"), šimšek čak- es leuchtet („ein Glanz"), iš išle-
arbeiten, jemek (jem) je- essen, dikiš dik- nähen. Diese
Ergänzungen bleiben oft auch wie kristallisierte Verbindungen bestehen, wenn ein eigentliches Objekt vorhanden ist: bir kač syra (satyr) jazy jazajym ich möchte
einige Linien schreiben (a. saṭara Linien ziehen). Sie stehen
auch beim Gerundium: jazy jaza jaza osandym ich habe
mich müde geschrieben.

Die passiven (auch reflexiven) Formen bezeichnen vielfach die *Möglichkeit* oder das unbestimmte Subjekt: *man*:
jazylyr man schreibt, es kann geschrieben werden, gülünür
man lacht, es wird über ein Ding gelacht, man kann es
belachen, verlachen, görünür es ist sichtbar, man kann es
sehen, düšünülsün man soll bedenken, daß . . ., sorulsa
wenn man fragt.

Die passiven Formen haben auch reflexive Bedeutung
und umgekehrt: dereler ġunub tarafyna ačylyr die Täler
öffnen sich nach Süden, gorünen baġčeler die Gärten, die
sichtbar werden.

Die Verwendung einzelner Zeitwörter: *al- nehmen:*
kaleme al- etwas verfassen, schreiben, jaš-yna al- altwerden,
bir šeji üst-üme alyjorum ich nehme etwas auf mich, ateš
almak Feuer fangen, kyz al- sich verheiraten, nišan al-
zielen (mit der Waffe), öñünü al- verhüten, einer Gefahr
vorbeugen, orta-ja al- umzingeln, in die Mitte nehmen,
sözüñden bir hyssa alyn- man kann aus deinem Worte eine
Nutzanwendung, ein Moralprinzip gewinnen (a. ḥaṣṣa-ni
es fällt mir ein Anteil zu, ḥiṣṣa-tun Anteil, nī = mir,
„mich"), gözünüñ öñüne al- aufmerksam betrachten („vor
sein Auge nehmen").

at- werfen: tüfenk at- Flinte abschießen, top at- Bank-
rott machen („Kugel w."), biriniñ uzerine at- (die Schuld)
auf jemanden schieben, dajak at- prügeln, laf at- prahlen,
schwätzen, demir at- ankern, bir kuršun at- einen Schuß

(„Blei“) abgeben („werfen“, atym = atma = Schuß) göbek
at- den Bauchtanz aufführen („d. Nabel w.“).

bak- sehen = forschen, untersuchen: iš-iñiz-e bak-yñyz
kümmern Sie sich um Ihre Sachen, kusur-uma bák-majyñ
seien Sie nachsichtig, kusuruma bákma sei nachsichtig
mit mir („auf meinen Mangel sieh nicht“), hekim baña
bakar ich befinde mich in ärztlicher Pflege, šuna bakyñ
sehen sie dieses dort (Dativ), atlara bak sorge für die
Pferde, ešjajy bakarlármy wird das Gepäck untersucht?
kendi išiñe bak kümmre dich um deine Sachen (Dativ!),
bak saña paß auf! baǵčelere bakyñ sieh auf die Gärten
(Dativ).

bas- niederdrücken: nara bas- schreien (a. naʻra Schrei),
ysyǵak bas- die Hitze ist drückend geworden.

bil- wissen, können: mahallar-y bil- orientiert sein, be-
scheid wissen, ben baška šart bilmem ich erkenne keine
andere Bedingung als berechtigt an.

brak- zurücklassen. Der Gedanke: „zurücklassen“ (brak-)
wird in der verschiedensten Weise umgebogen: brákma-
hindern („nicht in Ruhe lassen“), beni brak- lassen sie
mich gewähren, itikadymyzy brakámajoruz wir können
unsere Überzeugung nicht aufgeben, emanet brak- als Ga-
rantie, Sicherheit hinterlegen, anahtary brak- den Schlüssel
stecken lassen, bunu baña brakyūyz lassen Sie mich dafür
sorgen, zijaretimi jaryna brakarym ich verschiebe meinen
Besuch auf morgen.

bujur- geruhen zu tun, befehlen: ne bujur-ujorsuñuz
was kann ich Ihnen anbieten („was geruhen Sie zu wünschen“), bujur-uñuz bitte treten Sie ein; bitte, bedienen
Sie sich, greifen Sie zu; bitte seien Sie so freundlich . . . .

bul- finden: jüz bul- Mut haben zu . . ., vusul bul- ankommen, subut bul- sich bestätigen, vuku bul- (a. vaḳaʻa
fallen, stattfinden) sich ereignen.

ček- ziehen, lang hinziehen, Leiden erdulden (tehammül et-): karaja ček rudern Sie ans Land („zieh dem L.
zu“ das Schiff), derd (a. keder, zahmet a. zahama = be-
drängen) ček- seelisches Leid ertragen, surat ček- malen
= tesvir et-, zaruret čekijorum ich leide Not, ezijet ček-

quälen, tel ček- telegraphieren („Draht ziehen"), bir šejden el ček- auf etwas verzichten, ič ček- seufzen („innen ziehen"), kürek ček- rudern, zijafet ček- Gastmal geben, hynčkyryk ček- den Schliks haben, enfije ček- Schnupftabak nehmen, su ček- Wasser schöpfen, telegraf ček- telegraphieren, resim ček- zeichnen, zahmet čekmejiň bitte, bemühen Sie sich nicht! el ček- verzichten, ablassen, haivany ahyra ček- das Pferd in den Stall führen („ziehen", čekdir- führen lassen).

čyk- „emporkommen" hat oft den Sinn von: „zustande kommen" und ähnlichem: sözüňüz čykdy euer Wort hat sich bewahrheitet, eure Voraussagung ist eingetroffen, wirklich geworden, surat čykardy „er hat ein Bild gemalt", etwas abgeschrieben, čyk-myš nicht angebunden, frei, los, fotograf cykar- photographieren, baša čyk- gelingen, bašdan čyk- verführt werden, elden čyk- verloren gehen, jajǧara čykar- (auch: bas-) Lärm schlagen, baša čykámady er konnte nicht zum Ziele gelangen, es gelang ihm nicht.

de- sagen = meinen, ne dersiňiz was meinen Sie dazu? türkǧe bunu nasyl derler wie heißt das auf T.? jok de- verweigern, oňa jok de- es abschlagen (ihm „es ist nicht" sagen).

dön- sich wenden: bašym dönür mir schwindelt, sözünden dön- sein Wort nicht halten, deli-je dön- verrückt werden, bašym dönüjor mir schwindelt, baš dön-mesi Schwindel, bašym kolai dönüjor mir wird leicht schwindelig.

dur- stehen; verweilen sükut dur- schweigen („schweigend stehen", sukut als adv. Ac. aufzufassen wie tekrār a. tekrāran „wiederholt", „nochmals"), dur-(ur) als modales Verb (das den Modus eines anderen ausdrückt) ist mit: „beständig" wiederzugeben, dur-ur jap-ar er tut beständig.

düš- fallen: bu baňa düšmez size düšer dies geht mich nichts an, sondern Sie, et-den düš- abmagern, gözden düš- in Ungnade fallen, biriniň arkasyna düš- jemanden verfolgen, öňe düš- vorausgehen.

et- machen: ne kadar eder wie viel beträgt es (der Wert), kira senede ... eder die Miete beträgt im Jahre

..., kač para eder? wie viel kostet es? edebsizlik étme
benehmen sie sich nicht unverschämt! bu o kadar etmez
Das ist nicht so viel wert, bahs (a. baḥt) et- wetten (a.
Untersuchung machen), bir hatyr et- einen Auftrag geben,
okumakda devam etdi er fuhr fort zu lesen, jok et- vernichten.

geč- vorbeigehen: šunu hisab-yma gečir schreiben Sie
das auf mein Konto („laß es hinübergehen zu meinem K."),
almania' lirasy kača gečer = welchen Kurswert hat das
deutsche Goldstück? („für wieviel geht es?") bu para bú-
rada gečermi? hat dies Geld hier Gültigkeit? mijetimden
vaz gečdim (habe verzichtet auf ...) ich bin von meinem
Plane zurückgetreten, čerčive gečir- einrahmen lassen
(Bild), kardan geč-ilirmi kann man durch den Schnee
gehen, üč jašynda iken aġyr bir hastalyk gečirdim Im
Alter von drei Jahren habe ich eine schwere Krankheit
durchgemacht („vorbeigehen lassen"), bir šejden vaz geč-
abstehen von, sich abgewöhnen, elime geč- in meine Hände
fallen, gečin- sein Leben verbringen, baša geč- den Ehren-
platz einnehmen, baša gećir- an d. E. führen, ele gečir-
festnehmen, kylyġdan gečir- über die Klinge springen
lassen.

gel- kommen (git- gehen): harcketi hošuma gelmez sein
Benehmen mißfällt mir („kommt nicht in meine Zufriedenheit"), bu išime gelmez das ist mir nicht erwünscht, paßt
mir nicht, als Hilfsverbum: ede gel- zu tun pflegen, ola
gel- pflegt zu sein, gele gel- pflegt zu kommen, sev-ile
gel- pflegt geliebt zu werden, biriniñ hošuna git- jemandem
gefallen, bašyma gel- es passiert mir, güġ-üme gel- es miß-
fiel mir, elimden gel- ich kann etwas leisten, birine ġalyb
gel- jemanden überwinden, biriniñ hakkyndan gel- jemanden
bestrafen („von seinem Recht, s. Lohn herkommen"), ilerü
gel- sich als Folge ergeben, bu baña uzun gelijor dies
scheint mir zu lang, baña gelijor ki es scheint mir daß,
soñra tekrar gelirim ich werde später wieder nachfragen,
vadesi (a. va'da) gelmiš fällig, jetzt zahlbar, ele getir- erlangen („zur Hand kommen lassen" gel-dir-), rast gelirse
baña wenn er mich anträfe (mir begegnete).

gör- sehen auch = duj (= „hören") = merken, erkennen, faïde gör- Nutzen ziehen, lazym gör- für notwendig halten, ruja gör- träumen, iš-ini gör- sein Geschäft
besorgen, betreiben, bir šejiñ hajryny gör- eine Sache ge-
nießen, ejilik gör- Wohltaten empfangen, ǧefa gör- Unge-
mach erleiden (vgl. ček-), zarer gör- Schaden erleiden (erleben), effendi filan ile görüše bilirim kann ich Herrn N. N.
sprechen, görüšme saaty Sprechstunde, bundan faïde gör-
Vorteil davon haben.

je- essen: baš-ymyñ et-ini jéme belästige mich nicht!
miras je- eine Erbschaft durchbringen, rüšvet je- Be-
stechungsgeld annehmen, tokat je- eine Ohrfeige erhalten
(p. hūrdan).

kal- bleiben: hič bir šeijim kal-mady ich besitze nichts
mehr (para üst-ümde jok ich habe kein Geld bei mir =
param jok), az kalyr, az kaldy knapp, jaǧ ič-inde kálmady
es ist kein Öl mehr darin (lampada in der Lampe), jalyñyz
bir siǧaram kaldy ich habe nur noch eine Zigarre (der Begriff „nur" wird durch kal- verstärkt), šaša kal- staunen,
bir šejden aǧyz kal- unvermögend sein, bir šejden mahrum
kal- eine Sache entbehren, bir šejden ašaǧy kal- einer
Sache nachstehen, baña kal-sa wenn es auf mich ankäme,
hatyryñyzmy kaldy sind Sie beleidigt? baña kalyrsa „wenn
mir die Entscheidung zusteht", wenn ich meine Meinung
äußern, einen Wunsch aussprechen darf.

kes- schneiden: kurban kes- opfern, (sikke) kes- Münzen
prägen, bazar kes- den Preis festsetzen, sesi kes- schweigen,
biriniñ sözünü kes- jdn. unterbrechen, bir šejiñ öñünü kes-
eine Sache verhindern, ihr zuvorkommen, syr syklam kesil-
ganz naß werden, tabarryjatyñ arka-sy kesílmedi die Nach-
forschungen wurden nicht unterbrochen, jan kes-iǧi Taschen-
dieb, jan kes- stehlen, Taschendiebstahl treiben, ümidini
kes- er verzweifelte, ümidimi kes- ich verzweifelte, jaǧmur
kesíldi der Regen ist vorüber, hat aufgehört, karar kes-
beschließen, kesílmiš beschlossen, fiatyny kes- seinen Preis
festsetzen, kyp kyrmyzy kesíldi es wurde ganz rot.

ko- legen: jeñi taban ko- neu besohlen (die Schuhe), čizme ko- die Stiefel anziehen.

kyr: zerbrechen. Mit dem Begriffe des „*zerbrechens*" (kyr-) verbindet der T. daß des Entscheidens, sich Entschließens, wie wir sagen: übers Knie brechen: bahasyny (auch paha-) kyr- den („seinen") entsprechenden Preis f e s t s e t z e n, ebenso kes- „abschneiden": bazar kesdi er hat den Handel abgeschlossen.

otur- sitzen: bu šehirde čok otur-duñuz mu? haben Sie lange in dieser Stadt gelebt?

sür- sich lang ausdehnen; einreiben, treiben, antreiben: bu čok sürür das dauert lang, bu daha ne kadar sürür wie lange dauert das noch? čift sür- pflügen (das Joch ziehen"), sürü-ǧü Postillion, jaǧmur daha čok sürürmü? wird es noch lange so weiter regnen? ömür (a. ʿumr) sür- ein glückliches Leben führen (statt sürür lautet die jetzige Aussprache sürer).

var: es ist vorhanden. Den Begriff „es ist vorhanden" (var) verwendet der T. für alle Art Besitzverhältnisse, auch solche, die wir nicht als Besitz sondern als Anhaften einer Eigenschaft auffassen: syǧaǧym var ich bin erhitzt, es ist mir heiß („meine Hitze ist vorhanden"), boš oda vármy ist ein Zimmer frei („ist ein freies Z. vorhanden", so wenn wir nach Dingen mit bestimmten Eigenschaften fragen). Das Gleiche gilt von jok es ist nicht: tiǧaretden haberim jok mit Geschäften gebe ich mich nicht ab („von G. habe ich keine Kunde"). Itikadlary var sie glauben (Umschreibung von Verbalformen durch Substantiv und var!), öksürüjüm var ich habe Husten, ničün ... jok dur = ničün bulunmaz warum kann ich nicht ... haben, ne var was kann ich bekommen? („was ist vorrätig"?), soñra (sóra) bir vapor vármy geht später noch ein Schiff? hasta-lyǧym var ich bin krank, né var was ereignet sich? was für Neuigkeiten gibt es? saat-ym olmaly ich muß eine Uhr haben (ol- statt var), nevazil oldum ich habe den Schnupfen („herabfließend — a. Pl.! — bin ich geworden"), kabahatym jok ich habe keine Schuld daran, keifi var er ist in guter Stimmung, size bir riǧam var Ich habe eine

Bitte an Sie, jaǧmur korkusu varmy? Fürchten Sie, daß
es regnen wird? uiku-ja var- einschlafen („in den Schlaf
gehen"), aǧelem var ich bin eilig, habe keine Zeit zu verlieren.

ver- bringen ylaǧ ver- Medizin verschreiben, ǧila ver-
polieren (a. ǧilā'un Glattsein), ver-irsiñiz Sie verkaufen ...
(al- kaufen), bir siǧara ver-ejímmi darf ich Ihnen ein Z.
anbieten? makbuz senedi ver- quittieren, deha ašaǧy ver-
vom Preise ablassen, billiger lassen, nasyhat (öjüt) ver-
einen Rat geben, getirdi ver laß schnell bringen, el ver-
genügen, jüz ver- ermutigen, baš ver- sich zeigen, kulak
ver- zuhören, ǧan ver- sterben, karar ver- beschließen,
biriniñ ǧeza-syny ver- jeden bestrafen, šeje zinet ver-
schmücken, keder ver- betrüben (Dativ), birine tesalli vertrösten, — ezijet ver- quälen, karar ver- (kes-) entscheiden,
el verir es genügt ezijet vérme laß mich in Ruhe, plag
mich nicht! jaka-jy ele ver- ergriffen werden („den Kragen
an die Hand" des Häschers „bringen"), söz vermiš er hat
versprochen, sein Wort gegeben (gelmeje zu kommen), hakk
ver- Recht geben, jemandem zustimmen, šartyma hič kulak
vermezsin du hörst nicht auf meine Bedingung („gibst ihr
kein Ohr"), on ǧuruša verir er will (eine Ware) für zehn
Piaster verkaufen, kimseje isim ver- jeden benennen, jal-
dyz ver- vergolden.

vur- schlagen : ḫastalyǧa vur- sich krank stellen, deli-
lij-e vur- sich toll stellen, jüze vur- eine Sache jemandem
vorwerfen, jol vur- rauben („eine Straße" latenter Acc. „un-
sicher machen"), baša vurur šarab schwerer („den Kopf
schlagender") Wein, el vur- etwas unternehmen, die Hand
anlegen, jere vur- = zur Erde werfen, kapuja vur- an die
Tür klopfen, telegraf vur- fernschreiben (telegraphieren).

Wiederholung des Verbs bedeutet größere Intensität,
eine Erscheinung, die man bei den Sprachen der Natur-
völker häufig beobachten kann (z. B. wird der Plural durch
Öftersetzung der Singularform); oǧra-šy-jor oǧra-šy-jor er
ist eifrig beschäftigt.

„Man tut" = „sie tun" oder „es wird getan": buna
ne derler = wie nennt man dies, wie heißt dies („was

sagen sie diesem"), Kasym Paša dedükleri mahall der
K. P. genannte Ort („den sie nennen"), görünür man kann
es sehen = es wird gesehen, ist sichtbar, tritt in die
Erscheinung, isim verdiler man hat benannt, dykkat eder-
ler man gibt sich Mühe (für eine Sache = Dativ), ok mei-
dani dedikleri jer der Ort, den man Pfeil-Spielplatz nennt.

Verschiedenartiges: koǧaja var- heiraten von der Frau
gesagt („zum Manne gelangen"), düzel- heilen von der
Wunde („geordnet werden"), bu jetérmi, jetišírmi genügt
dies? („erreicht es" das gewünschte Ziel), kulak as- hor-
chen, die Ohren spitzen (t. „hängen lassen"), ybret al- sich
ein Beispiel nehmen, bunu séjr edéim ich möchte mir dies
ansehen („eine Reise machen" = in Augenschein nehmen),
eji görünüjor es gefällt, es scheint (mir, dir . . .) gut zu
sein („es wird als gut angesehen"), hasta düš- (ol-) krank
werden („krank fallen" wohl dem Französischen nachgebildet), hasta bak-an Krankenpfleger („K.-Beaufsichtiger"),
kyjamat kopar- Lärm schlagen („Den Tag des jüngsten
Gerichtes, der Auferstehung pflücken" = herbeiholen, ver-
wirklichen), debe dir er hat einen Leistenbruch (debe adj.
debe-lik s. d. Leistenbruch), mum jak machen Sie Licht,
jer-ine getirmek ausführen, baša čýkma- mißlingen („zum
Kopfe nicht herauskommen"), baša cykárma- mißlingen
lassen, kuvvetden düš- die Kraft verlieren, kemala er- (ابری)
zur Vollkommenheit gelangen, sittin sene gélmesin er soll
nie (60 Jahre) mehr kommen, mušrif-i-harab ol- von Unglück heimgesucht werden (a. ašrafa ʿala-l-ḥarābi er verfiel
in U. „er sah, erlebte U."), bozulmuš jaǧ tat-y var es
schmeckt nach verdorbener Butter, janmyš taty var es
schmeckt verbrannt, idare et- = aly ko- sparen („das
Nehmen beiseite legen" a. dāra IV verwalten), jürejim
bulan-yjor (jürek Herz) ich fühle mich unpäßlich, saatym
išlé-mejor meine Uhr ist stehen geblieben, nevazil-e ogra-
dym ich bin verschnupft, zaḥmetine dajir bir šej dejil dir
das ist nicht der Mühe wert, jürümekden ajaklarym jara-
landy ich habe mir die Füße wund gelaufen, sytma beni
tutdu ich habe das Fieber bekommen („das Fieber hat
mich ergriffen"), fark-yna gir- (= var-) etwas erkennen,

bemerken, dört na'l git- galoppieren nazar dikdi der böse
Blick hat (ihn) getroffen. elinden gelen-i et- sein Mög-
lichstes (Acc.) tun, elimden gelmez ich kann es nicht, iš
gerčekmi können Sie das verantworten? Sind Sie der Sache
sicher? dört gözle beklejor er erwartet ihn sehnsüchtig
(„mit vier Augen"), Allah anasyna babasyna haġyšlasyn
Gott möge ihn lange leben lassen („seinen Eltern ver-
zeihen", daß sie sich in den göttlichen Schöpfungsakt
durch die Erzeugung einmischten), iši esrare düjürler sie
verfallen dem Opiumessen („die Sache knüpfen sie an die
Hašišpillen"), nušy da var niši de var Etwas hat sein
Gutes („Trunk") und sein Böses („seinen Stachel"), burn-
umdan geldi es ist mir verleidet worden, eji bu düdük
öter ise wenn dies Unternehmen gelingt („wenn diese Pfeife
gut tönt"), jetišme sei verwünscht! buñáda bir kulb uj-
dyrdy auch aus dieser Verlegenheit hat er sich heraus-
geschwindelt („auch diesem hat er einen Henkel angepaßt"),
ders oku- studieren, hatyra gel- sich erinnern, batyryma
gélmejor ich kann mich nicht erinnern, jüzünü ġemaata
čevirdi er wandte sich („sein Gesicht") der Versammlung
zu, fursaty kačyr- die Gelegenheit vorbeigehen lassen
(„vertreiben, fortjagen" a. fursa -tuu eine Gelegenheit),
ajak terlet- sich bemühen, herbeieilen, sich Mühe geben
(„seinen) Fuß in Schweiß versetzen", ište ajak terlet-dü-
jüñüze hier (haben Sie ein Entgelt) dafür, daß Sie sich
bemüht haben! (Dativ), bir čiček bejenirsek wenn wir eine
Blume, „für schön halten" = finden (billigen, loben,
etwas schön finden, etwas finden, das man für schön hält),
göñlümde var elde jok ich habe zwar den festen Entschluß aber keine Möglichkeit. Mir fehlen die Mittel.
(„In meinem Herzen ist es vorhanden, in der Hand ist es
nicht"), kimseje emr-i-hakk vuku bulmuš jemand starb („für
jemanden fand der Befehl Gottes Verwirklichung" a. vaḳa'a
fallen), evlerine ajak básmadym sein Haus habe ich nicht
betreten.

Jürejiñ jaġy eri- etwas ungeduldig erwarten („des
Herzens Fett zergeht"), ekmejine jaġ sür- jemanden be-
günstigen („dem Brote jemandes = seinem Brot Fett auf-

streichen"), kendi jaġyla kavurul- sich selbst genügen („in seinem eigenen Fette gebraten werden"), keines andern Menschen bedürfen, jaġy eri- in Zorn geraten („sein Fett zerfließt vor Hitze"). Benim akyl (aklym) jetmez ich kann mich nicht mehr erinnern, ich kann es nicht verstehen, bundan fajide (faide) jok das ist nutzlos, aussichtslos.

Hič olmazsa (azdan, eñ azdan) bir fiat teklif ediñ = machen Sie wenigstens („wenn nichts ist" = um nichts der Rede Werte, das Geringste zu leisten) ein Preisangebot — dementsprechend: čok ysa (usa, čoġusa), pek olsa = höchstens, kaum („wenn es viel ist"), ebenso ánġak = čok ysa („wenn es viel ist") čok ysa jirmi kiši geldi kaum (höchstens) zwanzig Menschen kamen, olsun = bana ne = meinetwegen! eñ ašaġy mindestens, hič ... dejil nicht im mindesten, šimdi benim syram dyr jetzt ist (liegt) es an mir, olabilir vielleicht (es kann sein), bir kat deha büjük noch einmal so groß, her nekadar ki obgleich (isé de), oh̲ olsum so geschieht es Ihnen recht (Schadenfreude), az kalmyš beinahe („wenig war noch übrig, blieb noch"), olsa olsa höchstens, birde ferner, zugleich noch, išimize gelinġe um jetzt auf unsere Angelegenheit zu kommen, über sie zu verhandeln, aġladykġa aġlar er weint immer mehr („in dem Masse als er weint, weint er"), gitdikġe = gide gide = allmählich, oldukġa ziemlich, syra benim dir die Reihe ist an mir, eski hamam eski tas unverbesserlich („Es ist das alte Bad und die alte Tasse"), alles ist beim Alten geblieben, kyrk embar Kramladen (Titel eines Buches, 40 = viel, allerhand, den Zahlen wird oft bir und bir bučuk 1 u. 1½ nachgesetzt, wenn doch die runde Zahl gemeint ist, wohl aus abergläubischen Motiven, z. B. 1001½ wenn 1000 gesagt werden soll), ne ise jedenfalls („wie und was es auch immer sei") nefs-i-šehirde in der Stadt selbst, az kalmyš buġulaġak ymyš beinahe wäre er ertrunken, (az kalmyš beinahe, wenig fehlte) guja gleichsam, so zu sagen, guja akylly davranmak ičin um sich gleichsam „vernünftig" (überlegt) zu benehmen, bir kač para olsun wenn auch nur einige Paras, seien es auch nur ein

Para **wenigstens** einige Para, bir an evvel **sofort** („einen Augenblick früher" a. āna verfliessen von der Zeit gebraucht, 'ān Augenblick).

Häufung von Verben, modale Verba (die den Modus einer Handlung bezeichnend an Stelle von Adverbien treten): sakyn onútmajyñ vergiß es (ausgelassen im T. weil im Zusammenhange selbstverständlich) doch in keinem Falle (sicherlich nicht: „hüte dich — vergiß nicht"), gelir gelmez kaun kommt er, der dermez kaum sagt er, da . . ., aly kozurückhalten („zu nehmen legen"), durup bakar er schaut fortwährend (das deutsche adv. im T. Gerundium), durup gez-ijor udu er ging fortwährend spazieren. Etwas tun wollen wird mit dem Dativ des Infinitivs umschrieben čalmaġa čalyš-dy er hat stehlen wollen; olur olmaz auf alle Fälle, brakmyš getmišdir „er verließ (den Ort) und ging fort" = er ging definitiv, auf nimmer Wiedersehen fort. Auch verba finita können verbindungslos nebeneinandergesetzt werden. Solche Nebenordnung, Parataxe entspricht am besten der türkischen Denkweise. (Dieser parallelen Konstruktion im T. entspricht im Arabischen die Ausdrucksweise, in der das modale Verbum zum Hauptverbum wird: er tat etwas eilig wird: er eilte im Tun von etwas). šašyrdym kaldym ich bin ganz starr vor Schrecken, „ich blieb verwirrt", „lange war ich verwirrt" oder: „ich stand verwirrt da".

Besondere Funktionen von Hilfsverben: ola geldi es war Sitte, es geschah regelmäßig, olageldik die alte Sitte, ola gelijor boile ola gelir so ist nun einmal der Lauf der Welt (so geschieht es fortwährend und so wird es immer geschehen und geschah es), zuhura gel- auftreten, ausbrechen, husula gel- entstehen, gelingen, husula getirmek zustande bringen, gör-memezlije vur- tun als ob man nicht sähe („dem Nichtsehen schlagen", d. h. mit dem N. in Berührung kommen), al-amamazlyġa vur- tun als ob man nicht nehmen könnte, alyr jürüjü verir er entschloß sich („nahm", machte sich daran) schnell wegzugehen (ede verschnell etwas tun).

Das Hilfsverbum „sein" kann fehlen: nasyhatym size,

artyk démejesiñiz ... ich gebe Ihnen den Rat, nicht mehr
... zu sagen („mein Rat für Sie" ist „Ihr möget nicht
mehr sagen"), ehl i kitab islamyū amanynda: die Religions-
genossenschaften, die ein hl. Buch verehren (Juden und
Christen), stehen unter dem Schutze des Islam, isterseń,
kolay wenn du (es) wünschst, so ist es leicht (zu erreichen),
o koj nérede wo liegt das Dorf.

Eine Eigentümlichkeit des Deutschen, die dem Aus-
länder besondere Schwierigkeiten bereitet, sind die Verba
mit Präpositionen. Auch das T. hat solche, wenn auch
in geringerer Zahl: ileri (öñden) git- vorausgehen, beraber
getir- mitbringen, beraber git- mitfahren, tekrar saj- nach-
zählen, dyšary-ja git- verreisen, jine gör- wiedersehen, üste
ver- hinzu tun, noch mehr geben, araja gir- dazwischen-
treten, vermitteln, jol oradan deñize doġru sapar Der Weg
wendet sich von hier gerade der See zu, jokary čyk- hinauf-
steigen, ileri gederken im Vorwärtsgehen, Weitergehen,
dogru git- zu etwas hingehen (mit D. des Zieles), geri gel-
zurückkommen, geri ver zurückgeben.

Gerundia: gedib gelmek ičin billet = Rückfahrtfahr-
karte, olup olanġam mein Hab und Gut („seiend was ist,
wird von mir"), bilmejerek unbewußterweise, olarak adv.
„indem es ist" im Deutschen nicht besonders zu übersetzen: hedije olarak als Geschenk, ata binip gez- spazieren-
reiten. — satyp teslim etdim ich habe (es) verkauft und
dann abgeliefert, huġġti alyp geléjim ich hole die Be-
scheinigung (Vertrag, Quittung) und komme dann wieder,
sol tarafa sapyp dereje eneriz wir wenden uns zur linken
Seite und steigen dann in das Tal hinab, ġami-ji-šerifiñ
janyndan sapup joluñuza devam edersiñiz Ihr geht um die
Moschee herum und setzt euern Weg fort, dereje gečip
N. N. mahallesine vasil oluruz Nach Durchschreiten des
Tales gelangen wir an den Ort N. N. Ben janyñda iken
bič kórkma Solange ich an deiner Seite bin, fürchte dich
nicht. artyk vakyt kačýrmajarák ohne weiter Zeit zu
verlieren („Zeit nicht mehr fliehen lassend, vertreibend").

Partizipia: maksudumuz olan meidan = der von
uns erstrebte Ort, Spielplatz. okun-ur leserlich, lesbar

(„gelesen werdend" Passiv wird zur Bezeichnung der Möglichkeit), iš bilir adam ein praktischer Mann, jenilir eßbar, jenil-mez ungenießbar, japylmaz was nicht gemacht werden kann, olmaz unmöglich, jan-ašylmaz unnahbar, jor-ulmaz unermüdlich, az bulunnr selten, el verir „die Hand gebend" genügend, gözü kamašyr das Auge blendend, ičinde jüzülür havuz Schwimmbassin, čok bulunnr häufig, ičilir sujuñ puñarlary Trinkwasserbrunnen. Dem Inf. Perf. gleich: olmuš = ol-ġun reif, solmuš verwelkt, sararmyš erbleicht, ól-mamys unreif, piš-memiš ungekocht = unerfahren, güneš görmedik jer ein Ort, welcher die Sonne nicht gesehen hat, eskimiš abgetragen, kokmuš übelriechend, durdukġa solange als ... verweilt, ol nakyd görmedükče haivany elinden vermez Solange jener kein baares Geld sieht, gibt er das Pferd nicht aus („seiner") der Hand, jaklašdyġyñy gördükde als er sah, daß Sie sich näherten, mejdana hič gitdijiñiz vármy Sind Sie je auf dem Spielplatze gewesen („euer Gegangensein zu dem Sp. ist es vorhanden")?

Das Partizip des Futurs bezeichnet eine (durch menschliche Tätigkeit verwertbare) Eigenschaft, die man allzeit von einem Gegenstande erwartet: jakaġak odun Brennholz („brennenwerdendes H."), ičeġek su Trinkwasser, syġynaġak jer Unterschlupf, Schutzdach, bejenileġek bir at ein vorzügliches („lobenswertes") Pferd, güleġek šei eine lächerliche Sache, sev-il-eġek liebenswürdig (= sevgi-li, sev-ki-li). bineġek et Reitpferd, oturaġak jer Sitzplatz, buluš-aġak jer Ort, an dem man sich trifft, paša olaġak bir herif ein Kerl, der Paša werden will, namus-una tokun-aġak bir söz ein Wort, das seiner Ehre schaden könnte, teessüf edeġek bir šej dejil es ist kein bedauernswertes Ding, el ver-eġek kadar genügend („so viel, daß es die Hand bringen kann"), boš gez-eġejiñe anstatt daß du müssig gehst, gül-eġejiñize anstatt daß ihr lacht, sejr edileġck šej ein sehenswertes Ding. Der Dativ mit Suffix bedeutet: anstatt: Atinaja geleġejine Ismire gitdi Anstatt nach Athen zu kommen, ist er nach Smyrna gegangen (oder Ablativ des Inf. ujumakdan oku Anstatt zu schlafen lies!), bakylaġak bir šej

etwas Beachtenswertes (auf das geachtet werden muß
und kann).

Das negative Partizip: fehm olunmaz šeiler unbegreif-
liche Dinge („D. die nicht verstanden werden‘‘, gebraucht
in dem Sinne von: „D. die nicht verstanden werden können = nicht verständlich √fahima), šifa kabul etmez unheilbar, šifa kabul eder heilbar, tahvil kabul etmez unveränderlich, tabire gelmez (a. ʿabara Inf. II) unerklärbar,
unbeschreiblich, kala alynmaz nicht der Rede wert („was
nicht in die Rede genommen werden kann‘‘), sars-ylmaz un-
erschütterlich, hysaba gelmez zahllos, tarife (vasfa) gelmez
unbeschreiblich, tehammül olunmaz unerträglich, janyna
var-ylmaz unnahbar, farkyna var-ylmaz unerklärlich.

Adverbiale Ausdrücke: sizǧe hakk eliñizde imiš von
Ihrem Standpunkte aus („nach Ihrer Weise‘‘) ist das Recht
wohl bei Ihnen, nach Ihrer Auffassung haben Sie Recht
(„ist das R. in Ihrer Hand‘‘ a. alḥaḳḳ ʿandak „das R. ist
bei dir‘‘), kuran i šerif muǧibinǧe nach Anweisung und
Vorschrift des erhabenen Koran, nach den Grundsätzen
des erhabenen K., hailiǧe gezdik wir sind viel einher-
gegangen [1]), eji jatmam ich liege unbequem (Adverbia, die
eine Negation enthalten, werden ausgedrückt durch das
entsprechende positive adv., indem die Negation in das
Verbum hineingelegt wird: „gut liege ich nicht‘‘), jañ-lyš
añla- falsch verstehen (im latenten Acc. stehend wie a.
ġalṭan), jeñi gelmiš neu angekommen (adj.), failesufǧa jaš-
(jaša) wie ein Philosoph lebend, insanǧasyna hereket et-
wie ein Mensch, menschlich handeln, bu-nǧa = šu-nǧa =
anǧa soviel, so sehr, bunǧa zaman so lange Zeit, bunǧy-
lain auf diese Weise, adamǧyláin menschlich, zijadeǧek —
hailiǧe ziemlich viel, el ver-eǧek kadar genügend, joly-la
ordentlich, syra-syla der Reihe nach, kolajlyk yla leicht,
el alt-ynda unter der Hand, heimlich, ajaküstu eilig („auf
dem Fuße‘‘), hakksiz jere ungerecht, biü ǧan yla sehr
gerne, ǧan-yma minnet desto besser (für mich), bedava

---

1) ǧe = in Beziehung auf, was anbetrifft: futubatǧa was Er-
oberungen anbetrifft, so … in Bezug auf Er. — als Eroberer ….

umsonst (a. p. = bad u hava Wind und Luft), baš ačyk
barhaupt, jalyñ ajak barfuß, biz bize unter vier Augen
= baš baša verüp, sade = rein, bloß, ohne Zutaten, Bei-
gaben. Der Nominativ a. Worte dient häufig als Adv.
(virtuell im Acc. stehend): tekrar von neuem, wiederum
(a. karra wiederholen, bir kerre einmal), ben čok isterim
ich wünsche sehr, ǵalyba wahrscheinlich (a. ǵāliban meistens) [1]), čapuǵak ǵaib oldu er machte sich schnell (Dimi-
nutiv von čapuk) davon. Mahzuzijet ve teaǧǧüb ile =
mit Vergnügen (a. ḥazza glücklich sein, hazz et- Freude
finden an) und Interesse (a. ʿaǵaba sich verwundern), nihajét
(a. nihajatan) endlich, zu guterletzt, zijadesile dilber außer-
ordentlich entzückend („mit ihrer, seiner Zunahme", „mit
seinem Allzuviel", „sein" bezieht sich auf die ganze Sachlage).

b. Das Substantivum.

Die zweite große Kategorie des Sprachmaterials ist
das Substantivum. Wie beim Verbum das Adverbium so ist
beim Substantivum auch das Adjektivum zu besprechen. —
Substantiva können wie Adjektiva vorgestellt werden
und bilden mit dem folgenden Hauptworte ein nach persischer (wie auch deutscher) Art zusammengesetztes Wort:
toz šeker (auch: toz šekeri) = gestoßener Zucker („Staub,
Zucker"). Der ganze Ausdruck kann adjektivisiert werden:
orta boi-lu = von mittlerer Gestalt. Soñ fiat der äußerste
(„Ende" = „letzte") Preis, odun babuǧ Holzschuh (aber
odun kömürü Holzkohle), serai kyl-yk-ly palastartig, üst
kat das obere Stockwerk, ič don Unterbeinkleid, bir ćeirek
saat eine Viertelstunde (so alle Quantitätsbezeichnungen),
mürdar sokaklardan gečmelíjiz wir müssen schmutzige
(p. Aas) Straßen passieren, japma ǵöl der künstliche See.
  Zusammengesetzte Substantiva: jazy-hane Kontor
(„Schreibzimmer"), Pult, siǵara kjat Zigarettenpapier,
hind tavuk Puter, kjargir ev steinernes Haus (Steinmasse),

---

1) ǵalyba (ǵalibe) fukara adamlar bunda oturur Vermutlich wohnen
arme Leute hier.

jyldyz kjöšk (Gold) Sterne — Gartenhaus, demir kapu Eisentor, öñ ajak Anführer („vorne den Fuß habend“), karaġul, karaúl (قرغول) Wachthaus, šutürgürbe Durcheinander („Kamel und Katze‘‘), baš vekil erster Minister, jazma kitab Handschrift, at kyl minderi Roßhaarmatratze, vaka zarer ček- einen Schaden erleiden (a. vaḳa‘a fallen, sich ereignen, darar Unglück), čatal tyrnak Gabel — Huf, gespaltener Huf, gespaltener Nagel, čatal iš schwieriges Unternehmen („Gabel — Unternehmen“). balyk dikeni = Fischgräte („Dorn“), gösteriši seine äußere Erscheinung („sein Zeigen“), kül suyu Spülwasser, Lauge („Aschenwasser“), kara jel N.W.-Wind, jüz üzeri Oberfläche, süd bašy = kaimak Rahm der Milch, jaryš aty Rennpferd, jaġmur havasi regnerisches Wetter, at takymy Reitzeug, süviš ǧedveli der Suezkanal, šiš kababy am Spieß gebratenes Fleisch, čorab šiši Stricknadel („Strumpf — Spieß‘‘), lokman ruhu Äther („Pneuma des Lokman“), göz bebe-ji Augapfel, su jollar-y Wasserleitungen, jad tašy Gedächtnisstein.

Distributive Ausdrücke: adym adym (at- werfen) Schritt für Schritt, judum judum schluckweise, ister o ister baška sei es dieser oder ein anderer, ister gelsin ister gélmesin sei es daß er kommt oder nicht, auch: gelsin — gélmesin, fukará da var zengín da var sowohl arme wie auch reiche Leute sind (dort) vorhanden.

Der Dativ: farkyna var- verstehen („seinem Unterschiede beikommen“), hava-ja göre das hängt vom Wetter ab, adverbial: hususa = bašlyġa = hauptsächlich, baña ad ko- jemanden benennen („ihm einen Namen setzen“), size riġa ederim gelésiñiz ich bitte Sie, zu kommen („Ihnen gegenüber habe — „mache“ — ich die Hoffnung, Sie mögen kommen“), ẓannyma nach meiner Meinung, Vermutung, kapuja čal- an die Türe klopfen, bu išime gelmez dies paßt mir nicht („dies kommt nicht zu meiner Arbeit“); der Preis für den man eine Ware kauft, steht im Dativ; daher: bu kača dyr wie viel kostet dies? söleme-je öjrensprechen lernen, sola saġa (sol tarafa saġ tarafa) nach links und nach rechts, eve jakyn nahe dem Hause, deha uġuz-u jokmu haben Sie es nicht zu einem billigeren Preise?

bazarlyk etmej-e sevmem ich handle, feilsche nicht gerne,
syra-syna ko-, syra-ja ko- etwas ins Reine (in die Reihe)
bringen, šuña meǧbur dazu gezwungen (ebenso muhtaǧ bedürftig, mahsus bestimmt für, lajk würdig, müsajd helfend,
zum Vorteil, günstig für, muhalif widersprechend, salih
tauglich, muktadir fähig, razy billigend mit dem D a t i v),
Sultan hürmetine dem Sultan zu Ehren, vatan joluna für
das Vaterland, jüz ǧuruša balyǧ-ydy es beläuft sich auf
100 Piaster, ver-esije auf Kredit („für sein: er möge
geben"), ve sajire und anders, joǧuna (jok) für nichts, ver-
geblich, terbijesizliklerine güǧenir über ihre Unhöflich-
keit erzürnt(e) er, idama hükm et- zum Tode verurteilen
(a. ʿadima nichtsein, Inf. IV zu nichte machen, töten),
kime sor- jemanden fragen, neje isal et- mit etwas verbinden (vaṣala Inf. IV), tatvile düš- weitschweifig sein
(„in Länge — Dat. — fallen"; a. tala lang sein Inf. II),
baña diñle hör auf mich! oña diñlemejiñ hören Sie nicht
auf jenen! bir šeje muhtaǧ iz wir bedürfen einer Sache.

Der *Ablativ:* bunu gerček-den bilirmisiñiz = wissen
Sie dies gewiß? („von der Gewißheit her"), bir kadahdan
(auch kadehden) ič = aus einem Glase trinken (bir kadah
šarab = ein Glas Wein, bir šarab kadahy = ein Wein-
glas), ne sebebden weshalb (infolge welcher Ursache a.),
bundan sodann („von hierher"), arkadan hinterrücks, nere-
den bunu getirdiñiz wo haben Sie das geholt? odundan
hölzern (so alle Stoffe [1]) von Gegenständen), manasyndan
agjah olmaduǧuñuz der Umstand, daß Sie seine Bedeutung
nicht erkannten, čokdan seit langer Zeit, nazardan korkar
er fürchtet sich vor dem bösen Blicke (der Blick neidischer
Menschen schadet nach dem Aberglauben des Orientes.
Durch Amulette wird dieser Schaden verhindert), čoǧukdan
beri von Jugend auf („seit dem Knaben", Konkretum statt
des Abstraktums auf luk), köprü-den geč- über die Brücke
gehen, joldan šaš- (jolu šašyr- „den Weg in die Irre bringen") sich verirren, bundan fyǧan (ferjad) et- darüber
klagen, hatyrymdan čykdy es ist mir entfallen („aus mei-

---

1) toprakdan irden, altyndan golden.

nem Geiste herausgekommen"), bundan eji-si jókmu haben Sie nichts Besseres als dieses? eve ne joldan gitmeli wie kommt man zu dem Hause? („von welchem Wege her muß man zu dem H. gehen"?), tarla-nyñ taraf-yn-dan git- an der Seite des Feldes vorbeigehen, bundan sonra (sora) künftighin („von hier an zum Ende" = weiterhin), deñiz kenar-yndan git- die Küste entlang fahren („von der Seite der See her gehen", für fahren ist kein besonderes Verb vorhanden), bir šeiden gül- lachen über etwas, birden bire auf einmal („von einem zu einem"), bir birden soñra nacheinander, soñradan (soradan) nachträglich, jeñiden neuerdings, birden auf einmal, zugleich, auch: unverzüglich, sofort, neden? weshalb? bir aǵyzdan einstimmig, alle zugleich wie aus einem Munde, benden insafly bir müšteri bulamazsin einen ehrlicheren („gerechteren", billigeren naṣafa in Hälften teilen Inf. IV Gerechtigkeit, šarā kaufen VIII Partz.) Käufer als mich kannst du nicht finden.

Adjektivbildungen: davetlijim ich bin eingeladen (davet Einladung), salt bir tarafly dyrlar nur an einer Seite gelegen sind sie (die Häuser), dokuz kubbeli bir ǧami eine Mosche mit neun Kuppeln.

c. Die Partikeln.

Alles was weder Verbum (mit Adverbium) und Substantiv (mit Adjektiv) ist, könnte man unter den Begriff der Partikel im weiteren Sinne fassen. In diesen weiteren Kreis fallen auch die Zeitausdrücke und besondere Eigentümlichkeiten der Pronomina (wie Suffixe).

Zeitausdrücke: čokdan beri seit langer Zeit, gel-dijimizden beri seit unserer Ankunft, bir gün var = bir gün olur vor einem Tage, bir jyl gečdi seit einem Jahre, der hal sofort (a. ḥāl Zustand etc.), gündelik für einen Tag reichend, günde kač defa wie oft am Tage, her gün = gün be gün täglich, bazan = bazy bazy (a. ba'dan) von Zeit zu Zeit, evveli gün vorgestern, öilenden soñra Nachmittag, öñümüzdeki hafta nächste Woche, ǧuma ertesi günü Sonnabend und: am nächsten Freitag, kač sene oldu wie viele Jahre ist es her? ben bu šehre gelmeliden beri on sene oldu Seit ich in diese Stadt kam sind zehn Jahre verflossen (Perfekt in dem Sinne des jetzt abgeschlossenen Vorganges, arabische Perfektbedeutung), heman orada vasil olaǧaǧyz bald (sogleich) werden wir dorthin gelangen.

Pronomina können doppelt gesetzt werden: aḫšam-ysy sein Abend, kim-isi wer von ihnen („ihm" Singul. als kollektiver Plural), ekser-i-si die meisten (viele) von ihnen, čoǧ-nsn viele davon, hepisi sie alle, birisi einer, jar-ysy halb, baz-y = bazysy einige, ik-i-si zwei von ihnen; beide.

Der T. setzt oft das Suffix si (sein), wo es sich auf eine ganze Sachlage und Handlung bezieht und wo es im Deutschen fehlt: burada hep-i-si dolńdur hier ist alles besetzt („sein Ganzes ist voll"), čoǧ-u die meisten („von ihm" von ihnen), zijadesini istejor er stellt zu hohe Forderungen, evvelisi gün vorgestern, burasi hier befindlich, karšu-sudaki ev das gegenüberliegende Haus, bir kašyk dolusu ein Löffel voll, ferda-sy gün am nächsten Tage, jan-yndaki bina Seitengebäude, burasy fena kokujor hier riecht es übel, bundan eji-si varmy Ist etwas Besseres vorhanden? duǧrusunu söledim ich habe die Wahrheit (darin) gesagt; so auch bei Zeitangaben: 1916 senesi-niñ tišrin-i-sanisi-niñ biri = 1. 11. 1916; bu kadaryny oña verejimmi Soll ich ihm so viel („diese seine Quantität") geben? zijade-si dir es ist zu viel; ebenso bei Adjektiven, ejisi ein gutes (Exemplar einer genannten Materie), besonders bei der Steigerung: ondan deha ejileri Dinge, die noch viel besser sind als jenes; ötesinde auf der andern Seite, jenseits, burasyna bu ismi verdiler man gab diesem Orte (Dativ) diesen Namen. Der Ausdruck gewinnt dann die Bedeutung eines Adverbiums: čoǧu = ekseri = meistens, größtenteils (a. katura = viel sein), jarysy = zur Hälfte; bir deha von neuem, bir deha gelmez niemals kommt er, ikide bir (oder birde: „in zwei eins", im Verhältnis von zwei zu eins) oft, des öftern, ilm-i-hendese birle nach Art der Geometrie, birde size hizmete meǧbūr dejilim ferner: ich bin Ihnen nicht zum Dienste verpflichtet (beachten Sie ferner, daß ich Ihnen nicht zum Dienste verpflichtet bin), birde haber vérmemiš ne olur wenn er auch keine Nachricht gebracht hat, was verschlägt das, ajakda „aufrecht stehend“, „auf dem Fuße“ = wohlan! vorwärts! schnell! (stehenden Fußes), de de wie seltsam! baidy und baideñ wohlan! hat auch den Sinn von: „angenommen daß“ haidy size borǧlu olajym Nehmen wir einmal an, ich sei Ihr Schuldner.

Präpositionale Ausdrücke: baš üstüne = bašym üstüne = von Herzen gerne („auf dem Kopfe“ nach a. 'alā erras wal 'ain oder: 'alā rasi wa 'aini: „auf meinem Kopfe und meinem Auge“ liegt die Verantwortung, übernehme ich den Auftrag), bir biri üstüne im Durchschnitt, bir an evvel sobald als möglich, halkyñ gözü öñünde öffentlich („vor des Volkes Augen“), iš jol-u-ndamy ist das Ding in Ordnung? bizzat geldi er kam persönlich (a. bil-dāti mit dem Wesen, bi dātihi mit seinem Wesen), p. der akab plötzlich, syra yla der Reihe nach, šuña bedel an Stelle dessen, bu akčeje mukabil für dieses Geld (als Ersatz), tuna berüsinde (beri-) diesseits der Donau, agaǧ gerüsinde (geri-) hinter dem Baume, du(ü)nümüzde unter uns (a. dūna), ebenso taht = zir = unter, üč ai zarfynda binnen dreier Monate, kurb- ǧivār- atraf- ǧihet = nahe bei, vefaty babynda betreffs seines Ablebens; verstärkt durch ǧe: muǧibinǧe, gemäß, iktizasynǧa durch (Zwang von), müfadynǧa laut, fahvasynǧa nach dem Zitate, Inhalt von = mufady üzere, vatan aǧurunda für das Vaterland (aǧur augurium, Glück), bir šej bilmedijim ǧihetle da, weil ich nichts wußte . . . (ebenso halde, suretde, sebebden) takdirde unter der Voraussetzung, daß . . ., jan jana nebeneinander, ard-ym syra hinter mir, suja karšu stromaufwärts, su akynty-syla stromabwärts („mit seiner Strömung“), deminǧek soeben, vor kurzem, evvelǧe früher, ma dununda (dunünde) unter, zir-i-idaresinde unter seiner Verwaltung, ikisinden maadasi (a. mā 'adā jenseits, außer) die andern abgesehen von den zweien, p.t. piš-kjah-lerinde vor ihnen, ber bad et- vernichten („in, 'auf' den Wind“), etrafda (a. طَرَف Seite, Pl.) ringsum, šehriñ etrafynda rings um die Stadt herum, soñunda = nihajet (a. nihajat-an) schließlich, jaz ičün elbise Sommerkleider, bil-dijime göre soviel ich weiß („auf

das was ich weiß sehend"), oraja var-yngaja-dek geg ola-
gak bis wir dorthin kommen wird es spät, atyla gez-
reiten (ila = Instrument und Begleitung), etli enginar
Artischoken mit Fleisch (adjektivisch aufgefaßt), sekiz gün
soñra nach acht Tagen (von jetzt an), sekiz günden soñra
seit acht T. (bis jetzt), bununla (bunuñ ile) beraber zugleich,
anbei, bir kadah ile ič- aus einem Glase trinken, birden
bire basdy plötzlich ist er gekommen. Beinlerinde tany-
dygym jokdur Von jenen kenne ich keinen („zwischen
ihnen mein Erkennen ist nicht vorhanden"), sokagyü ba-
šynda oben an der Straße, am Ende der Str., ta taksyma
kadar bis zu dem Taksym Paša genannten Orte hin, bu
ijlenge ičin dieses Sportes (Spieles) wegen.

Nach dem Vorbilde des A. werden Präpositionen mit
distributiver Bedeutung doppelt gesetzt: vad (a. va'd) bejninde ve hazyr para bejninde fark var Zwischen Versprechen und barem Gelde ist ein Unterschied.

Auch als Adverbia werden Substantiva mit
Präpositionen verwandt: ištihala mit Vergnügen, gern
(a. šahā VIII Inf. Begierde), jüksek sesle laut („mit hoher
Stimme"), ittisalynda in Verbindung mit, unmittelbar an-
schließend an, görünüšde scheinbar, allem Anscheine nach,
hošnndijet-i-kalb yla gern („mit Zufriedenheit des Herzens")
kolaylykla mit Leichtigkeit, bequem.

2. Die Sprechtakte.

Die Sprechtakte bilden die einfachsteu Zusammensetzungen von Worten, die unter einem Akzente gesprochen werden und dadurch gewissermaßen eine Einheit
bilden. Sie sind die nächste Vorstufe zum Satze, dessen
Wesen die Aussage (Prädikation) ist. Manche der früher
genannten Sprachformen, z. B. die zusammengesetzten Substantive könnten in dies Kapitel eingereiht werden.

Ausrufe: def ol (a. dafa'a fortstoßen) = häïde =
sauš = eksik ol = čyk buradan (burdan) packe dich! mach
dich fort! öldürmek šöle dursun, jaralamak nerede kaldy
nicht einmal verwunden, geschweige denn töten („das T

soll so bleiben" um nicht vom T. zu sprechen „wo blieb das V.!"), seni göréjim bravo („dich will ich sehen"), jazyk schade („im Schicksale geschrieben"), de bakalym sehen wir einmal, jyk-yl fort („werde zerstört"), Allah aškyna (a. 'išk) aus Liebe zu Gott! — Bei Krankenbesuchen: gečmiš ola die Krankheit möge vergehen! jine görüšelim auf Wiedersehen! aman, dikkat ediñiz, kyrylyr šei var bitte! seien Sie vorsichtig, es sind zerbrechliche Sachen, iš bitdi abgemacht! bu olur Das geht an, ist annehmbar, möglich, bojle olmas das ist keine Art und Weise, so darf es nicht sein! allah göstérmesin, Allah étmesin behüte Gott! sakyn a hüten Sie sich! vaz geč = brak šunu laß los! uzun sûrmemeli es darf nicht lange dauern! ajol (aus aj ogul) Ausruf der Entrüstung; ta dient zur Verstärkung und Beteuerung ta kendisi er ist es wirklich; haide gidiñ, gözüm gôrmesin mach dich fort! mein Auge soll („dich" in T. fortgelassen) nicht mehr sehen! (haide git packe dich!), jazyk dijilmi baña? Ist das nicht schade für mich?! jazyk saña Das ist deiner unwürdig! jazyklar olsun Das ist schlimm, verhängnisvoll (a. maktub = im Schicksalsbuche verzeichnet), či fajide, né fajide weshalb das? vallahi čok ala bir nazaret dir wahrlich, das ist ein herrlicher („sehr vorzüglich" a. a'lā höchster, erhabenster) Anblick, Allahi severseñ, ne dir o ... Um des Himmels willen, was ist jenes ....

Adjektiva mit Substantiven verbunden: kysa görmeklik = Schwachsichtigkeit (kys = klein, kurz), sesi tutkun heiser („seine Stimme weggenommen" = benommen), sesi čykmaz = schweigsam („seine St. nicht hervorkommend"), jap-ma künstlich („Gemachtes" s. als adj. verwendet), ep ejige vakyt ziemlich lange („sehr gute Zeit"), kara vaporu Lokomotive (Land — Dampfer") (Land = kara = schwarz wie a. savād = Land und Schwärze; demgegenüber fließen und weiße Farbe assoziiert in ak) mit ği = ynad-ğy eigensinnig, her takym = her derlü (türlü) allerhand, sačy sary bir adam ein Mann, dessen Haar gelb ist, ev-i olan bir adam ein Mann, der ein Haus besitzt (ol- statt var), ter-lediği ylağ schweißtreibendes Mittel, ajry bir oda ein besonderes, getrenntes Zimmer, jüz daneli bir kotu eine Kiste, die 100 Stück faßt.

Feststehende **Paarausdrücke** zeigen deutlich, daß dem T. ursprünglich ein Wort für „und" abging: dede nene = Großeltern, ai jyldyz = die t. Fahne („Halbmond und Stern"), alyš veriš = Handel („Nehmen — Geben" = „Kaufen — Bezahlen"), halk u ammeniñ öüü vor aller Welt (mit u verbunden gelten sie als grammatische Einheit, sodaß die Deklinationsendungen nur an das letzte Wort angefügt werden, a. al-halku wal-'ammatu das Volk und die Gesamtheit, 'amma umfassen), ilk görüš ilk biliš wenn man sich das erste Mal sieht („das erste Sehen, das erste Kennen"), sebt u tahrīr Niederschrift. — Falschausdrücke (fehlerhafte Redeweisen): gelišat Umstände, čiftlikat Landgüter, sebzevat Gemüse, čerakise Tscherkessen, etrak Türken, kajyl ol- glauben — hademe u atba (a. hädim Diener, tābi' Gefolgsmann) Gefolge, nafj u iğla Verbannung, erike pira-jy-syhhat u aŭjet = gesund („den Thron schmückend der Gesundheit", ahz u kabz = kabul Nehmen, dereden tepeden sözler et- von allerhand sprechen, dağ taš die Welt („Berg u. Stein"), paldyr küldür donnernd und polternd, čoluk čoğuk Weib und Kind, ehl n ajalyla gečiniorum ich lebe mit Weib und Kind (a. 'ahl-un Zelt, Familie; 'āla seine Familie ernähren 'ijālun Familie), sejr u temaša Spaziergang (a. mašā marschieren Inf. VI, sair Reisen), ova-larda dere-lerde in Ebenen und Tälern, in Flur und Feld.

Kurze Ausdrucksweisen: öle ise in diesem Falle, dann; o neki dejeğek desin Er mag sagen was er will; mir ist das gleichgültig, evvel ispat (a. itbāt) olunmaly Zuerst muß bewiesen werden ..., ejisi bu dur ... Das Beste ist ..., ilalebed gelmez niemals wird er (es) wiederkommen, jazyk ki ... čapyk gečer Schade daß ... schnell vorübergeht, ne dir bu jazylar was bedeuten („sind") diese Inschriften, gerček güzel bir šej dir in der Tat ist es ein schönes Ding.

3. 4. Satz und Periode.

Satz, Periode und Stil bilden so umfangreiche Gebiete, daß es nicht zulässig ist, dieselben in dieser „Einführung" auch nur summarisch zu behandeln. Nur wenige zusammenhanglose Beobachtungen mögen hier aus dem Grunde folgen, weil sie dem Lernenden bei der Lektüre vielleicht behilflich sein könnten. Im Satze steht das Verbum an letzter Stelle. Dem Subjekte gehen alle Bestimmungen voraus, dem Verbum alle Verbalformen, die auf das Hauptverbum vorbereiten. Zeit- und Ortbestimmungen werden vorangestellt. Daß von dieser Reihenfolge zwecks besonderer Hervorhebung eines Wortes gelegentlich abgewichen wird, kann man in den Sprichwörtern beobachten.

Das Subjekt und Objekt des Satzes ist manchmal ein anderes als im Deutschen, z. B. ein spezielleres: kulaġym eji išitmejor = ich höre (t. „mein Ohr" hört) nicht gut; dedijiñizi añlajaġaġym ich werde Sie („euer Gesagtes") verstehen.

Die Negation des Hauptverbs bezieht sich auch auf die unter ihm stehenden Gerundia: ittifak edibde bir karara gelmedik Wir konnten keine Übereinstimmung erzielen und dadurch (dann) zu einem Entschlusse kommen („eine Übereinstimmung machend konnten wir nicht zu einem Entschlusse kommen").

Von zwei parallelen Sätzen besonders in adversativen wird der eine nur angedeutet, da er sich aus dem andern von selbst versteht z. B. bir padišah dejil, amma bir kapudan paša ... japdy Kein Sultan hat ... erbaut, sondern ein Admiral. — Wir kürzen also den Nachsatz, der T. den Vordersatz.

Sätze ohne Verbum sind als Zwischensätze möglich: asatyrdan kat-y-nazar um von Sagenbildungen abzusehen (a. saṭara schreiben, doppelter Pl. ḳaṭaʻa abschneiden Inf. I), ne haǧet! (a. ḥaǧa bedürftig sein) Welche Notwendigkeit besteht, noch mehr davon zu erwähnen (noch weitere Beweise anzuführen usw.) — um auf ein anderes Thema überzugehen, dir „es ist" fällt oft fort: hava bu gün güzel Es ist heute schönes Wetter.

Die Identitätsbezeichnung ist der im Arabischen ähnlich: ikisi bir dir sie sind gleich („sie beide sind eins"), bir söz söjlejeǵejim ki ich behaupte nur das eine, daß ....

Fragen: néme lazym? = baña ne was geht mich das an? („für das was ich habe notwendig?").

Bei Imperat. steht das Verb nicht notwendig am Ende: bejaz kjad ver baña gib mir weißes Papier. Ebenso bei Wunschsätzen und sogar Aussagen: ben alaym seniñ eviñi ich möchte (will) dein Haus kaufen. bitdi maslabat Das Geschäft ist abgemacht, Weiterungen sind ausgeschlossen, kirasyný da veréjim saña seinen Mietpreis will ich dir wohl geben, bir kefil bulurum saña ich will dir einen Bürgen verschaffen („finden"), istejeǵek benden er wird von mir fordern.

Hauptsatz und Nebensatz werden unvermittelt nebeneinander gestellt: gelir sanyrym = ich glaube, (dass) er kommt, sakyn almajyñ Hüten Sie sich, (das Ding) zu kaufen („kauf nicht").

Nebensätze nach Verben des Wollens und Wünschens können nach Art direkter Rede wiedergegeben werden z. B. 1. durch den bloßen Imperativ: istemezsin bejnimízde bir alyš veriš olsun Du willst nicht. daß zwischen uns ein Geschäft zustande komme (Du willst nicht, zwischen uns soll ein Kaufen und Geben zustande kommen"). — Die Lebhaftigkeit und Unmittelbarkeit des türkischen Denkens tritt hier zutage — oder 2. einen direkten Fragesatz: varmy böle bir šej bilmem Ich weiß nicht, daß solch ein Ding existiert („ist ein solch Ding — ich weiß nicht"). Vielfach wird deji hinzugefügt, was die Natur der direkten Rede noch deutlicher hervorhebt. Deji kann sogar mit „um zu" „damit", „in der Absicht, daß" übersetzt werden: susuz kalmasyn deji damit (die Stadt) nicht ohne Wasser bleibe (sei).

Nebenordnungen von Sätzen: „ver parajy al atyñy Sobald du das Geld bezahltst, erhälst du dein Pferd („bezahl das Geld nimm dein Pferd").

Adversative (entweder — oder) und konjunktive (sowohl — als auch) Satzglieder werden unverbunden nebeneinander gestellt und ohne Abkürzung konstruiert. In Doppelfragen kürzen wir z. B. das zweite Glied ab: „Ist der Berg ein großer Hügel oder nicht? Der T. konstruiert das zweite Glied vollständig, fügt es aber ohne Verbindung an das erste: „Der Berg ein großer Hügel ist er? — ist er (es) nicht?“ daǧ büjük bir depé midir — dejilmidir? „Ist der Knabe gesund oder krank?“ wird t.: „Der Knabe ist er gesund — ist er krank?“ čoǧuk eji mi (dir) hasta my (dyr)? Die gleichgeordneten Satzglieder müssen also gleichmäßig (parallel) gebildet werden. Nach demselben Prinzipe des Parallelismus wird auch in der Antwort auf eine Frage, das fragende Verb wiederholt: „Wissen Sie es? — ja!“ wird t.: „wissen Sie („es“ das Objekt ist aus dem Zusammenhang zu ergänzen und fällt daher aus)? „ich weiß“ bilirmisiñiz? — bilirim.

---

c. Übungen.

Es ergibt sich nunmehr die Aufgabe, die gewonnenen **Schrift- und Sprachkenntnisse** anzuwenden und einzuüben. Zur Vorbereitung auf schwierigere Texte empfehlen sich vor allem die Sprichwörter. Sie sind frei von schwierigen Periodenbildungen [1]), enthalten jedoch gelegentlich schon Ansätze zu solchen in dem Gebrauche von Gerundien und Partizipien. Die Überleitung zur türkischen Literatur wäre dadurch also hergestellt. Die hier vorliegenden Sprichwörter sind dem „Horos kardaš (Bruder Hahn), ein orien-

---

1) Solche findet man in den eingangs genannten Grammatiken analysiert z. B. Horten: Kleine türkische Sprachlehre S. 161 f. Auf kompliziertere Texte wie die dort S. 163—183 gegebenen (erklärt im „Schlüssel“), soll die „Einführung“ vorbereiten. Leicht erreichbare Proben aus der türkischen Literatur findet man in: „Türkische Bibliothek“ herausgegeben von Prof. Dr. Georg Jacob und (seit den letzten Bänden) Prof. Dr. Rudolf Tschudi, Prof. Dr. Georg Jacob: Hilfsbuch für Vorlesungen über das Osmanisch-Türkische, 2 Teile, 1915/16. Über orientalische Drucke vgl. man den Bücher-Katalog Nr. 371 von Otto Harassowitz, Leipzig: „Die Türkei, Ost- und West-türkisch“ (1689 Nummern).

talisches Märchen- und Novellenbuch (aus dem Türkischen
zum ersten Mal ins Deutsche übertragen von Prof. Dr.
Georg Jacob, Berlin 1906) entnommen[1]).

Die Gottesvorstellung im Sprichworte: 1. Gott ist der
wohlwollende und liebevolle Vater, der in seiner Güte
für alle Menschen sorgt: Allah insany jaratdyġynda kys-
metiníde beraber vermišdir: Als Allah den Menschen er-
schuf hat er ihm zugleich seinen Anteil gegeben. jara-
nützlich sein, jaran- jemandem Nutzen erweisen, jaranlyk
Freundschaft, jarat-ma das Erschaffen, jaradan der Schöpfer
(„der die Dinge nützlich machende“). a. ḳasama teilen,
kysmet die Teilung, das Zuerteilte, F. ḳitlatun:

الله انسانى يراتدك يغنده قسمتنى ده برابر ويرمشدر.

2. Das was Gott voraus bestimmt hat, wird sich un-
fehlbar erfüllen: Die Nächte sind schwanger. Was gebären
sie bis zum Morgen? Geġeler gebé-dir, sabahadek neler
doġurur. gebe schwanger, gebe-lik Schwangerschaft, a.
ṣabāḥ Morgen, ne-ler Pl. von ne was? doġ- entstehen,
geboren werden, doġ-ur- entstehen lassen, gebären. Das
Subjekt ist ein Pl., das Verbum steht im Singular; andre
Lesart: gün doġrulmazdan neler doġurur: vor Tagesanbruch
was gebären sie-, vor dem Geborenwerden des Tages doġ-
r-ul-maz-dan Passiv des Reflexiv im Abl.:

كيجه لر كبه در صباحه دك نه لر طوغورور (كون طوغرلمزدن نه لر طوغورر).

3. Dieser Gedanke der Vorherbestimmung durch einen
gerecht waltenden Gott (nicht durch ein blindes Schicksal)
kehrt in den verschiedensten Fassungen wieder: el elden
üstündür arša čyk-ynġa. „Hand“ ist der Inbegriff der
Macht. Auch in arabischen Versen trifft man auf den
Ausdruck: „Es gibt keine Hand, außer daß die Hand
Gottes über ihr sei“. Hier ist an eine Stufenfolge der

---

1) Andere sind zugänglich gemacht von August Müller und Her-
mann Gies: Türkische Grammatik mit Paradigmen, Literatur, Chresto-
mathie und Glossar, Berlin 1889, Reuther (Porta linguarum orientalium
pars XI), davon vieles in: H. Stumme und St. Tertsakian: Türkische
Schrift, Leipzig 1916, S. 11—23 und in schöner Druckschrift: Hans
Stumme: Türkische Lesestücke, Leipzig 1916, S. 16 f.

Machthaber gedacht, deren mächtigster Gott ist. Kein Unrecht bleibt also ungestraft. üstün ist Weiterbildung von üst: die obere Seite. Zum Suffix ün vgl. „in" in den Zeitausdrücken jaz-yn im Sommer, güz-ün im Herbst; üstün also = „in dem Oberhalb". „Bis zum Throne Gottes emporsteigend" a. ʿarš ist ursprünglich die Sternenwelt oder ein Teil derselben:

ال الدن اوستون‌در (اوستوندر) عرشه چیقانجه (چیقانجه یه قدر).

„Des blinden Vogels Nest baut Allah" kör kušuñ juvasyny japan Allah-dyr. p. kör blind, dasselbe t. Schriftbild kann auch gör = sieh! gelesen werden, ein Zeichen für die Unvollkommenheit der t. Schrift, juva das Nest, jap- machen; Partz. Praes. „der Machende", „der, welcher baut"; die Lesart javru kušuñ „des jungen Vogels" ist eine willkürliche Änderung:

كور قوشك يوواسنى ياپان اللهدر.

Gott sendet die Prüfungen zur sittlichen Läuterung der Menschen: Allah wollte sie durch diese Heimsuchungen läutern wie man Gold im Schmelztiegel läutert: Allah any bu belalar yla (ile) altyny putada temizledikleri gibi temizlemek ister idi. an-y = on-u ihn, bela Unglück, a. balija prüfen, heimsuchen mit Unglück, puta Schmelztiegel, temizle-dik-leri ihr Gereinigthaben, gibi wie = „wie man reinigt, gereinigt (hat". „Man" wird durch die 3. Pers. Pl. ausgedrückt. Der Inf. auf dik hat hier nicht die Bedeutung des Perfekts sondern die des Aorists.

الله آنى بو بلالر ايله آلتونى پوتهده (پوطهده) تميزلهديكلرى كبى تميزلهمك ايستر ايدى.

3. Die Allwissenheit ermöglicht es Gott, seine Vorherbestimmungen zu treffen und auszuführen: Die Spur der schwarzen Ameise auf dem schwarzen Steine sieht Allah: kara karynganyñ kara taš (daš) üzerinde gezdijini görür Allah. karyn Leib, karyn-ga Ameise (Diminutivform), gez- gehen. sich ergehen, gez-dik gegangen sein, gez-diji-i-ni sein Gegangensein, A. görür Aorist im Sinne der zu allen Zeiten sich regelmäßig wiederholenden Tätigkeit, üz-er-i-nde auf ihm, über ihm L.:

قره قارنجهنك قره طاش اوزرينده كزديكنى كورور الله.

4. Die über die „Bösen“ verhängte Strafe bleibt vielfach aus oder kommt den „Frommen“ zu langsam. Man
vertröstet sich mit dem Gedanken: Gott ist sehr geduldig:
Allah sabur-dur, a. ṣabūr Intensivbildung des Adj. Daher
liebt Gott auch seinen geduldigen Diener: Allah sabyrly
kulunu sever, a. ṣabr wird t. zu sabyr, sabir Geduld,
kul-u-nu seinen Diener:

الله صبوردر . الله صبرلی قولنی سور.

5. Der Vorherbestimmung gegenüber ist der Mensch
machtlos. Die Bestimmung Gottes wird nicht durch die
Kraft des Armes geändert. Eine Kerze, die Gott anzündet,
kann nicht verlöschen. takdir-i-huda kuvve-i-bazu yla dönmez, bir šem ki hakk jandyra bir veǧhle sönmez. takdir
Inf. II von ḳadara die Quantität bestimmen, ḳudra die
göttliche Allmacht, kadar Vorherbestimmung … a. kuv-
vatun Kraft, kuvvet-li kräftig, p. bazu Arm, dön- sich
umwenden, a. šam'un Wachs, Kerze, ḥaḳḳ Wahrheit, Gott,
jan- brennen, jan-dyr- anzünden. Die Optativform wird
als Konjunktiv verwandt, sön- vgl. sin- und siñ- ver-
schwinden, untergehen, sich verbergen:

تقدیر خدا قوه‌بازو ایله دونمز بر شمع که حق یاندیره بر وجهله سونمز.

Der Mensch seinerseits muß das, was Gott ihm vorausbestimmt hat, ertragen: Was über das Haupt jemandes
kommt wird erduldet: baša gelen čekilir „das zu dem
Kopfe Kommende wird gezogen“, d. h. ausgehalten, ček-
ziehen. Kopf steht oft für Person:

باشه کلن چکیلیر.

Als das schicksalbestimmende Moment wird oft die
Himmelssphäre genannt. Diese Ausdrucksweise ist eine
im Wesen unislamische. Sie hat sich aus vorislamischen
Entwicklungsformen der Religion erhalten. Die Dahriten
(dahr Himmelssphäre, anfangslose Zeit, Schicksal) vertraten
noch zur Zeit des frühen Islam die Lehre, der Himmel
sei aus sich ewig, unerschaffen und bestimme allein (ohne
Eingreifen eines Gottes) die Geschicke der Welt: 1. O
kreisender Himmel! dem einen gibst du die Moschusmelone
zu essen, dem andern eine unreife Melone: ej felek! kimine

kavun (kaun) jedirirsin kimine kelek, a. falak Himmel, kim-i-ne „dem einen von ihm“, d. h. von ihnen. kavun Melone, je- essen, je-dir- zu essen geben, kelek unreife Melone. 2. Dem einen schneidest du den Kaftan zu, dem andern die Weste: kimine kaftan bičersin kimine jelek. bič- schneiden. 3. Dem einen gibst du den Pfau, dem andern den Storch: kimine tavus kušu verirsin kimine lejlek. 4. Dem einen schickst du den Teufel zu, dem andern den Engel: kimine šejtan gönderirsin kimine melek. mel'ak Pl. malaika Engel von a. la'aka einen Auftrag ausführen. 5. Dem einen gibst du die Pastete, dem andern den Zwieback: kimine börek verirsin kimine gevrek. 6. Dem einen machst du auf der Trommel Musik, dem andern auf der Kesselpauke. ćal- schlagen können; stehlen, čal-dyr- erklingen lassen, tavul a. ṭabl Trommel, dümbalek = Pauke.

1. اى فلك كيمنه قاوون ييديريرسين كيمه كلك

2. كيمنه قفتان بيچرسين كيمنه يلك

3. كيمنه طاووس قوشى ويريرسين كيمنه ليلك ('لكلك)

4. كيمنه شيطان كوندررسين كيمنه ملك .a ('ملأك)

5. كيمنه بورك ويريرسين كيمنه كورك

6. كيمنه طاول جالديررسين كيمنه دمبلك (,تومبلك).

Die Beziehungen Gottes zum Menschen regeln sich nach den gegebenen Voraussetzungen. Gott läßt sich als wohlwollender Vater durch die Bitten der Menschen (auch die Fürbitten für einander) bestimmen: Der Mutter Gebet ist auf deinem Haupte: ananyñ duasy bašyñda ymyš (imiš). ana Mutter, dua Gebet das von Herzen kommt im Gegensatze zum Ritualgebete: salat.

آنڭ دعاسى باشڭده ايمش.

Gott verlieh zwar den Schmerz aber (-de) auch das Heilmittel. Jedoch ist es schwer, letzteres zu finden. Allah derd vermiš dermánda vermiš emma bulmasy güǧ. p. derd Schmerz. t. auch: Krankheit, derman Mittel, Kraft; Arznei: derde derman bul- für ein Übel (D.) ein Heilmittel finden, derman-ym jokdur ich habe keine Kraft mehr, bin unheilbar. Die Doppelsetzung von vermiš entspricht dem Parallelismus in der t. Syntax. derd und derman stehen im latenten A. Nach güǧ ist dür zu ergänzen. bul-má das Finden.

الله درد ويرمش درمانده ويرمش اما بولمسى كوج.

Den der sich widersetzt bändigt Mittellosigkeit: Alla-hyñ zalimini züjürtlük zabt eder, a. ẓalima ungerecht sein, ẓālim Partz. I Verbrecher „des Gottes sein Frevler“, zü-jürt = zügürt arm, zügürtle- arm werden, arm sein, a. ḍabaṭa greifen, festhalten, t. zābit Polizist, a. ḍabṭ, t. zabt, zapt das Festnehmen.

اللك ظـلـمنى زوكورتلك ضبط ايدر,

Welt und Menschenleben: 1. Die großen Ereignisse in der Welt und im Menschenleben werden durch die Wünsche eines einzelnen nicht beeinflußt. Sie schreiten über die Leiden und den Tod eines Individuums hinweg: at vur-ur, kjarvan gečer „Das Pferd schlägt aus (aber) die Karawane zieht vorüber“, kelb (kelp) baǵryjor kjarvan (kerven) gečior „Der Hund bellt, (aber) die Karawane zieht vorüber“ oder: it ürür (havlar), kjarvan göčer. ürü- bellen, ǧöč- fort-ziehen, den Ort wechseln, umziehen.

ايت اورور كاروان كوچر. كلب باغرييور كاروان كچييور.
آت اورر كاروان كچر.

2. Fortschritt und Rückschritt wechseln einander ab in der physischen und der moralischen Welt: her jokušañ bir eniši var ve her gidišiñ bir geliši: Auf jeden Aufstieg folgt ein Abstieg und auf jedes Gehen ein Kommen, jok-uš Aufstieg. G. Wurzel: jok- ungebräuchlich, en- hinabsteigen, git- fortgehen, t. wird mit Vokal gesprochen zu d: gidiš das Fortgehen, gel- kommen „Eines jeden Aufstieges sein Abstieg ist vorhanden und eines jeden Fortgehens sein Wiederkommen“. Die Idee des Kreislaufes in Natur und Menschenleben findet sich im Oriente äußerst häufig. Sie ist der Vorstellung von dem Kreislaufe der Sphären und Pla-neten nachgebildet. Das vorkopernikanische Weltbild wird dabei immer vorausgesetzt.

هر يوقوشك بر اينيشى وار وهر كيديشك بر كليشى وار.

3. Eine optimistische Stimmung bricht sich gelegentlich Bahn, wie es bei einem gesunden Volksstamme natürlich ist: ġefanyň soňu sefadyr, a. gafā' Plage Inf. I von ġafā grob sein, ṣefa (Parallelbildung zu ġefa) Freude, a. Reinheit, Klarheit.

جفأنك صوڭى صفأدر.

Das bunte und wechselvolle Treiben der Welt findet verschiedenartigen Ausdruck: Diese Welt ist ein Teich (Morast), der Leib das Boot, der Verstand das Segel und der Gedanke das Steuerruder. Stiehl und komm (wieder) heraus, tauch unter und komm wieder empor, nimm und mach dich wieder los: bu dünja bir balčyk-dyr, ten tekne, akyl jelken, fikir dümen; čal čyk, dal čyk, al čyk. dünja a. f. von adnā niedrig, also: die niedrige, sublunarische Welt, balčyk Lehm, Schlamm. Auf diesem soll man in einem Nachen fahren. Man darf das Wort also wohl mit Teich übersetzen. ten p. Leib, tekne Rumpf des Bootes ohne Ruder, Steuer (dümen) und Segel (jel·ken Windfassend), a. fikr, t. fikir Gedanke, das Denken. Der T. wiederholt dreimal čyk = komm empor. Das Deutsche sucht nach Abwechslung im Ausdruck.

بو دنيا بر بالچق در تن تكنه عقل يلكن فكر دومن چال چيق دال چيق أل چيق.

Das Sprichwort versucht die verschiedenen Menschentypen zu zeichnen: 1. Die *Mutter* wird in ihrer sich selbstvergessenden Liebe zum Kinde dargestellt: Weint meine Mutter, so weint sie wirklich. Andere weinen nur zum Schein: aġlarsa anam aġlar, kusuru jalan aġlar. aġla- weinen, ana die Mutter, kusur-u wörtlich: „sein Mangel". eine Konstruktion wie a. ġairu-hu „seine Verschiedenheit" = ein anderer als er, a. ḳaṣura zu kurz sein, ḳaṣara fehlen, „sein Fehlen" = das was er nicht ist, alles andere wie er, jalan die Lüge, hier adverbial.

أغلار سه أنام أغلار قصورى يالان أغلار.

2. Das *Weib* hat lange Haare aber kurzen Verstand: karynyň sačy uzun, akly kysa — avratyň sačy usun akly

kysa olur. Auf das Weib kann man sich nicht verlassen:
karyja inan olmaz. inan Glaube, Vertrauen.

قارينك صاجى اوزون عقلى قيصه . عَوْرتك صاچى اوزون عقلى قيدمه
اولور . قارى يه اينان اولماز.

Der *Mann* wird nach seiner Tüchtigkeit und Ausdauer
beurteilt. Edelsinn und Tatkraft müssen bei ihm gepaart
sein: Für Guttat Guttat ist jedermanns Brauch, für Nichts-
würdigkeit Guttat ist edlen Mannes Brauch: ejilije ejilik
her adam iši, kemlije ejilik er adam iši. eji-lik „Gut-heit“
Güte, iš Werk, Arbeit, kem schlecht, böse, p. wenig feh-
lend, kem-lik Bosheit, andre Lesart: ejilije ejilik her kišiniň kjary, kemlije ejilik ise er kišiniň kjary-dyr. kiši der
Mann, kjar p. Arbeit, kjar-y seine Arbeit, ise (nachgestellt):
hingegen. Auf er = männlich liegt der Ton.

ايولمه ايولك عر آدم ايشى كملكه ايولك ار آدم ايشى
ايولمه ايولك عر كشينك كارى كملكه ايولك ايسه ار كشينك كارىدر.

Ein tüchtiger Mann weiß selbst aus Stein sein Brot
herauszuschlagen: er olan etmejin (= etmejini, heute gesprochen: ekmejini) tašdan čykaryr. olan seiend, wer ist,
etmek Brot, jetzt ekmek, ek- säen, k unter Vokal zu j
ekmej-i-n A. sein Brot. Das A.-Suffix i kann nach dem
Hilfskonsonanten n (wenn an das Suffix der 3. Pers. i =
„sein“ angefügt) fortfallen, taš Stein, čyk- hervorkommen,
čyk-ar- Kausativum: hervorkommen lassen.

ار اولان اتمكنى (اكمكنى اكمكن) طاشدن چيقارر.

Einen vielversprechenden Knaben erkennt man schon
in seiner Jugend, ein tüchtiges Pferd schon als Füllen:
olaǧak čoǧuk küčük-lüj-ü-n-den belli dir, olaǧak at taj iken
belli dir. ol-aǧak im Begriffe stehend zu werden, aussichts-
reich, statt čoǧuk erwarten wir eher: er Mann; taj Füllen,
belli klar, evident, die Steigerung durch Alliteration bes-
belli sehr deutlich, belli baš-ly in klarer Weise „einen
klaren Anfang“, „Kopf“ habend, belli ol- hervortreten,
sich auszeichnen. ol- hat hier deutlich die Bedeutung:
„werden“, dem a. kāna entsprechend, belli-siz (auch bellü-
süz) unbekannt, belle- lernen, auswendig behalten, belle-me

= belle-jiš das Lernen, belle-n-miš bekannt. iken: während
es ist, während ich bin, während du bist usw. außerhalb
der Vokalharmonie stehend. Die Wiederholung des Prädi-
kates belli-dir entspricht dem t. Sprachgefühle, das eine
harmonische und parallele Konstruktion gleichwertiger
Satzteile fordert.

او لهجق چوجوق كوچوكلكندن بللى (بللو) در اولهجق آت طﺌى
ايكن بلليدر.

Der *Heuchler* vermag manchmal die Menschen zu täuschen. Er ist der Menschen geistlicher Führer aber des
Teufels Spott: iusanyñ sufy-sy šejtanyñ masharasy. a. in-
sau Mensch, hier kollektiver Plural, suf a. Wolle, das Woll-
gewand der Möuche, sufi t. sofy, sufy Asket, Mönch, sofy-
lyk Bigotterie, šeitan aus Satan, a. sahira spotten, ver-
spotten Bildung mit ma: mashara Spott. Der Mönch ge-
nießt ein großes Ansehen im naiv gläubigen Volke. Ihm
werden Wunderkräfte und besondere Erleuchtungen zu-
gesprochen.

انسانك صوفيسى شيطانك مسخره سى.

Redlichkeit auf dem Minaret, Liebe im Busch: doğru-
luk minaretde, muhabbet čalyda. doğru gerade, gerecht.
mināret a. Leuchtturm von nāra leuchten, nūr Licht, nār
Feuer; in muhabbat liegt ein eingebürgerter Fehler vor
statt mahabbet oder mehabbet, a. habba lieben.

دوغيلق منارتده محبت چاليده.

Für den Faulenzer ist jeder Tag Sonntag (Bairamfest):
tenbele her gün bajram تنبله هر كون بيرام. Der Blinde sieht
freilich nicht, aber er merkt: kör görmez, emma sezer.
sez- etwas indirekt wahrnehmen, aus Indizien auf ein Ding
schließen, verstehen, hinter einen trügerischen Schein kommen und das Wesen erfassen.

كور كورمز اما سزر.

Die sittliche Aufgabe des Menschen zeigt sich in seinen
Pflichten. 1. Der Böse ist auf den Weg des Guten zu
weisen, der Lasterhafte zu tadeln: Each (so spricht horos
kardaš betreffs der Räuber l. c. 9) was euch zukommt, zu

lehren, ist so verdienstlich wie eine Waise mit einem Kaftan
bekleiden: mykdar size mykdaryny bildirmek öksüze kaftan
gejdirmek gibidir = „die Quantität die darin liegt, euch
das entsprechende Maß zu lehren, ist wie (der andere Wert,
der darin besteht) eine Waise mit einem Überrocke zu bekleiden“. Dieser Vergleich ist fast so konstruiert wie die
stereotypen Wendungen der arabischen Vergleiche: „die
Quantität dieses Dinges ist (wie) die Quantität jenes“ oder:
„das Ebenbild dieses ist das Ebenbild jenes“ = dies ist
so wie jenes; beide stehen sich gleich, sind gleichwertig.
mykdar (statt mikdar, rückwirkender Einfluß des dunklen
k) a. von ḳadara die Größe bestimmen F. miktal, ursprünglich das Instrument bezeichnend, dann Substantivbildung.
Das erste mykdar ist Vergleichswort: ebenso wie ... —
ist .... Vor öksüze müßte es nochmals stehen, wenn
beide Satzteile parallel konstruiert werden sollen. Es ist
jedoch leicht ergänzbar und kann deshalb fehlen Das
zweite mykdar mit dem Pronomen y (im A.) bedeutet die
ihm (d. h. der Sachlage, den Umständen entsprechend,
möglich wäre auch: mykdar-yñyz euer Maß, die euch)
zukommende Quantität, bil-dir- Kausativ von bil- regiert
den D.: siz-e, kaftan = Überrock, auch: alle Kleider, abgesehen vom Hemde, gij-, gej- Kleider anziehen, tragen,
besser: gejn-, gijn-; gej-dir- Kausativ: anziehen lassen,
vgl. jer-i-ne an den entsprechenden, dem Dinge rechtlich
zukommenden Ort (etwas legen), jer-inde an seinem Orte
sein, d. h. dort, wo man sein muß.

مقدار سزه مقدارینی بیلدیرمك اوكسزه قفتان كیدیرمك كبیدر.

Lebensverhältnisse: 1. Nicht alle Tage ist Sonntag: her
gün ḫoǧa pilav jejémez „Nicht jeden Tag kann der Lehrer
Pilav essen“, her jeder, je- essen, Modus der Unmöglichkeit
mit eme, dies an vokalische Wurzel durch j angefügt, jejémez er kann nicht essen [1]):

هركون خواجه پیلاو یهیمز (یهیهمز).

---

1) Ebenso: Nicht jeden Tag ist Bairamfest. her gün bairam dejil
(olmaz) هر كون بیرام دكل (اولماز). Für den Toren ist jeder Tag Sonntag (Bairamfest): delije her gün bairam. deli toll, verrückt, Narr.

دلی یههر كون بیرام.

2. Große Not wird als etwas Zersetzendes, Auflösendes
aufgefaßt. Man vergleicht sie der Sonnenhitze, die den
Schnee schmelzen macht. Die materielle Hilfe, die jemand
leistet, ist so machtlos gegen das Elend wie der Schnee
gegen die Sonne; sie ist wie ein Tropfen auf einem heißen
Stein: bu syǧaǧa kármy dajanyr. syǧak Hitze, kar Schnee,
dajan- sich stützen auf etwas, wiederstehen, Reflexiv von
daja- etwas stützen, tragen.

بو صيجـاغه قارمى طيانير.

3. Mensch und Tier verhalten sich umgekehrt. Der
Mensch trägt seine Werte im Innern, wenn auch sein
Äußeres manchmal schlicht und bescheiden ist. Nach dem
Äußern darf man nicht das Innere des Menschen beurteilen.
Das Tier hat im Innern keine andern Werte als solche,
die man aus seiner äußern Erscheinung erschließen kann:
Das Bunte des Menschen ist in seinem Innern, das Bunte
des Tieres an seiner Außenseite. insanyñ alaǧasy ičeri-
sindé dir, hajvanyñ alaǧasy dyšynda, a. insan Mensch, ala
bunt, ala göz-lü wer bunte Augen hat, ala-ǧa bunt mit
dem Nebenbegriff des Niedlichen (ǧe = če Diminutivsuffix),
ič Inneres, dyš Äußeres, ič-eri drinnen aus, ič-ara innen —
zwischen, vgl. die andern Verwendungen von ara „zwischen"
in bu-ra-da hier, jok-ary oben (jok- aufsteigen), dyš-ary
außerhalb, üz-ere drüber; ič-eri-si-n-de in seinem Innern
(n Verbindungskonsonant nach dem Suffix der 3. Pers.)

انسانك آلاجـمسى ايـچـمريسينده در حيوانك آلاجـمسى ديشنده.

4. Das Menschenleben wird von der Selbstsucht beherrscht: Jeder handelt an erster Stelle für sich und dann
an zweiter und dritter nochmals für sich. herkes eder
kendine, jine kendi kendine („und dann nochmals ganz
besonders für sich"):

هوكس ايدر كنديـنه ينه كندى كنديـنه.

5. Bei enttäuschten Hoffnungen hilft oft auch die Geduld nicht mehr. Man vertröstet sich manchmal mit unerfüllbaren Hoffnungen, ohne seine Lage zu bessern: bekle
ešekǧijim, jaz gelsín-de, saña jonja vereǧejim. bekle warte,
ešek-ǧik das Eselchen, kyzyl jonǧa roter Klee, sary jonǧa

gelber Klee, ver-eǧek er wird geben. Oder: bekle ešekǧijim, bekle, jaz gele, sahibiñ saña jonǧa jedire: warte mein
Eselchen, warte, der Sommer möge kommen und dein Herr
möge dir Klee zu fressen geben.

بكله اشكاجكم ياز كلسين ده سكا يونجه ويره جكم . بكله اشكاجكم بكله
ياز كله صاحبك سكا يونجه ييديره.

6. Man ist leicht geneigt, durch andere unangenehme
und gefahrvolle Arbeiten ausführen zu lassen: Mit der
fremden Hand packe die Schlange: el eli ile jylan tut.
el die Leute, die Menschen, die andern, el el-i die Hand
andrer, jylan undeterminiert. Der deutsche Artikel hat
hier generische Bedeutung: „jede beliebige Schlange, alles
was in die Kategorie der Schlange fällt", daher: el el ile
jylan tutmak. el-el „der Leute Hand" wie ein zusammengesetztes Substantiv gebildet.

ايل الى اياه ييلان طوت.

7. Das Außergewöhnliche eines Vorganges kleidet man
in die Worte: Ich war vierzig Jahre Richter, aber solch
einen Rechtsfall habe ich noch nicht erlebt: ben kyrk
jyllyk kady (kazy) ydym, böjle dava görmedim. Die
Wichtigkeit der Rechtssphäre im Islam ist im Vergleich
zu den europäischen Staaten dadurch erhöht, daß im Islam
das Recht ein Teil der Religion ist. Die Zahl 40 bedeutet
für den Orientalen oft eine große Zahl schlechthin. Sie
bildete in der astralen Weltanschauung des alten Orients
(Sumerer, Akkader, Babylonier, Assyrer etc.) eine große
Rolle und lebt heutigen Tages noch in festen Sprach-
wendungen fort, ohne daß diese in ihrem ursprünglichen
Sinne noch bekannt sind. jyl Jahr, jyl-lyk ein Zeitraum
von Jahren, a. da'a rufen, da'vā Klage vor Gericht, gör-
sehen, erleben, konstatieren.

بن قيرق ييللق قاضى ايدم بويله دعوى كورمه دم.

8. Jedes Ding hat seine Bestimmung besonders in
seiner Verwendbarkeit im Menschenleben: Die Bestimmung
des Brotes ist, gegessen zu werden: ekmejiñ soñu jemek.
„Es zu essen". Das Objekt „es" fehlt. soñ Ende, Ziel.

اكمكك صوكى يمك (يه مك).

9. Nachdem man den Konkurrenten vernichtet hat,
erweist man ihm noch eine letzte Freundlichkeit (wohl
um das eigene schlechte Gewissen zu beschwichtigen) oder:
unter Liebenswürdigkeiten sucht man seinen Mitbewerber
unschädlich zu machen. Dieses häufige Verhalten des Menschen im Lebenskampfe drückt der T. drastisch aus: Er
schneidet ihnen die Köpfe ab, aber kämmt dann ihre Bärte:
bašlaryny kesib sakallaryny tarajor. Bei zwei aufeinander
folgenden Handlungen gibt der Türke die erste mit dem
Gerundium auf ip. ib wieder; wir fügen die zweite mit
„dann" an. Unser „dann" des Nachsatzes kann also t.
durch jenes Gerundium im Vordersatze wiedergegeben
werden: sakal Bart, tara- kämmen, tarak der Kamm.

باشلرينى كسيب صقللرينى طُرايور.

10. Die Abhängigkeit von andern Menschen: Ich bin
der Sklave dessen, der mich liebt, und der Sultan dessen,
der mich haßt: istejeniñ kulu - jam istemejeniñ sultany.
iste- wünschen, wollen, besitzen wollen, lieben, iste-me-
nicht wünschen, nicht lieben = hassen, abweisen . . ., kul
der Diener.

ايستەبينك قوليم ايستەمەينك سلطانى.

11. Raum für alle hat die Erde. Auch der weniger
Begabte findet sein Auskommen: Sogar ein Esel, der sein
Geschäft kennt, leidet nicht Not: iš bilen merkeb bile
zarur olmaz. iš Arbeit, bil- wissen, bil-en wissend, rakiba
ein Reittier oder Gefährt besteigen, reiten, merkeb jeder
Gegenstand (Tier, Wagen, Schiff), den man besteigt, um
eine Reise zu machen, speziell: Esel. bile zugleich, zusammen: onuñla bile gitmek mit ihm zugleich fortgehen;
sogar; zarur a. ḍarūr = maḍrūr von Unglück heimgesucht.

ايش بيلين مركب بيله ضرور اولماز.

12. Auf das Wesen kommt es an, nicht auf den Schein:
Der weiße und der schwarze Hund sind (trotzdem) beide
Hunde: ak köpek kara köpek ikiside köpek. Der Begriff
des Schwarzen hat für den Orientalen den Beigeschmack
des Bösen. Das Suffix de (unbetont) enthält einen leichten
Gegensatz.

آق كوپك قره كوپك ايكيسيده كوپك.

13. Die sich von selbst weiterspinnende Unterhaltung: Das eine Wort öffnet dem andern den Weg und die Nudelrolle den Blätterteig. söz sözü ačar oklavy-da jufkajy: „das Wort öffnet das Wort"; an Stelle von „und" tritt reine Nebenordnung. oklaġu, oklaġy (ġain wird jedoch heute wie v gesprochen) Rolle. mit der der Bäcker den Teig ausbreitet. juf vernichtet, jufka dünn, schwach, feiner Teig.

سوز سوزى آچار اوقلاغى ده يوفقەيى.

14. Auch der Schlauste geht zugrunde: Der Laden des Kürschners ist es, zu dem der Fuchs am Ende kommen wird: tilkiniñ akybet geleǧeji kürkǧi dükkjany-dyr, a. ʿaḳaba auf der Ferse folgen, akybet das Ende, das Ziel. hier dem a. A. ʿākibatan gleichstehend: am Ende, schließlich. kürk Fell, a. dukkān Verkaufsbude. kürkǧi im latenten G.

تيلكينيك عاقبت كلەجكى كوركاجى دكانىدر (دكانيدر].

15. Die Suppe wird nicht so heiß gegessen wie sie gekocht wurde: Ein Hund der bellt, beißt nicht: havlan köpek ysyrmaz. ysyr-, ysyrt- beißen; verläumden.

حاولان كوپك ايصرماز.

16. Sorge vor im Glück, dann hast du in der Not: Bewahre das Stroh, es kommt seine Zeit: sakla samany gelir zemany. ṣamān Stroh. zeman Zeit.

صاقله صمانى كلير زمانى.

17. Wenn die Suppe überläuft, ist der Löffel unbezahlbar: aš tašynǧa kašyǧa beha olmaz. aš Speise, Suppe, aš evi Küche, taš- überfließen, -ynǧa Endung des Gerundiums, vgl. čyk-ynǧa S. 97, 4 unten. kašyk Löffel, beha Preis „für den Löffel ist kein Preis".

آش طاشنجه قاشيغه بها اولماز.

18. Seine Wünsche hat man mit den Tatsachen in Einklang zu bringen: Der Gast ißt nicht das, was er erhofft hat, sondern was er vorfindet: müsafir umduġunu jemez bulduġunu jer, a. safara reisen Partz. III Reisender = Gast, um-duġ-u-nu sein Erhofftes, um- hoffen, bul- finden, je- essen.

مسافر اومدبغنى يەمز بولديغنى يەر.

Türkische Lebensregeln in Sprichwörtern: 1. Wer sich vor dem Feuer fürchtet, nimmt sich auch vor dem Rauche in acht. ateš-den korkan tütün-den sak-yn-yr. Unter tütün versteht der heutige Türke zunächst den Tabak. Daß die ältere Bedeutung aber „Rauch" war, geht schon aus dem Ausdrucke tütün ič- „Rauch trinken", rauchen hervor, vgl. das A. šariba duhan er trank Rauch. Da tütün aber speziell Rauch des Tabaks und Tabak bedeutet, wäre im Sprichworte deutlicher: duman-dan. p. ateš Feuer Abl. kork-an Partz. des Präsens, andere Lesart: tütün-ü-nden von seinem Rauche; sich hüten (fürchten ...) vor = t. von weg, sak-yn- Reflex. von sak- (ungebräuchlich):

آتشدن قورقان توتونلدن صاقنور (صاقنير صاقينير).

2. Jeder leistet das, was seinen Kräften entspricht. Er tut so gut, wie er kann und gibt das Beste was er hat. Es kommt auf die gute Absicht an, nicht auf den materiellen Wert, z. B. eines Geschenkes. Die Freundschaftsgefühle verleihen auch dem geringsten Geschenke großen Wert: Das Geschenk des Hirten ist Fichtenharz. čoban ermaġan-y (ermaġy) čam sakyz-y, ermaġan Geschenk, čam Fichte, sakyz Harz, Leim, „einer Fichte ihr Harz".

چوبان ارمغانی چام ساقزی.

3. Guten Rat soll man nicht in den Wind schlagen. Freilich geht es im Leben häufig so zu, daß der beste Rat im entscheidenden Augenblicke beiseite gelassen wird: Tausend Ratschläge für einen Silberling; ein Silberling sind aber tausend Gewinne: biñ öjüt bir akče-je, bir akče biñ kazanġ; öjüt, ögüt auch öjüd der Rat, öjüt-ġi, ögüt-ġi Ratgeber, ak weiß, če Diminutivsuffix außerhalb der Vokalharmonie, ak-če Silberstück, D. des Preises.

بیك اوكوت (اوكود) بر آقچهیه بر آقچه بیك قازانج

4. Vor fremden Leuten und solchen, die sich überall herumtreiben, muß man sich hüten: Der Hergelaufene ist listig. Seiner Schlauheit ist keiner gewachsen; el ušaġy hilekjár-dyr, kimse bilmez fendini. Der Leute Bursche ist listreich, keiner kennt seine List; el (auch 'jl geschrieben) die Leute, ušak Diener, hile a. Hinterlist, -kjar p. Suffix:

tuend, ansführend, fend List, Kunstgriff (mit a. fann Kunst,
Fertigkeit vielleicht verwandt), fend-i-ni seine List, A. el
oğlu Sohn der Leute.

ال اوِشَغِى حِيالَهكاردر كيمسه بيلمز فنديَنى

5. Mit vielen Worten ist nichts erreicht. Die schöne
Phrase ist Schein. Das Wertvolle ist die Tat. „Mit Worten
(allein) kommt der Pilav nicht zum kochen“; lakyrdy yla
pilav pišmez. lakyrdy das Wort, hier kollektiver Pl. in
Singularform, piš- kochen (intransitiv). lakyrdy yla pilav
olmaz mit Worten (kollektiver Pl.) wird kein Pilav fertig
und: Wenn er mit Prahlereien Pilav kocht, dann kommt
von mir ein Meer von Fett hinzu. laf yla pilav pišse,
deñiz kadar jağ benden. laf leeres Gerede.

1. لاقيِردى ايله پيِلاوِ پيِشمز
2. لاقيِردى اياه پيِلاوِ اوْلماز
3. لاف ايله پلاوِ پيِشسه دكِر قدر يَغ بِندن.

6. Auf das Ende eines Unternehmens soll man sich
nicht vertrösten lassen. Eine Taube in der Hand ist besser
als zwei auf dem Dache. Sag nicht eher „Fisch“ als bis
du ihn am Schwanze hast: Was für das Ende bleibt, bleibt
für den Frost. soña kalan doña kalyr. soñ Ende, kal-
bleiben, doñ Eis, doñ olur es friert.

صوكه قلان طوكه قليِر.

7. Zu späte Reue wird nicht angenommen: soñ pešimanlyk ele gečmez. soñ Ende, spät, zu spät, p. pešiman
reuig, el-e geč- „in die Hand kommen“. erreicht werden,
gefangen genommen werden.

صوك پشيمانلق اله كچمز.

8. Man muß den Tatsachen gerecht werden und „mit
dem Fernrohre des Sinnes“ die Welt scharf beobachten:
„Der Allerweltsmensch betrachtet durch sein Nadelöhr Indien“. Wer in der Welt viel herumgekommen ist, erweist
sich als gewandt und von scharfer Auffassungskraft. el
ušağy jine delijinden Hindistany sejr eder. el die Menschen,
die Leute, ušağ-y sein (ihr) Diener, delik das Loch, delij-i-
nden „von seinem Nadelöhr her“ „sein“ = das entsprechende,

geeignete. Es hat Zauberkraft und läßt die fernsten Erd-
teile in seinem Gesichtsbilde erscheinen. sejr a. Reise, t.
ein Lustwandeln, bei dem man sich erfreut an Ausblicken
auf schöne Landschaftsbilder = betrachten, beobachten,
jine wiederum, hier wohl = „sogar" (schließlich, bis nach
Indien . . .).

ایل اوشاغی ینه دلیکندن هندستانی سیر ایدر.

9. Von zwei Übeln ist das geringere zu wählen: Es
ist besser, wenn statt der Verwüstung Indiens ein indischer Truthahn stirbt: bir Hind jykylaǧaǧyna bir hindi
ölse jegdir. In Hind liegt ein Wortspiel: an die Stelle
Indiens soll ein indischer Hahn treten, wenn es sich darum
handelt, vernichtet zu werden. Wird der Inf. des Futur
in den Dativ gesetzt und zugleich mit dem entsprechenden
Pronomen ausgestattet, so entsteht ein Gerundium des
Sinnes: „anstatt daß . . . geschieht" jyk- zerstören, jyk-yl-
zerstört werden, jyk-yl-aǧak daß zerstört werden wird
(Inf., Partz. und zugleich 3. Pers. Sing. des Futurs), wörtlich: „seinem Zerstörtwerden" = dafür, daß es zerstört
wird = an Stelle dessen, daß es zerstört wird, öl- sterben,
jek, jeg gut, besser als (regiert den Abl. oder das genannte Gerundium):

بر هند ییقیله جغنه بر هندی اولسه یکدر.

10. Über die Verstorbenen soll man nicht schlecht
urteilen, „Gott wird am Auferstehungstage jeden richten":
Seine Seele Gott befohlen. „Hacke und Schaufel für seinen
Leib": Allah ile ǧanyna kazma kürek janyna. ǧān „Seele"
steht zu jan „Seite" in Parallelismus. Dies ist daher jenem
entsprechend zu übersetzen mit „Leib", eine Bedeutung, die
jan sonst nicht besitzt. kaz- graben. Der Paarausdruck
kazma kürek bezeichnet alles was zum Graben der Erde
erforderlich ist. Die beiden Dative sollen den Gedanken
andeuten: „Mit (= durch) Gott geschehe seiner Seele das
was ihr zukommt. Die Grabinstrumente seien für seinen Leib".

الله ایله جاننه قازمه کورك یاننه.

11. Wie die Ursache, so die Wirkung — in die Ter-
minologie der juristischen Begriffe übertragen: Gemäß der

Information wird das Gutachten erteilt: aūladyša göre
fetva verilir (oder: verirler fetvajy), añla- verstehen, añlat-
erklären, aūlad-yš das Erklären (t wird unter Vokal zu d),
göre „sehend" = betreffs, gemäß regiert den D. a. fetvā
Rechtsgutachten, muftī der juristische Gutachter, verbringen, ver-il- gebracht werden, ver-ir-ler sie bringen =
man bringt = man erteilt, „man" ebenfalls durch das
Passiv ausgedrückt.

آکلادیشه کوره فتوی ویریلیر (ویریرلر فتوایی فتوی‌یی).

12. Ordnung ist das halbe Leben: Jedes Ding hat
seine Zeit und die unzeitige Handlung bereut man: her
išiñ vakty var vakytsyz išde pešimanlyk olur „eines jeden
Dinges seine Zeit ist vorhanden". Die Formen vakt-y
und vakyt-syz zeigen, wann der Hilfsvokal auftritt und
wann nicht. „Zeit-los" ist identisch mit: „zur Unzeit ge-
schehend". iš-de in der ... Handlung ist Reue.

هر ایشك وقتی وار وقتسز ایشده پشیمانلق اولور.

13. Das weniger Wichtige muß man beiseite lassen,
wenn es gilt, das Wichtigere zu erhalten: Wer über die
Hand weint, kommt ums Auge: el ičin aǵlajan (iki) gözden
olur Abl. mit: ol- „von etwas weg werden (sein)" = etwas
verlieren. ičin wegen.

ال ایچون اغلایان کوزدن اولور.

14. Den Mitmenschen soll man in keiner Lebenslage
unterschätzen: Du hast mich klein gesehn und hältst mich
daher für einen Schindereikorb? beni ufak tefek görüb-de
salhane sepeti-mi sandyñ. selh Schlachtung eines Tieres,
abgezogene Haut, selh-hane = selhane Schlachthaus, görüb
gesehen habend gibt hier die Vorbedingung für das Folgende an, ufak tefek Wortspiel: „Kleinigkeiten", klein,
sepet und seped Korb, sepet-ǵi Korbflechter, Korbverkäufer,
san- meinen, san-dym ich habe mir eine Meinung gebildet,
Perfekt der in der Jetztzeit abschlossenen Handlung.

بنی اوفاق تفك کوروبده سلخخانه (سلخخانه) سپتی می صاندك.

15. Durch äußeren Prunk und betrügerische Reklame
soll man sich nicht täuschen lassen: Die Mütze ist groß,

aber unter ihr ist kein feiner, gebildeter Herr. kavuk
büjük emma altynda effendi jok. kavuk leichtes und leeres
Ding, große Mütze.

قووق بیوك اما التنده افندی یوق.

16. Kümmre dich nicht um fremde Sachen: Geh nicht
hinter ein Pferd, das du nicht kennst; entweder es beißt
oder es schlägt aus: bílmedijiñ atyñ ardyna géčme, ja
kapar ja teper. bíl-me-dik nicht kennend, nicht gekannt
habend, bil-me-dij-im was ich nicht kenne, ard-y-na „seinem
Unterhalb", D. der Bewegungsrichtung, kap- fassen, packen,
auch: beißen, tep- ausschlagen.

بیلمدیكك آتاك أردینه كچمه یا قاپار یتپر.

17. Keine Ausflüchte machen! Hic Rhodus hic salta!
Aleppo war seiner Textilindustrie wegen berühmt und so
bildete sich das geflügelte Wort: Wenn auch Aleppo dort,
fern von hier ist, so ist doch die Elle hier: haleb onda
ysa (-da, ise, -de), aršyn bundá-dyr.

حلب اونده ایسه أرشین بونده در.

18. Sei nicht zu bescheiden; sonst tritt man dich
nieder. Sei nicht dich überhebend; sonst hängt man dich
pek edna ólma, ki seni bassynlar. pek efdal (efzal) ólma,
ki seni assynlar. pek sehr, zu sehr, a. adnā niedrig,
Steigerungsform der Wurzel danā niedrig sein, deren f.
dünjā die Welt (unter der Mondsphäre) lautet. ól-ma sei
nicht! bas- pressen, drücken, „sie sollen niederdrücken",
a. faḍala überfließen, tugendhaft sein, Steigerungsform,
efzal (a. afḍal) vorzüglicher, die übrigen Menschen über-
ragend, hier in dem Sinne von: übermütig, stolz im Gegensatze zu ednā. as- aufhängen. Daß der T. keine Nebensätze bilden kann, zeigt sich an den beiden Imperativ-
formen: „sie sollen aufhängen" = sie werden dich aufhängen (an Stelle des Konjunktivs im daß-Satze).

یك ادنا (رادنی) اولمه كه سنی باصسینلر یك افضل اولمه كه سنی آصسینلر.

19. Sei nicht hochmütig aber immer wahrhaftig. Sitze
krumm aber rede graɗe: ejri otur doğru söjle. ejri bak-
jemanden schief ansehen, Haß gegen ihn hegen.

اكری اوتور طوغری سویله

20. Mit Betrug kommt man nicht zum Ziele: Eine falsche Rechnung kommt von Bagdad zurück: jañlyš hysab bagdaddan döner. jañlyš Irrtum, hier adj. gebraucht, a. ḥasaba rechnen.

ياكلمش حساب يغداددن دونر.

21. Verkauf nicht das Fell des Bären, bevor du ihn erlegt hast: ajyjy urmadan pustunu satma. ajy Bär, ur-, vur- schlagen, schießen, ur-ma-dan „bevor getroffen hat“, „ohne daß ... getroffen hat“, pust pustyn Fell eines Tieres, sat- verkaufen.

ايويى اورمادن پوستنى صاتمه.

22. Für ein Dorf, das sichtbar ist, wünscht man keinen Führer: görünen köjje kylaguz istemez: gör-ün-gesehen werden, köj Dorf, iste- wünschen. iste-mez er wünscht nicht.

كورونن كدىيه (كويه) قلاغوز ايستمز.

23. Der schlafenden Schlange tritt nicht auf den Schwanz: ujujan jylanyñ kojruguna básma. uju- schlafen, kojruk Schwanz, D. von bas- „pressen, drücken“, abhängig.

اويويان ييلانك قويروغنه باصمه.

24. Mühe am Morgen ist besser als Vergnügen am Abend. Luxus führt zu Unglück, Einfachheit und Fleiß zu Glück: akšamyñ ḥajrinden sabahyñ šerri evla-dyr „des Abends sein Gutes“, ḥajr-i; Abl. abhängig von evla a. aula von valā verbunden sein mit, Freund sein a. ṣabāḥ Morgen, a. šarr Böses, hier im Sinne von: Arbeit, Plage.

اقشامك خيرندن صباحك شرى اولى در (اولادر).

25. Wer bis zum Ende bleibt, bleibt bis zum Frost. Wer zu lange bleibt, erlebt keine Freude von seinem Bleiben (seiner Zudringlichkeit): soña kalan doña kalyr. soñ Ende, kal- bleiben, doñ Eis, Frost.

صوكه قلان دوكه قلير.

26. Begnüg dich mit dem Erreichbaren: Schlag schnell dein Lager diesseits des Dorfes auf, das du nicht mehr erreichen konntest: jet-iš-eme-dij-iñ köj-üñ (köj-iñ) beri

jan-ynda jaty ver. jetiš- erreichen, Partz. Perf. des Un-
möglichkeitsmodus in Adj.-Stellung zu köj. beri diesseitig,
jan Seite „des Dorfes an seiner Seite", jat- zur Ruhe gehen,
sich hinlegen. Inf. auf i mit ver- bringen ist Modus der
Beschleunigung.

يتيمشه‌مه‌ديكڭ كويك بری بانده‌ باتی ویر.

Die Verurteilung von Vergehen und Lastern: 1. Sich an
dem Besitze der Armen zu vergreifen, gilt als besonders
schweres Verbrechen: Ruf nicht den Seufzer des Armen
hervor. Er steigt (aus sich schon) langsam auf: ál-ma
fukara-nyñ ahyn, čykar aheste aheste „Nimm nicht des
Armen Seufzer, er steigt langsam langsam auf", fukara
a. Pl. von fakyr, im T. zum Sing. geworden. ah Seufzer,
ah-y sein Seufzer, ah-y-ny wird zu ah-y-n seinen Seufzer
A. čyk- emporsteigen. p. ahistagi Langsamkeit, ahiste
t. aheste langsam, allmählich, stückweise: Das Verb čyk-ar
steht voraus, weil es betont ist.

آلمه فقرانڭ آهين چيقر آهسته آهسته.

2. Es liegt ein eigenes Verhängnis auf dem Bösen,
indem dies sich selbst zerstört. Die Bösen vollziehen
gegenseitig an sich die gebührende Strafe: den Ungläu-
bigen züchtigt der Gottlose: dinsiziñ hakkyndan imansyz
gelir: „Von dem Rechte des Religionslosen kommt der
Glaubenslose". „Kommen von einem Rechte" = das Recht,
die gerechte Strafe an jemandem vollzogen haben. dīn
Religion, ursprünglich: Recht, siz = ohne, hakk Wahrheit,
Recht, Rechtsanspruch, hakk-y-ndan von seinem Rechte,
iman a. Glaube, amina treu, sicher sein, gel- kommen.

دينسزڭ حقندن امانسز كلير.

3. Die Hinterlist rächt sich an ihrem Urheber: Wenn
du den Brunnen gräbst, grab ihn gemäß deiner Statur;
denn wenn du ihn für einen andern grübest, fällst du selbst
hinein: kujuju kazarsañ bojuñǧa kaz zira el ičin kazsañ
kendiñ düšersin. kuju-ju Brunnen. determinierter A.: den
für dein Haus erforderlichen Br. kaz- graben, boj Gestalt,
zira p. weil. ǧa = adv. Suffix: „nach der Art deiner Gestalt".

قويويى قازارسڭ بويكڭه قاز زيرا ايل ايچون قازسڭ كندڭ دوشرسين.

4. Das Böse hat keinen Bestand: Die Laterne des Schurken brennt nnr bis znr Schlafenszeit: hylebazyñ fenary jatsyjadek janar. p. hile List, p. baz spielend „Ränkeschmied“, fenār (griechisch) Lampe, jat-sy Nacht-Zeit, sy, su Richtung, Gegend, z. B. auch in čaršy Markt p. čihär-su vier Richtungen, vier Ecken = Marktplatz, jat- zu Bett gehen, untergehen (von Gestirnen), jan- brennen, dek außerhalb der Vokalharmonie. Andre Lesart: hilekjaryñ mumu jatsyja kadar janar. kjar machend, mum Wachs, Kerze. Statt hyle-kjaryñ findet sich auch jalanĝynyñ = des Lügners.

حیله‌بازك فناری یاتسی‌یه‌دك یٖنار

حیله‌كارك مومی یاتسی‌یه قدر یانار.

5. Wer sich im Zorn erhebt, setzt (legt) sich mit Schaden nieder: öfke ile kalkan zijan ile oturur. kalk- aufstehen, öfke, öje Zorn.

اوفكه (اوكه) ایله قٖلقٖن زیان ایله اوطٖورر (اوتٖورر).

Auf der andern Seite gilt: Zorn ist süßer als Honig: öfke baldan tatlydyr. bal Honig Abl., tat- kosten, probieren; erproben, tat-ma Geschmack, das Kosten, tat-ly süß, tat-ly-ly gezuckert (adv.), tat-ly-lyk Süßigkeit, angenehmes Benehmen, tat-ly-la-š-dyr- süß machen, tat-ly-la-š- süß werden, tat-ly-ĝa (tat-ly-ĝe: ĝe auch außerhalb der Vokalharmonie vokalisiert) ein wenig süß, tat-ly-ĝy Konditor, jemand der Süßigkeiten liebt, tat-la-n- süß, geschmackvoll werden, tat-syz-la-n- fade werden, tat-syz-lyk Geschmacklosigkeit, tat-ly-mysy süßlich. Das Adjektiv erhält die Bedeutung des Komparativs, wenn es mit dem Ablativ konstruiert wird („mehr als“ wird t. zu: „von weg“).

اوفكه بالدن طٖتلٖیدر.

6. Gedankenloses Handeln und unüberlegtes Sprechen sind unangebracht: mülahazasyz iš etmeniñ ve tefekkür etmeksizin kelam söjlemeniñ münasebeti jok-dur, a. laḥaża betrachten Inf. III, mülāḥaża aufmerksame Betrachtung, etmé Inf. von et-, tefekkür Inf. V von fakara denken, kelām Rede im latenten A. stehend, söjle- sprechen, söjlemé das Sprechen, sizin = siz „ohne“, a. nasaba eine Beziehung haben Inf. III die entsprechende, gute Beziehung. „Des

gedankenlos Handelns und des sinnlos Sprechens seine
(angebrachte) Beziehung ist nicht vorhanden". — Ein
lichtloses Auge und eine törichte Rede sind weder Auge
noch Rede im wahren Sinne. nursuz göz ve hikmet-siz
dil ikiside göz ve dil olmaz a. nūr Licht, suz = siz ohne
a. hakima weise sein, hikmet Weisheit, p. dil Rede; Herz,
iki zwei, iki-si-de „beide", si = sein, ihr, „sie beide nämlich".

ملاحظهسز ايش ايتمهنك وتفكر ايتمكسزين كلام سويلهمهنك مناسبتى
يوقدر
نورسز كوزو حكمتسز دل ايكيسيده دوز ودل اولماز.

7. Selbstüberschätzung: Der dumme Hund glaubt, er
erhalte etwas von dem Kuchen. kelbiñ ahmaky baklavadan
paj umar, a. kelb, kelp Hund. Bei der Anfügung von
Suffixen tritt die Verschärfung des Endkonsonanten nicht
ein, a. ahmak dumm, Steigerungsform aktal wie in ahmed.
kelp und ahmak sind kollektive Plurale wie auch der
deutsche Ausdruck: „der dumme Hund". Sie bezeichnen
die ganze Kategorie. baklava türkische Süßigkeit mit
Syrup oder Honig bereitet und in Rautenform geschnitten,
paj Anteil, Stück im latenten A., um- erhoffen „des Hundes
sein dummer = dümmster".

كلبك احمقى باقلوادن پ۔ى اومار

8. Der Vielfraß, der nicht arbeitet, dabei aber noch
Kulturwerte zerstört, findet sein Ebenbild in „dem Löwen,
der die Pferdedecke in der Wüste liegen läßt": čul čöle
haider verir „die Pferdedecke der Wüste der Löwe bringt".
čöl die Wüste, das gleiche Schriftbild wird auch čul =
Pferdedecke gelesen, a. haidar der Löwe.

جول چونه حيدر ويرير.

Die Unersättlichkeit des Vielfrasses schildert der Vers:
Das eine kaue, das andere verschlinge, das dritte halte in
der Hand bereit: birini čijne birini jut, o birini eliñde
hazyr tut, bir-i-ni „sein Eines", „eins von ihm" A., el-
iñ-de in deiner Hand, hazyr Partz. I von a. hadara zu-
gegen sein. jut und tut bilden Reime.

برينى چيكنه برينى يوت اوبرينى النده حاضر طوت.

9. Dreistigkeit: Vor was schämt sich der Schamlose? Auch wenn er einen groben Kittel anzieht, wiegt er sich (selbstgefällig und stolz) beim Gehn: arsyz neden arlanyr, čúlda gijse sallanyr a. 'ar Schande, Scham, ne-den „von was weg?" ar-la-n- sich schämen von 'ar abgeleitet, čul nicht nur „Pferdedecke", sondern „grobes Gewand", sallan- sich schaukeln ist oft gleich p. barāmīden stolz einhergehen gij- anziehen, tragen (Kleid).

عارسز نه‌دن عارلانير چولده كيسه صاللانير.

10. Wer schlechte Gewohnheiten hat, kommt nicht von denselben los. Entweder verendet er oder er irrt ab: hujlu hujundan vaz gelmez ja gebere ja jite. huj Naturanlage, Gewohnheit, Laster, huj-lu der Mensch mit schlechten Gewohnheiten, das Tier mit schlechten Anlagen, huj-u-ndan „von seinem Laster weg", vaz zurück, mit Verben: vaz ǧeč- und vaz gel- ablassen von, entsagen, geber- sterben, von Tieren gebraucht, gebert- töten, jit- verloren gehen. Beide Verba stehen im Konjunktiv („sodaß er zugrunde geht oder abirrt"), der die Form des Optativs hat. Sie könnten auch im optativischen Sinne übersetzt werden: „Er möge zugrunde gehen oder abirren".

خویلی خویندن واز كلمز يا كبره يا ييته.

11. „Auf jemanden der über die Grenzen seines Standes hinaus will, wird der Ausspruch angewandt: Paßt je in den irdenen Ölkrug eine Hyazinthe oder Lilie? hič toprak jaǧ bardaǧynda sümbül jahod zambak jakyšyrmy? hič in irgendeiner Weise, in negativen Sätzen: in keiner Weise, toprak Staub, hier adj. staubig, jaǧ Öl, bardak der Krug, jaǧ bardaǧ-y der Ölkrug („Öl sein Krug"), sünbül, sümbül Hyazinthe, sünbüle, sümbüle die Ähre, zanbak, zambak, auch zambak die Lilie, jak-yš- passen, gut stehen, würdig sein (jaka der Kragen), jakyš-dyr- passend machen, jemandem etwas beilegen: böjle bir müameleji baña jakyšdyryrmysyñyz? wollen Sie mir ein solches Benehmen beilegen, zutrauen? muamele Inf. III von a. 'amala handeln.

هيچ طوپراق ياغ بارداغنده سنبل ياخود زنبق (زانبق) ياقشيرمى.

12. Vernachlässigung der Geistesbildung straft sich: Wer das Wenige nicht kennt, kennt auch das Viele nicht: azy bilmejen čoǵúda bilmez. čok viel, čoǵ-u viel von ihm, „sein Vieles", latenter A.

آزى بيلمين چوغى ده (چوغيده) بيلمز.

13. Zu späte Reue schafft kein Geld: soñ püšmanlyk (pešimanlyk) akče etmez. soñ Ende, adj. spät, hier: zu spät. Der Vogel ist aus der Hand entflogen: kuš elden učdu.

صوڭ پشمانلق آقچه ايتمز. قوش الدن اوچدى.

14. Vor bösem Reden über andere muß man sich hüten: Der abgeschossene Pfeil kehrt nicht zurück: atylan ok dönmez. at-yl- geworfen werdend = geworfen worden seiend-Präsenspartiz. in Perfektbedeutung.

آتيلان اوق دونمز.

15. Wer vor kleinen Mühen flieht fällt leicht in große: Wer vor dem Regen flieht darf keine Furcht vor Hagel haben: jaǵmurdan kačanyñ doludan pervasy olmaz „des vor dem Regen Fliehenden seine Furcht vor dem Hagel ist nicht" = ol-maz, oft in der Bedeutung: kann, soll nicht sein jaǵ- regnen, jag-mur der Regen, perva Furcht, Rücksicht.

باغموردن قاچانك طولودن پرواسى اولماز.

16. Keine übermäßige Sorge: In das (zu sehr) behütete Auge fällt ein Stäubchen: sakynylan göze čöp düšer. čöp Stöckchen, Splitter, Schmutz.

صقنيلان كوزه چوپ دوشر.

Die Tugendlehre im Sprichwort: 1. Edelsinn und Tapferkeit müssen Hand in Hand gehen: aǵalyk verme ile dir, jijitlik vurma yla Vornehmheit beruht im Geben, Tapferkeit im Schlagen. „Die Würde eines Aǵa ist mit Geben, die eines Helden mit Schlagen", Wortspiel von „verme" und „vurma"; ile „mit" = a. bi „mit" etwas als Instrument = durch, auf Grund von.

اغالق ويرمه ايله در يكيتلك وورمه ايله.

2. Tapferkeit, Mannhaftigkeit (virtus), Kraft und Ausdauer sind bei einem kriegerischen Volke wie die

Türken besonders geachtet: Sei ein Mann und handle rücksichtslos: er ól-da baš jar „Sei nun (also) ein Mann, spalte den Kopf", er = erkek Mann, ol sei, da (unbetont) „auch", „nun", häufig fast pleonastisch gesetzt, jar- spalten; durchschreiten. kyl-y kyrk jar- „das Haar vierzigmal spalten" kleinlich sein, Haarspalterei treiben, baš im latenten A.

ار اول باش یار.

3. Was man nicht mit Gewalt erreichen kann, soll man durch Nachgiebigkeit zu erlangen suchen. Mit dem Hut in der Hand kommt man durchs ganze Land: Die Hand, die du nicht abhauen kannst, küsse und lege sie an deine Stirn (Zeichen der Unterwürfigkeit und Verehrung): kesemedijiñ eli öp-de alnyña ko. kes- abschneiden, kes-eme- nicht abschneiden können, kes-éme-dik Partz. Perf. el-i A. die Hand, öp- küssen, alyn die Stirne; auch ko-maly man muß legen.

كسه‌مه‌دیكك الی اوپ‌ده آلنكه قو (قوملی).

4. Der geistig begabte Mensch schöpft auch aus einfachen Dingen manche Anregung und höhere Kulturwerte. Dem Unbegabten bleiben diese auch in größeren Objekten verborgen: Dem Verständigen ist das Summen des Moskito Musik, dem Nichtverstehenden ist Trommel und Flöte wenig: añlajana sivri sinek saz, añlámajana davul zurna az. añla- verstehen, p. sarua Klarinette, t. zurna Flöte, sivri spitz, sivri bašly, sivri akylly von kurzen Verstande, t. „von spitzem = schmalem V.". davul a. ṭabl Trommel.

أكلاینه سیوری سینك ساز آ كلامه‌یانه طاول زورنه آز.

5. Der Erfolg der Geduld ist Heil: saber bašy selamet, a. sabr, t. saber, sabyr, mit et- Geduld üben = tehammül et- Inf. V a. ḥamala tragen, bašy „sein Kopf", Ende, Ergebnis, selamet F. ḳatālat salima heil, unversehrt sein, Rettung aus Gefahren, dieselbe F. ohne die Fem.- Endung at: selam = Friede.

صبر باشی سلامت.

Ein wenig Zufriedenheit bringt reichlichen Segen. az kanaat čok bereket. az wenig, ḳanā'atun Genügsamkeit,

a. ḳani'a sich zufrieden geben, a. barakatun Segen, Wohlfahrt, Glück.

آز قناعت چوق برکت.

Die Geduld hilft über viele Schwierigkeiten hinweg: Mit Geduld wird der Herling zu süßer Frucht und das Maulbeerblatt zu Atlas: sabr ile kuruk helva tut japraǵy atlas olur, a. sabr Geduld, a. helva von helu süß, japrak Blatt. Die Zucht der Seidenraupe ist im Oriente viel verbreitet. Schon von frühester Jugend an sind z. B. im Libanon die Leute mit deren Behandlung vertraut.

صبر ایله قوروق حلوی طوت یاپراغی آطلس اولور.

6. Ein edler Mensch muß sich von unschönen Handlungen frei halten auch wenn sie ihm befohlen werden. So weigert ein Diener sich, das von seinem Vater zum Tode verurteilte Mädchen (Horos kardas 44) zu töten, mit den Worten: Wenn die Leute einen Henker brauchen, warum muß ich es gerade sein?: aleme ǵellad lazym ysa, benim olmaklyǵym ne lazym. alem a. 'ālam die Welt, die Menschen, ǵellād Henker, a. ǵalada die Haut abziehen, né „was"? hier: „weshalb?" ol-mak-lyk zu sein, erweiterter Inf. Der Nachsatz heißt auch: benim neme lazym „für meinen Besitz — ne-m- ist es notwendig?".

عالمه جلاد لازم ایسه بنم اولمقلغم نه لازم (بنم نمه لازم).

7. Bescheidenheit: Es mag dir unbenommen sein, große Bissen zu essen, aber sprich nicht hochtrabende Worte (Ende der Fabel von der Katze und dem Kameel, Horten: Sprachlehre 164, 6): büjük (böjük) lokma je büjük söz söjléme, a. laḳima einen Bissen verschlucken, a. luḳma Bissen. zöz Singularform mit Pluralbedeutung d. h. kollektiver Plural. Auch ohne söz wird das Sprichwort überliefert: büjük söjleme sprich nicht groß. büjük ist dann adverbial gebraucht.

بیوك لقمه یه بیوك سوز سویله مه.

8. „Infolge des Sprechens dehnt sich die Rede aus, die Pein nimmt aber noch zu". Mit vielen Reden wird nichts erreicht: söjlemedén söz uzar artar emek. söjle-me

(Inf.) sprechen, -den bezeichnet die Ursache, uzak weit, uza-mak weit, lang sein emek Mühe, Ermüdung, art-emporsteigen, zunehmen, art-dyr- zunehmen lassen, auch artyr- arttyr-; art-yl- zunehmen.

سویلدمدن سوز اوزار آرتار املك.

9. Die wahre Tugend sieht nicht auf äußeren Prunk. Ein tüchtiger Kerl schläft unterm Hirtenmantel: kebenek altynda er jatar. kepenek, kebenek Wettermantel der Hirten. alt-y-nda „in seinem Unterhalb“, unter ihm, er der Mann, jat- ruhen. Den gleichen Inhalt haben die Verse: ḫāk ičinde dürr u ǵevher bulunur, kepenekde dilir er bulunur, „Im Staube werden Perlen (dürr ü ǵevher Paarausdruck, „kollektiver“ Pl.) gefunden, unter dem Hirtenmantel ein Held“. but-un- gefunden werden, vorhanden sein.

بینك التنده ار یاتار. خاك ایچنده در وجوهر بولنور کپنکده دیلیر ار بولنور.

Die wahre Tugend ist selbstlos: Tu das Gute und wirf es ins Meer: ejilik et deñize at. et und at bilden ein Wortspiel. eji-lik Güte, im latenten A.

ایبیلك ایت دكزه آت.

Die Lebensgüter im Sprichworte: 1. Was versteht von Bildung, wer nicht zur Schule gegangen ist (geht)? Setzest du einem Esel eine goldne Mütze auf, Esel bleibt doch Esel, mektebe git-me-jen ne bilir edeb; merkebe altyn kulah gej-dir-señ, jine merkeb-dir merkeb; mekteb von a. kataba schreiben, ma, me vorgesetzt bildet Ortsbezeichnungen, a. ma-ktab Ort des Schreibens, t. mekteb, -e D.-Suffix, das Ziel der Bewegung steht im D., git- gehen, giden gehend, t. wird zu d, substantiviert: der Gehende, negiert: git-me- nicht gehen, git-me-jen wer nicht geht, substantivisch gebraucht, bil-ir Aorist, edeb latenter A. „was weiß er Bildung“, ne mit adj. auch Ausruf, né güzel wie schön! ne haget „welche Notwendigkeit“, nämlich: noch neue Beweise zu bringen = „ist dies nicht einleuchtend!“ auch in dem Sinne: „hier ist noch ein neuer

Beweis (der eigentlich nicht mehr erforderlich wäre)" ...
né gjona von welcher Art = né durlii, t. gjona, gjon, p.
gun Farbe, Art, guna - gun bunt, a. laun „Farbe" und
„Art", ne zeman = ne vakyt wann? „welche Zeit?" ne
edeb (welche Art und) welches Maß von Bildung, mit dem
Bedingungssuffix am Verbum wird ne verallgemeinert: her
ne ol-sa was auch immer eintreffen mag, neme lazym was
bedeutet dies für mich, ne-m was ich besitze, D. ne-m-e
für das was ich besitze, lazym a. Partz. I „notwendig";
„anhaftend". ne-ǵe in welcher Sprache, -ǵe an den Namen
eines Landes gefügt bedeutet die betreffende Sprache, p.
küläh die Mütze, der Hut, gej- etwas anziehen, -dir bildet
Kausativa. Da zur Bildung ein Abschluß des Schul-
besuches erforderlich ist, hat das Partz. des Präsens hier
eine Bedeutung, die dem Perfekt nahe kommt.

مكتبه كيتمه يين نه بيلير ادب . مر ديبه ألتون كلاه كيدرسك ينه مر كبدر
مر دب .

2. Auf dem gegenseitigen Vertrauen ist das Leben
zum Teil gegründet: Das Vertrauen darf man nicht täuschen: emanete ḫyjanetlik olmaz. emanet-e Treue, Sicherheit, D. a. ḫāna betrügen, ḫyjanet Betrug, F. ḳitālat.

امانته خياننتلك اولماز .

Die *Heimat*, der heimatliche Boden geben dem Menschen Lebensmut und Freude am Wirken: Die Abwesen-
heit vom heimatlichen Herde macht das Leben des Menschen faulen. ǵurbetlik insanyñ ömrünü čürüdür, a. ǵa-
raba in die Fremde gehen, untergehen (von den Gestirnen),
ǵurbet Zustand des ǵarib, des Fremden, das Weilen in
der Fremde, ömür Leben, ömrü sein Leben (der Hilfsvokal
des N. tritt bei vokalischen Ansätzen nicht auf), ömr-ü-
nü A., čürü-k faul, čürü- faulen, čürüt- faulen machen,
čürü-d-ül- verwirrt, widerlegt sein, čürüklük Fäulnis.

غربتلك انسانك عمرنى چورودر .

Das natürliche Recht jemandes, seine elementarsten Rechtsansprüche kleidet man in die Worte: Wie die
Milch deiner Mutter soll es unverwehrt sein: anañ südü

gibi halal olsun. ana die Mutter, andere Lesart: ana-synyñ seiner Mutter, süd Milch, a. ḥalla auflösen, das Verbot aufheben, erlauben, halal Erlaubtsein.

ازك (انٔاسنك) سودى كبى حلال اؤلسوٮٔ

Das soziale Zusammenleben ist (nach bekanntem griechischen Ausspruche, der in die islamische Gedankenwelt übergegangen ist) ein natürliches Streben des Menschen als eines vernünftigen Wesens: Der Berg gesellt sich nicht zum Berge, aber der Mensch zum Menschen. daġ daġa kavušmaz, insan insana kavušur. kavuš- sich berühren, zusammenstoßen, kavuš-dur- (kavuš-tyr-) verbinden (auch bekanntes französisches und persisches Sprichwort).

طٔغ طاغه قاؤشمٔاز انسان انسٔانه قاؤشٔر

Der Mensch ist dem Menschen keine Last und die Seele für den Körper kein Eigentum, dauernder Besitz. bu „dieser‟ bezieht sich wie a. haḏa auf die vergänglichen Dinge der sublunarischen Welt, a. malaka besitzen, mülk unbestreitbarer Besitz, ten Leib, dejil doppelt gesetzt — Parallelismus der Satzteile. jük Last.

اِنسٔان انسٔانه يؤك دكل جان بؤتنه ملك دكل.

Der Verstand wird als reale Macht in der Welt gepriesen: In der Welt ist der Verstand Reichtum. Nachdem jemand Wissen erworben hat, wozu braucht er dann Reichtum? dünjada mal akyl-dyr kišiniñ huneri oldukdan sonra mal ne lazym? dünja-da „in der Niedrigen‟ = in der sublunarischen Welt, mal Vermögen, kiši Mann, Mensch, hüner-i seine Schlauheit, seine Weisheit, ol-duk-dan „von dem Gewesensein‟ = nachdem gewesen ist hier als Inf. Perf. zu var es ist vorhanden, ich besitze = „wenn er Weisheit besitzt‟, soñ-ra „am Ende‟ = nachdem, né = was? = wozu? lazym a. lazim notwendig. Im ersten Satze erwarten wir die Umstellung von Subjekt und Prädikatsnomen: akyl maldyr. Auch in der a. Literatur läßt sich diese Umstellung als häufig nachweisen.

دنياده مال عقلدر كيشينك هنرى اولديقدن صوكره مٔل نه لازم.

Mit einem Gelehrten Steine zu tragen ist besser als mit einem Toren zu Tische zu sitzen: ǧahil ile zyjafete

gitmeden alim ile taš tašymasy ahsen-dir. ǧahil Partz. I
von a. ǧabila unwissend sein, a. ḍāfa Imperfekt: jaḍīfu
Gast sein, ḍijāfatun t. zyjafet Festmahl, Gastmahl; der
D. ist von git- „gehen“, abhängig, git-me-den „von dem
Gehen“, abhängig von ahsen: besser „als das Geben“, alim
Partz. I von a. ʿalima Wissen, taš- überströmen, fliegen,
tasy- Steine tragen von taš Stein, a. ḥasuna schön sein,
ahsen F. aḳtal Steigerungsform: schöner, besser. Für
unsere Auffassung pleonastisch ist das pronominale Suffix
von tašy-ma-sy „sein Steine-Tragen“.

جاءل ايله ضيافتنه كيتمهدن ءلم ايلى ضاش طاشيمهسى احسندر.

Über die Freundschaft: Bei Geldangelegenheiten hört
die Freundschaft leider oft auf: Mit deinem Freunde iß
und trink, aber mach kein Geschäft, treib keinen Handel:
dostuū ile (yla) je ič alyš veriš étme. Die einfache Nebenordnung ersetzt dem Türken sowohl das deutsche „und“
(je ič iß und trink“) als auch das: „aber“ al- nehmen,
kaufen; al-yš S.-Bildung und Inf. ver- geben, bezahlen,
ver-iš das Zahlen, Paarausdruck in der Bedeutung: Handel.

دوستنك ايله به ايچ آليش ويريش ايتمه.

Aus den Augen aus dem Sinn: gözden uzak olan gö-
ñülden irak olur: „der von dem Auge — kollektiver Pl. —
fern Seiende, ist von dem Herzen fern“.

كوزدن اوزاق اولان كوكلدن ايراق اولور.

Freundschaft bemiß zentnerweise, das Geschäft lot-
weise: dostluk kantar yla, alyš veriš miskalyla. dost
Freund, kantar Zentner. al-yš ver-iš kaufen und bezahlen, nehmen und geben, Paarausdruck für: Geschäft.
Ein verbum finitum fehlt.

دوستلق قنطار ايله آليش ويريش مثقال ايله.

Was man in der Hand hält, ist ein sichererer Besitz
als das zu Erwartende: Das Ei von heute ist besser als
die Henne von morgen: bu günki jumurta jarynki tavuk-
dan eji dir. ki bildet ʿAdj. eliñdeki kitāb (auch kitap
gesprochen): das in deiner Hand befindliche Buch, šehir-
deki köjlü der Bauer, der sich in der Stadt aufhält.

dere kinaryndaki čičekler die am Bachesrande befindlichen Blumen.

بو كونكى يومرضه بارينكى طاووقدن (طاوقدن) ايودر.

Der nervus rerum: Was čyt čyt macht, ist das Schuheisen, was eine Sache bewerkstelligt, das Geld: čyt čyt eden nalča-dyr, iš bitiren akče-dir, a. naʻl Sandale. bit- zu Ende gehen, bit-ir etwas beendigen. nal-ča Diminutivum wie ak-če, doch hier ohne Vokalharmonie gesprochen, während in nal-ča die Harmonie der Vokale durchgeführt werden kann (neben nal-če!). Das doppelte dir entspricht dem syntaktischen Parallelismus des Türkischen.

چيت چيت ايدن نعلچه در ايش بتيرين آقچه در.

Unwerte im Menschenleben: 1. Unter der Torheit eines einzelnen haben oft viele zu leiden. Der Unschuldige wird oft mit dem Schuldigen bestraft: Was hat vom unverständigen Haupte der arme Fuß zu leiden [1]): akylsyz baš elinden ne čeker fakyr (sefil) ajak. akyl a. Verstand el-i-nden „von seiner Hand“ = von ihm aus, durch ihn, ček- ziehen; erdulden. sefil niedrig, arm. akylsyz bašyñ zahmet-i-ni ajaklar čeker   zahmet ček- Unruhe, Belästigung erdulden. Des törichten Kopfes Durcheinander   erdulden die Füße. Subjekt im Pl., Verb im Sing.

عقلسز باش الندن نه چكر فقير آياق. عقلسز باشك زحمتينى آياقلر چكر.

2. Der Sorgenvolle flieht den Kreis froher Menschen und vergräbt sich in sich: Einem sorgenvollen Haupte ist die Unterhaltung verwehrt: kajġyly baša sohbet haram. kajġu, kaiġy Sorge, kajġysyz sorgenfrei, froh, a. ṣaḥiba

---

1) Ebenso: „Einer schädigt tausend“ bir kišiniñ biñ kišije zareri var. kiši Person, Mann. „Von einem Bösen trifft neun Orte sehr großer Schaden“ bir kötünüñ dokuz mahalle ašyry zareri dokunur. kötü böse „eines Bösen …“, a. mahall Ort wo man absteigt, ḥalla das Gepäck losbinden, Halt machen, ašyry zu viel, sehr viel, ašyry dereǧe-de in allzugroßem Maße, gün ašyry „jenseits des Tages“ = alle zwei Tage, dokun- treffen, schlagen.

بر كيشينك بيك كيشى يه صزرى وار. بر كوتونك طقوز محله آشيرى صزرى طوتونر.

Gefährte sein, harām Verbotenes, a. ḥaruma verboten, der
Gottheit geweiht, unzugänglich sein.

فايغيلى باشه صحبت حرام.

3. Der treulose Freund und der Feind bilden ein
häufiges Motiv in Sprichwörtern: Das Wasser ruht bis-
weilen, der Feind aber ruht nie. „Das Wasser schläft,
der Feind aber nicht" su ujur düšmen ujumaz. uju- schlafen.
Der Aorist bezeichnet hier die gelegentlich auftretende
Handlung. Meistens ist das Wasser der Bäche und auch
der Seen in Bewegung. Nur gelegentlich und selten befindet es sich in völliger Ruhe. Der Feind schläft aber
niemals. Seine böse Natur übertrifft also noch die des an
und für sich schon unstäten Wassers. Die beiden Satzteile sind adversativ. Sie werden ohne besondere Kon-
junktion nebeneinandergestellt (Nebenordnung in der t.
Syntax). Die deutsche Adversativpartikel „aber" wird
also im T. durch Nebenordnung und paralleler Konstruktion beider Satzteile ausgedrückt. Das Zeitwort des ersten
Teiles ist im zweiten (wie das Zeitwort der Frage in der
Antwort) zu wiederholen.

صو اوييور دشمن اويومازز.

Trotz allen redlichen Strebens nach geistigen Gütern
dreht sich der große Trubel des Alltagslebens doch nur
um das Materielle: „Verdien, verdien und bring das Ver-
diente zum Kessel" kazan. kazan, ver kazana. Das Objekt von „ver" fehlt, da es sich aus dem Zusammenhange
ergibt - eine sehr häufige Gepflogenheit des t. Stiles.
kazan-a ist D. des Bewegungszieles.

قزان قزان وير قزانه.

Verwandtes besagt: Der eine Mensch ist dem andern
das Mittel zum Lebensunterhalte: insan insana sebeb dir.
sebeb a. Seil, Ursache, t. Nahrung, Ding.

انسان انسانه سبب در.

Die Vergänglichkeit des irdischen Besitzes wird oft betont: Die Güter der Welt bleiben in der Welt. Keiner
kann sie über das Grab hinaus mitnehmen: dünjanyñ maly

düenjada kalyr. dünja a. die „niedere‟ Welt, dana niedrig sein, nahe kommen, mal Vermögen, mal-ỵ, mal-i sein Vermögen, kal- bleiben.

دنيانك مالى دنيياده قاليير.

Es gibt wertlose Menschen, die nichts zuwege bringen, was andern oder der Allgemeinheit von Nutzen ist, und meistens ein nur materielles Leben führen. Sie werden mit dem Sprichworte bedacht, das vom Esel gesagt wird, der nicht arbeitet: Gebt ihm zu essen, deckt ihn zu, daß er schläft, und gebt acht, daß er sich nicht anzustrengen braucht: veriñ jesin örtüñ jatsyn beklejiñ ǵany č̇ỵkmasyn. ver = veriñ bring, gib, im T. ohne Objekt, da dies („etwas‟, „Speise‟ …) selbstverständlich ist, je-sin er soll essen, in direkter Rede ohne Verbindungspartikel angefügt. Es vertritt einen Nebensatz, den der T. gern vermeidet. örtü- bedecken, örtün- sich bedecken, jat-syn er soll schlafen, liegen, bekle- warten, aufpassen; in bekle-jiñ tritt der Hilfskonsonant j ein, weil sonst zwei Vokale zusammenkämen, ǵan-y seine Seele, čyk-ma-sỵn „er soll nicht hervorkommen‟, „der Geist kommt heraus‟ bedeutet zunächst „sterben‟, dann auch: čok zahmet u mašakkat ček- „viel Plage und Mühe erdulden‟ = schwer arbeiten, sich anstrengen.

ویرك یهسین اورتوك یاتسین بكلهیك جانى چیقمهسین.

Das *Glück* zu erlangen ist das letzte Ziel des Menschenlebens: Dein Glück ist auf deinem Haupte: devletiñ bašỵñda ỵmyš (imiš). devlet a. daulat Herrschaft, Macht.

دولتنك باشكده ایمش.

Überblick über die Partizipia und Gerundia.

Aus den vorliegenden Übungen an Sprichwörtern ist die große Bedeutung der Partizipia und Gerundia im Türkischen ersichtlich. Durch sie werden unsere Nebensätze wiedergegeben. In dieser Vermeidung von Nebensätzen liegt vielleicht der bezeichnendste Unterschied des Türkischen von den indogermanischen Sprachen. Daher ist es durchaus sachentsprechend, diesen Punkt der t. Sprache sich deutlicher vor Augen zu führen, zumal derselbe die Hauptschwierigkeiten derselben enthält.

Die Partizipia sind zunächst alle Adjektiva, stehen also unverändert vor dem Substantivum. Einige von ihnen können substantiviert werden. Dabei sind solche zu unterscheiden, die das Subjekt und andere, die das Objekt bezeichnen. Erstere sind die auf -an (en: jazan, jazmyš olan, jazaġak olan), letztere die auf -dik (jazdyk, jazmyš olduk, jazaġak olduk) und das des Futurs (jazaġak). Da bei dem Objekt, das sie ausdrücken, auch der Handelnde angegeben werden muß (als der „Besitzer" des Objekts, oder derjenige der mit dem Objekt in bestimmter Beziehung steht), können die Objektpartizipia nur mit Possessivsuffixen vorkommen. An ihnen kann man ihre Natur erkennen. Sie sind ihrem Wesen nach Substantiva (jazdyġym das von mir Geschriebene, mein Schriftstück, auch in Präsensbedeutung: was ich schreibe). Werden Substantiva zu Adjektiven, indem sie in die Adjektivstellung treten, so folgen sie darin der Gesetzmäßigkeit der Adjektive, daß sie keine Kasus- und Zahlbezeichnungen annehmen. Diese trägt nur das Substantiv. Sie unterscheiden sich jedoch auch wiederum vom reinen Adj. durch das ihnen beigegebene Pronomen. So bilden sie ein Mittelding zwischen Adj. und S. Dabei ist zu beachten, daß die Formen auf -dik auch Infinitive sein können. In bestimmten Kasusformen (mit oder ohne Pronomen) werden sie also zu Gerundien (Nebensätze der Zeit, Ursache usw. vertretend). In letzterem Falle stehen sie jedoch nicht in Adjektivstellung, sondern vor dem Verb. Alle drei Arten des Vorkommens können also mit Sicherheit unterschieden werden: 1. Als Substantiva nehmen sie Suffixe des Pl. und der Kasus an, 2. als Adjektiva stehen sie vor dem Substantiv und 3. als Gerundia haben sie bestimmte Kasusformen und Präpositionen („Postpositionen"). Am nächsten kommen sich Partizip und Gerundium in dem Lokativ der F. auf dik: sat-dyġ-ym-da = 1. in dem Gegenstande, den ich verkaufe, verkauft habe, und 2. in dem Umstande, daß ich verkauft habe, verkaufe, wenn ich verkaufe .... „in meinem Verkaufen“ fast gleich: sat-dyg-ym gibi sobald ich verkaufe, verkauft habe und sat-dyk-da als ich verkaufte, indem ich verkaufte, verkaufe (wenn das Hauptverb die erste Person hat, sonst je nach dieser Person: als er verkaufte, als du verkauftest ...). 1. benim satdygymda (satdygym šej-de) bir kusur jokdur in dem was ich verkauft habe ist kein Fehler. 2. ben malyñy (maliñi) satdygymda parañy veririm Wenn ich dein Eigentum verkaufe, gebe ich (dir) dein Geld (= sat-dykda; sobald ich verkauft habe = satdygym gibi). Mit den eigentlichen Gerundien ist eine so nahe Berührung nicht möglich. Das Hauptverb gibt hier den Fingerzeig ob: 1. Partizip, 2. Infinitiv (onuñ hasta oldugundan „von dem Umstande, daß er krank war“, haberim jogudu „hatte ich keine Kunde“) oder 3. Gerundium: (onuñ) hasta oldugundan infolge dessen, „weil er krank war“ — mit derselben Person im Hauptverb, „konnte er nicht kommen“ (= oldukdan, oldugu sebeb-i-nden sebeb-le, gihet-le, ičin; oldukdan sonra = nachdem er krank geworden war, ist).

Um in diese vielgestaltigen Verhältnisse Klarheit zu bringen, lohnt es sich, einen Überblick über das Ganze zu gewinnen. Alle Partizipia sind Adjektiva: 1. jaz-an, 2. jaz-ar, 3. jaz-dyk, 4. jaz-myš, 5. jaz-myš ol-an, (6. jaz-myš ol-duk), 7. jaz-agak, 8. jaz-agak ol-an, (9. jaz-agak olduk). Von diesen können einige zu Substantiven gemacht werden, und zwar einige im Sinne des Subjekt-partizips (die handelnde Person bezeichnend): die auf -an; 1. jaz-an, 2. jaz-myš ol-an, 3. jaz-agak ol-an. Das Perfektpartizip nimmt dabei die Bedeuteng des Aoristes an — andere im Sinne des Objektpartizips (den Gegenstand der Handlung, das direkte, indirekte und sogar von besondern Präpositionen abhängige Objekt bezeichnend): die auf dik und agak (nur mit Suffixen der Person, da bei dem Objekt der Handlung auch der Handelnde genannt werden muß. Die Art des Verhältnisses zwischen Objekt und Subjekt ist die des Besitzes: mein Geschribenes = das was ich geschrieben habe. Sie stehen in Adjektivstellung vor einem Substantiv, unsere Relativsätze vertretend, ohne Suffix des Pl. und der Kasus aber als selbständige Substantiva mit allen Suffixen): 1. jaz-dyğ-ym, 2. jaz-myš olduğ-um, 3. jaz-ağağ-ym, 4. jaz-ağak olduğ-um. Dadurch, daß jaz-dyk und jaz-ağak zugleich Inf. (des Perf. und Futurs) sein können, werden ihre Verwendungsmöglichkeiten noch vermehrt: jazdyğym 1. was ich geschrieben habe und 2. der Umstand, daß ich geschrieben habe. Letzteres mit Kasussuffixen ergibt uneigentliche Gerundia: jaz-dyğ-m-da indem ich schreibe, während ich schreibe, schrieb (als Partz.: in dem was ich geschrieben habe, schreibe), jaz-dyğ-ym-dan „von dem Umstande her, daß ich schreibe“ = infolge dessen, daß ich schreibe (als Partz.: aus dem was ich schreibe, schrieb — in Vergleich zu dem was ich schrieb . . .), jazdyğ-yma usw.; jaz-ağağ-ym-a „für den Umstand, daß ich schreiben werde“ = anstatt dessen, daß ich schreiben werde, jaz-ağağ-ym-da in dem Umstande, daß ich schreiben werde, jaz-ağağ-ym-dan deshalb weil ich schreiben werde, weil ich im Begriffe stehe zu schreiben. Der Ablativ gibt also ein ursächliches Verhältnis wieder: von her = auf Grund von. jaz-dyğ-ym gibi „mein Schreiben sobald als, wie“ = sobald als ich schreibe. Fällt das Pronomen fort, so ergeben sich Formen, die noch mehr als die eben aufgezählten die Natur des Gerundiums annehmen: jaz-dyk-da „in dem Schreiben“. Die Person ergibt sich aus dem Hauptverbum des Satzes: „als er geschrieben hatte — du geschrieben hattest — ich geschrieben hatte“, jaz-dyk-dan (soñra) „nach dem Schreiben“ (von her = zeitlich: nach) = nachdem er, ich geschrieben hatte — du geschrieben hattest, oder: habe, hat, hast — je nach der handelnden Person des Hauptverbs. (Möglich sind auch die gleichen Formen am Inf. des Futurs: jaz-ağak-da indem er . . . schreiben wird . . ., jaz-ağak-dan soñra nachdem er . . . geschrieben haben wird . . ., jaz-ağağ-ym-da indem ich schreiben werde usw.)

Für die Natur der einzelnen Formen ergibt sich also 1. jaz-an jetzt schreibend adj. und der Schreiber, beides: Subjektpartz. 2. jaz-ar oft schreibend (auch: „schreiben

könnend" ohne daß der Begriff „können" besonders bezeichnet zu werden brauchte, besonders im Pass.: jaz-yl-
an schreibbar —; jazan auch „schreiben müssend") nur
adj. Subjektpartz. 3. jaz-dyk a. adj. geschrieben habend
Subjektpartz., b. mit Pronomen des Besitzes: „das Geschriebene" von mir, dir … Subst. aber auch in Adj.-
Stellung, dann ohne Deklinationssuffixe: jaz-dyk-lar-ym
die von mir verfaßten Schriftstücke, nur Subst. als Objektpartz., c. mit oder ohne Deklinations- und Personalsuffixen:
Inf. Perfekt., d. mit beiden Arten von Suffixen: uneigentliches Gerundium (im L. und Abl.), e. nur mit Kasussuffix
(nur L. und Abl.): Gerundium (als Zwischenstufe zwischen
Inf. und Gerundium). (jaz-dyk olan theoretische Form.
jaz-dyk ol-duk theoretische Form). 4. jaz-myš geschrieben habend, Subjektpartz. adjekt. 5. jaz-myš olan a. adjekt.
schreibend, Subjektpartz., b. Subst. der Geschriebenhabende,
Subjektpartz. (6. jaz-myš ol-duk- Objektpartz. a. mit Suffix
der Person in Adj.-Stellung, b. dazu noch mit Kasussuffix,
reines Subst. nicht in Adj.-Stellung). 7. jaz-aǧak a. Subjektpartz. als Adj. schreiben werdend, b. α. nur mit Possessivsuffix: s. als Objektivpartz. aber in Adj.-Stellung,
β. mit Kasussuffix und Pronominalbezeichnung: Objektivpartz. als reines Subst., c. Inf. Futur, d. mit beiden Arten
von Suffixen: uneigentliches Gerundium (im Dativ: „anstatt
daß …", im Abl. „deshalb weil … im Begriffe steht",
Lokativ „indem er im Begriffe steht"), e. nur mit Kasussuffix ohne Bezeichnung der Person, theoretisch mögliche Formen: Lokativ: indem er … wird …, Abl.: „deshalb weil er (ich …) wird (werde)". 8. jaz-aǧak olan
Subjektpartz. als: a. adj. schreiben werdend, b. s. derjenige der schreiben wird. 9. jaz-aǧak ol-duk Objektpartz.
a. adjektiviertes Subst. nur mit Pronomen in Adj.-Stellung
(vgl. jaz-dyk, jaz-myš ol-duk), b. mit Suffix der Person
und der Deklination: Subst., (c. Inf. des zweiten Futurs:
das Geschrieben-haben-werden, vgl. jaz-dyk und jaz-aǧak
als Inf., d. als uneigentliche Gerundia und e. Halbgerun-
dium, Zwischenstufe zwischen Inf. und Gerundium vgl. die
Parallelformen oben).

Daß die Objektpartizipia S u b s t a n t i v a sind, zeigt sich besonders daran, daß sie wie die Infinitiva in Genitivverbindung treten können: jakub-uñ jap-dyg̃-y ev „das Haus, das Jakob baute" (bei Eigennamen kann auch das Genitivsuffix fehlen „des Jakob sein Gebautes, das Haus"). Ihre syntaktische Beziehung zum folgenden Subst. kann man daher als substantivisches Attribut bezeichnen, wie es z. B. in Zusammensetzungen von Hauptwörtern vorliegt kedi göz Katzenauge. Wie die Substantiva können also auch die substantivierten Partizipia als eigentliche Attribute verwandt werden.

Beispiele: olduǧu sein Inhalt (objektives Perfektpartz., das n ä c h s t e Objekt bezeichnend, mit Suffix, hat auch aoristische und präsentische Bedeutung), ne olduǧ-u-nu bil-ír-mi-siñ kennst du seinen Inhalt; olaǧaǧy seine Zukunft, was aus ihm werden wird. In Adjektivstellung (aber als Subst. mit Pronomen): etiñ olduǧ-u dolab der Schrank, in d e m (dies Pronomen fehlt im T.) das Fleisch ist, „des Fleisches sein Vorhandensein = der Ort, wo es vorhanden ist, der Schrank" (Objektpartz., das¡ e n t - f e r n t e Objekt bezeichnend), olduk (olan, olmuš) insan der Mensch, der gewesen ist (ist; Partz. als Adjektiv, Subjektpartz.). Das D a t i v o b j e k t: šimdi gitmekde ol-duǧ-um ev „das Haus, zu dem ich jetzt gehe" (oña wird hier ergänzt wie oben onda). Eine Präposition muß stehen, wenn das Verb eine solche erfordert und ihre Setzung für die Klarheit des Satzes wünschenswert ist, hakkynda oku-duǧumuz zat „die Person über die wir ... gelesen haben", okuduǧumuz nam „der Name den wir gelesen haben". Istambol-da olduǧ-um vakyt die Zeit, in der ich in K. war, in der Zeit, als ich in K. war. et kesdij-im byčak das Messer, m i t d e m ich Fleisch schneide, geschnitten habe (Bezeichnung des Instrumentes), gezdik - leri baǧ-če der Garten, zu dem sie (Sie) gegangen sind, jat-aǧaklary jatak das Bett, in dem sie (Sie) schlafen werden.

Aus der im (fragenden) Objektpartizip anklingenden direkten Rede und Frage kann also sogar ein Fragewort vorgesetzt werden: ne iste-dij-iñ das was du wünschst,

aus: was (né) wünschst du? ne de-dij-i-ni išit-sin er soll
hören, was jener sagt (was sagt er né der?). Das Hauptverb muß ein solches sein, von dem eine Frage abhängen
kann, ne var olduġ-u-nu (mevġud olduġuu) bilir er kennt
seinen Inhalt, sein Wesen (var pleonastisch). ne olaġa-
ġyny (ne olaġakdyr) bize söjle sag uns, was es sein wird
(was wird es sein?).

Die Subjektpartizipien und Objektpartizipien sind vor
allem zu unterscheiden. Liegt eine Form auf dik mit
Pronomen vor und steht diese in A d j e k t i v s t e l l u n g
zu einem Subst., so kann es sich nur um ein Objektpartz.
handeln. Man sucht also das nähere oder entferntere Objekt des entsprechenden Verbs (oku-duġ-um: das w a s …
ich gelesen habe) und bringt es mit dem im Pronomen an-
gegebenen Subjekte in einen Relativsatz. Dieser hat das
folgende Subst. zu bestimmen. Außerhalb dieser Adjektivstellung wird es sich meistens um einen Inf. mit Pronomen,
also ein Pseudogerundium handeln, wenn nicht ein sub-
stantiviertes Objektpartz. aus dem Zusammenhang gefor-
dert wird. 1. oku-duġ-um kitab bu dur. Hier liegt eine
Adj.-Stellung des Partz. zu kitab vor. okuduġnm kann
also h i e r kein Inf. (der Umstand, daß ich gelesen habe,
mein Gelesenhaben) sein. So bleibt noch das Objektpartz.
übrig: das Buch, d a s (Objekt) ich gelesen habe, ist dieses.
Subjektpartz. wäre z. B. okuduk adam der Mann, der
(handelnde Person) gelesen hat, oder okumuš und (auch
substantiviert) okumuš olan. 2. orada eli kurumuš olan
bir adam varydy. olan kann nur Subjektpartz. sein, das
hier Adj. ist, weil es vor einem s. steht. Das Subjekt
dieses Partz. kann ein anderes sein als das des Verbs.
Hier ist es el-i: „Ein Mann, dessen Hand verdorrt (kuru-
trocken werden) war, war hier". 3. Ganze Sätze können
in dieser Weise in Adjektivstellung gebracht werden: hyz-
met-kjar-y čaġyr-aġak olan adam kim dir? Subjektpartz.
der Mann, der den Diener (hyzmet a. hidmat Dienst, kjar
tuend, Arbeit) rufen wird (zu rufen im Begriff steht, rufen
k ö n n t e …), wer ist er? 4. korkaġak bir šejjim jok-dur
ein Ding, vor dem ich mich fürchten k ö n n t e, gibt es

nicht (Objektpartz. = korkaġaġ - ym). Sein Objekt ist
ein indirektes — es würde im Ablativ stehen: vor ihm:
ondan — und ist ausgefallen. 5. Die indirekten Objekte
bilden bei den Objektpartizipien eine besondere Schwierigkeit, da sie oft in den verschiedensten Kasus ergänzt
werden müssen: gezdikleri baġče kajyn anamyñ-dyr der
Garten, in dem sie einhergingen, gehört meiner Schwieger-
mutter. Zu gezdikleri („ihr Gegangenes“) muß ein Objekt
gesucht werden. Dies ist der Ort, wo (Lokativ) das Gehen
ausgeführt wird. 6. Ein instrumentales Objekt ist zu ergänzen in: et kesdijim byčak nerede dir „Das Messer,
mit dem ich Fleisch geschnitten habe, wo ist es“. Zu
diesem Partz. gehören also zwei Objekte, das direkte und
das instrumentale. etiñ olduġu dolabda dyr = es ist in
dem Anrichteschrank, wo das Fleisch ist. olduġu („sein
Vorhandensein“) ist Objektpartz. Daneben könnte es auch
noch Inf. sein („der Umstand, daß es vorhanden ist“). Dieser
Fall ist aber hier ausgeschaltet, weil es in Adjektivstellung
steht. Daher muß ein Objekt zu ihn gesucht werden. olduġu mit direktem Objekte, ist eine mögliche Form:
„das was es ist, sein Inhalt“ (ol- als: „werden, sein“ aufgefaßt, das was es geworden ist, es bezeichnet auch die
Sitte, den Gebrauch). Hier ist ol- im Sinne des Vorhanden-
seins gebraucht, und dann ist das Objekt der Ort, wo
(Lokativobjekt) es vorhanden ist. Da es Substantiv ist,
kann es in Genitivverhältnis treten: „des Fleisches sein
Ort, wo es vorhanden ist“. Dieses Ganze ist nun Adjektiv
zu dolab. 7. getirmiš olduġum kahve finġany sofra üzerinde idi. almañyz oldûmu? Eine Kaffeetasse, die ich
gebracht hatte, war auf dem Tische (a. safara reisen sofra
tragbarer Reisetisch. Da der dunkle Vokal des Arabischen
ins Türkische hinübergewandert ist, schreibt man oft zu
ihm einen dunklen Konsonanten: ṣofra). Habt Ihr sie
weggenommen („Euer Wegnehmen ist es geworden?“ Umschreibung des Verbs mit dem Infinitiv; das Objekt „sie“
fehlt!). Zu ergänzen ist das direkte Objekt. 8. hasein
kalfanyñ baña söjlejeġek olduġu sözüñ ne olduġunu bilirmisiñiz? ḫair effendim ne dejeġejinden malumatym jokdur.

Kennen Sie den Inhalt (oldu͡gu „was es ist" direktes Objekt zu ergänzen, zur Verdeutlichung wird noch né „was" aus der direkten Rede hinzugefügt: né ol-du wird ne oldu͡gu) der Rede („des Wortes"), die Meister (kalfa) Husein an mich richten wird? (Neben dem Dativobjekt baña ist aus dem Partizipium noch das direkte Objekt herauszuschälen. söjlejeǧeji wäre gleichbedeutend, was die Antwort auf diese Frage beweist:) Nein, mein Herr! von dem, was er („dir" zu ergänzen) sagen wird (auch hier ist im Anklang an die direkte Rede ne = „was" hinzugefügt) habe ich keine Kenntnis („Kenntnisse" a. Pl. wird oft zu t. Sing.). „Des Wortes sein Inhalt" ist Subj. des ersten Satzes und zu diesem tritt die ganze Partizipialkonstruktion in das Verhältnis eines Adjektivs. Dabei ist dieselbe auch ihrerseits ein Genitivverhältnis, sodaß also ein Genitiv zum andern in Adjektivstellung steht. 9. ŝimdi oturdu͡guñuz ev das Haus, in dem Ihr jetzt wohnt. Das Perfektpartizip hat auch präsentische Bedeutung. Das Objekt desselben ist das lokative, „der Ort wo" .. („Jetzt euer Bewohntes das Haus"). 10. öjreneǧej-im (öjreneǧek oldu͡g-um, auch: ögren-) ders = die Lektion, die ich lernen werde („das was ich lernen werde, die Lektion"). 11. jat-a͡gak-lary jatak otdan ymyŝ Das Bett, auf dem (Objekt des Ortes) Sie im Begriffe sind (waren) zu ruhen, ist (war), wie ich vermute von Gras. „Das auf dem sie ruhen werden". 12. sen benim de-dij-im-i ḫatyr-dan čyk-ár-ma das was ich dir gesagt habe (indirektes: saña, und direktes Objekt sind zum Partz. zu ergänzen; sen gehört zum Verb) vergiß nicht (aus dem Geiste — ḫatyr Bewußtsein — laß nicht herauskommen). 13. aŝǧy sev-dij-iñ jemej-i piŝ-ir-eǧek dir der Koch wird die Speise kochen, die du liebst. sev-dik hat hier die Bedeutung des Aoristes, der mit dem Präsens wiedergegeben wird. 14. dün-ki jaz-myŝ oldu͡g-um mektub nerede dir wo ist der Brief, den ich gestern geschrieben habe. ol-duk macht aus dem vorhergehenden Partz. (jaz-myŝ) ein Objektpartz. (mit dem Pronom.), d. h. substantiviert es. Alleinstehend kann jazmyŝ nur Adj. sein. 15. söjle-dik-leri söz

bu dur das Wort, das sie gesprochen haben, ist dieses.
16. kazan-dyǧ-y para on ǧuruš-dur das Geld, das er verdient hat, beträgt zehn Piaster. kazan- gewinnen. 17. ol
hasta-nyñ ič-dij-i ylaǧ die Arznei, die dieser Kranke trinkt,
getrunken hat. „Dieses Kranken sein Getrunkenes“, dies
als substantivisches Attribut zu ylaǧ a. ʿilāǧ Kranken-
behandlung Inf. III t. Arznei. 18. ev-i-ni kira-la-dyǧ-
ymyz adam ol-müš-dür der Mann, dessen Haus wir mie-
teten, ist gestorben. Das Partz. umschreibt hier ein A.
Objekt = „sein Haus, das wir gemietet haben“. Dieser
ganze Ausdruck tritt als attributive Bestimmung zu adam.
19. jar-yn gedeǧejimiz (gedeǧek olduǧ-umuz) jol-u bil-ír-
mi-siñiz kennen Sie den Weg, den wir morgen gehen
werden? „Das was wir gehen werden“ wird in substanti-
vierter Form vor jol- gestellt. 20. Das Instrumentalobjekt
wird ebenfalls in dieser Weise umschrieben: effendi-niñ
jykan-dyǧ-y su das Wasser, mit dem sich der Herr ge-
waschen hat. „Des Herrn das mit dem er sich ge-
waschen hat“ substantivisch ausgedrückt. 21. Dasselbe gilt
auch von dem Orte, der auf die Frage wo steht: nasreddin hoǧa-nyñ otur-duǧ-u dal-y kes-di er schnitt den Ast
(dal) ab, auf dem Nasreddin saß „des Lehrers N. das
wo er saß“, dies attributiv vor dal- gestellt. hoǧa otur-
duǧ-u dal-y kes-di der Lehrer schnitt den Ast ab, auf
dem er saß. 22. gel-eǧek hafta bize gel-eǧek olan müsafir-
leri tanýr-mysyñyz? Kennen Sie die Gäste (die Reisenden,
Partz. III von a. safara reisen), die in der nächsten („der
kommen werdenden“) Woche (theoretisch richtig: hefte)
uns besuchen werden, „die zu uns kommen - werdenden“
Subjektpartizip. Durch olan kann dasselbe substantiviert
werden, gelegek olan - lar = die Menschen, die kommen
werden.

۱ اوقوديغم كتاب بودر.   ۲ اوراده اكى قورومش اولان بر آدم وار ايدى.
۳ خدمتكارى چاغورهجق اولان آدم كيمدر.   ۴ قورتهجق بر
شيئم يوقدر.   ۵ كزدكلرى باغچه قٔين آزامكدر.   ۶ ات كسديكم
بيچاق نرهده در.   اتاك اولديغى دولابدهدر.   ۷ كتيرمش اولديغم
قهوه فينجانى سفره (صفرا) اوزرنده ايدى.   آلمه كز اولدىمى.   ۸ حسين

قنفەنك بكا سویلەیەجەكاولدیغی سوزك نه اولدیغنی بیلیرمسكز؟
خبرافندم نه دییەجكندن معلوماتم یوقدر. ٩ شمدی اوطورديغكزاو.
۱۰ اوكرەنەجكم (اوكرەنەجك اولديغم) درس. ۱۱ یاتەجقلرى یاتاق
اوتندن ایمش. ۱۲ سن بنم دیدیكمی خاطردن چیقارمە. ۱۳ آشجی
سودیكك یكی پیشرەجكدر. ۱۴ دونكی یازمش اولديغم مكتوب
نرەدەدر. ۱۵ سویلەدەكلرى سوز بودر. ۱۶ قزانديغی پارە اون غروشدر
— ۱۷ اول خستەنك ایچجدیكی علاج. ۱۸ اوینی كرالاديغمز آدم
اولمشدر. ۱۹ یارین كیدەجكمز (كیدەجك اولديغمز) یولی بیلرمیسكز
۲۰ افندینك بیقانديغی صو. ۲۱ نصرالدین خواجەنك اوطورديغی
دالی كسدی — خواجە اوطورديغی دالی كسدی. ۲۲ كلەجك هفتە
بزه كلەجك اولان مسافرلرى طانیرمیسكز؟

Die *Gerundia* sind unkonjugierbare Formen des verbum finitum, die eine Nebenhandlung und zugleich ihre Beziehung zur Haupthandlung enthalten: jaz-yp nachdem er … geschrieben hat, er … schreibt und dann …, bei sich abwechselnden Vorgängen. bald schreibt er …, bald …, er … wechselt ab mit schreiben und …, auch bei parallelen Handlungen (Zuständen …): er … schreibt und …, er bringt seine Zeit zu mit Schreiben und …. Suffixe treten nicht an das Gerundium. Die Person und Zeit bleibt also unbezeichnet. Vom Infinitiv unterscheidet sich diese Sprachform durch ihre Eigenschaft als verbum finitum; denn sie hat keine substantivische Natur, noch läßt sie Präpositionen zu, — vom Partizipium durch ihre verbale Natur. Sie ersetzt einen Nebensatz. Neben diesen eigentlichen Gerundien gibt es noch uneigentliche, die dem Infinitiv näher verwandt sind und Präpositionen und Possessivpronomina zulassen. Sie sind im Grunde Nominative (jazdyǵy gibi), Lokative (jazdykda, jazdyǵynda, jazaǵakda, jazaǵaǵynda), Dative (jazaǵaǵyna) und Ablative (jazdykdan soñra, jazdyǵyndan, jazaǵaǵyndan, jazaǵakdan, jázmadan, jazmazdán) des Infinitivs (des Perfekts und Futurs) und des negierten Stammes (durch den Akzent von dem Infinitiv auf ma: jazmadán von dem Schreiben unterschieden) und sind den Infinitiven mit Präpositionen (jazmak üzere = jazmak ičin) gleichzusetzen. Mit den e i g e n t -

lichen Gerundien sind Pronominalsuffixe, Kasussuffixe und Präpositionen unvereinbar. Die Infinitive (und der negierte Stamm), die ohne Pronominalbezeichnung Nebensätze wiedergeben (jazdykda, jazdykdan, jazmadan), nähern sich durch dies Fehlen der Personenbezeichnung mehr den Gerundien als die mit Pronomina ausgestatteten Infinitive; denn als ein sehr bezeichnendes Merkmal des eigentlichen Gerundiums hat es zu gelten, daß an ihm weder die handelnde Person noch der Kasus ausdrücklich bezeichnet ist (durch Konjugationssuffixe oder Pronomina). Daher ist die Person des Gerundiums aus dem Hauptverb zu erschließen, sodaß jazyp bedeuten kann: nachdem er geschrieben hat, ... du geschrieben hast. ich geschrieben habe. Als eigentliche Gerundia haben daher zu gelten I. vom reinen Stamme jazyp, II. von Infinitiven a. dem auf i: 1. jaz-y-ġak, 2. jaz-y-nġa (dekliniert, also Zwischenstufe: jazynġa-ja kadar, -dek, -dejin). b. dem auf mek: jazmaġyn, c. dem auf dik: jaz-dykġa (jazdyk-dan soñra, jazdykda, Inf. Perfekt, jazaġak-da ... Inf. Futur mit Präpositionen ohne Pronominalsuffix sind Zwischenstufen) — III. von Partizipien a. dem auf a, Optativstamm 1. jaz-a jaz-a, 2. jaz-a-rak. 3. jaz-a-ly (dan beri, jazdy jazaly). b. alle übrigen Partizipia mit iken, c. dem des Aorist: 1. jazar jazmaz, 2. jaz-ar-ġasyna. So ergeben sich elf eigentliche Gerundien, viele Zwischenstufen (die sechs genannten und die zahlreichen Präpositionen mit den Infinitiven) und sechs uneigentliche Gerundien (N. D. L. Abl. von Infinitiven mit Pronominalsuffix). Die Wunschformel jaz-a-sy(ġa) könnte man als 12. Gerundium zu III a rechnen. Die Darstellung der Gerundien läßt sich also an die des Infinitivs anschließen, da sie von dieser logisch über die Zwischenstufen zu jener hinüberführt.

Die Form auf dik hat also folgende Bedeutungen. Sie ist:

1. 1. Pers. Pl. Perf. jaz-dyk wir haben geschrieben.

2. Subjektpartz. adj. jazdyk adam ein Mann der geschrieben hat (öfter jazmyš).

3. Subjektpartz. s. theoretische Form: jazdyk olan = jazmyš olan jemand der geschrieben hat.

4. Objektpartz. adj. jaz-dyǧ-ym kitab das Buch, das ich geschrieben habe. Es ist s. in adj. Stellung, kann keine andern Suffixe als die der Personen annehmen.

5. Objektpartz. s. jaz-dyǧ-ym das was ich geschrieben habe, darf wie 4. nicht suffixlos sein, kann aber alle Suffixe annehmen: die der Pers. und die der Deklination: jaz-dyǧ-ym-yñ dessen was ich geschrieben habe. jazdyklarym die Schriftstücke, die ich verfaßt habe, jazdyklar muß, weil von verbaler Bedeutung, eine Personenbezeichnung an sich tragen, poss. jaz-yl-dyk-lar-ym die von mir geschriebenen Schriftstücke.

6. Infinitiv des Perfekts, ist Substantiv und kann alle Suffixe und Präpositionen annehmen: jazdyǧym der Umstand, daß ich geschrieben habe: jazdyǧym-yñ etc. jazdyǧyñ des Schreibens etc. jazdykla durch Schreiben. jazdyǧymyñ meines Schreibens. Einige Formen dieses Infinitivs werden besonders aufgezählt als Pseudogerundia:

a. jazdyǧymda indem ich schreibe, geschrieben habe, schrieb Lokativ des Infinitivs mit Suffix.

b. jazdyǧymdan deshalb weil ich schrieb, schreibe, jazdyǧyndan weil er schrieb, jazdyǧymyzdan weil wir schrieben. Diese Formen mit doppeltem Suffix (der Person und des Kasus) stehen für Nebensätze, sind also den Gerundien verwandt, doch von diesen durch Personbezeichnung und Kasussuffix verschieden. Die Formen ohne Personalsuffix nähern sich schon mehr den Gerundien und die ohne jede Personen- und Kasusbezeichnung und nur mit Suffix z. B. ǧa zur Bezeichnung der Handlung (Vertretung des Nebensatzes) versehen, sind den Gerundien gleichzustellen.

c. Zwischenform zwischen Inf. und Gerundium: Lokativ: jazdykda als er schrieb, die Person ergibt sich aus dem Hauptverb: als ich schrieb, als du schriebst ..., ferner:

d. Abl. jazdykdan (deshalb weil ich du er schrieb, schriebst), nachdem er ... schrieb, und: anstatt zu schreiben.

e. Abl. mit Präpositionen: jazdykdan soñra nachdem er geschrieben hat, ... ich geschr. habe, ... du geschr. hast....

f. Mit Präpositionen: jazdyk üzere, ičin, ǧihet-le, sebeb-le um zu schreiben = damit ich du, er wir schr., jazdyǧa karšy gegen das Schreiben, jazdykdan dolaj betreffs des Schreibens = jazdyǧa göre.

g. Gerundium: jazdykǧa in dem Maße, wie er schreibt (schrieb, ... ich schreibe, ... du schreibst), je mehr ich (du er) schr. um so mehr ....

h. Gerundium mit iken: jazdyk iken (ohne Vokalharmonie) während ich, er schrieb (du schriebst). Da die beiden letzten Formen weder Personen- noch Kasusbezeichnung haben und die Bedeutung eines Nebensatzes enthalten (also für ein verbum finitum stehen), sind sie als eigentliche Gerundia anzusehen. Ähnlich wie die Formen auf dik sind die auf aǧak zu behandeln, wenn sie sich auch als Gerundia nicht in dem gleichen Umfange ausgestaltet haben.

i. jazdyǧ-ym gibi sobald ich schreibe (Pseudogerundium).

Die *eigentlichen Gerundia* sind nach der Formbildung geordnet:

1. jaz-yp geschrieben habend.

2. Infinitivbildungen jaz-y-ǧak unmittelbar nachdem er schrieb, geschrieben hat.

3. jaz-y-nǧa während er schrieb, schreibt.

4. jaz-maǧ-yn weil er schrieb (schreibt).

5. jaz-dyk-ǧa je mehr er schr. in dem Maße wie er schr.

6. jaz-a jaz-a beständig schreibend.

7. jaz-a-rak schreibend, indem er schreibt.

8 a. jaz-a-ly (dan beri)   } seitdem er geschrieben hat.
   b. jaz-dy jaz-a-ly

9. iken mit allen sieben eigentlichen Partizipien.

10. jaz-ar jaz-maz sobald als er schreibt.

11. jaz-ar-ǧa-syna sich stellend als ob er schreibt, sich stellend als ob er die Absicht habe zu schreiben.

12. jaz-a-sy (-ǧa) möchte er doch schreiben (geschrieben haben).

Zwischenstufen zwischen Infinitiv und Gerundium (sie haben Kasussuffixe, die bei den eigentlichen Gerundien fehlen) sind:

1. jaz-dyk-da als er schrieb, indem er schrieb (ich schr. . . .). -

2. jaz-dyk-dan weil (nachdem, anstatt daß) er geschrieben hat, schrieb (ich geschr. habe . . .).

3. jaz-dyk-dan soñra nachdem er . . . geschr. hat . . . .

4. jaz-aǧak-dan weil er (ich . . .) — anstatt daß ich schreiben werde (mit oder ohne ysa, ise anstatt).

5. jaz-aǧak-da indem er (ich . . .) schreiben werde.

6. jaz-aǧak-dan soñra nachdem er (ich . . .) geschrieben haben werde, im Begriffe ist zu schr.

(jaz-aǧaǧ-ym-a anstatt dessen daß ich schreibe.)

Pseudogerundia (neben den Deklinationssuffixen auch Pronomina habend) sind:

1. jaz-dyǧ-m-da indem ich schr.

2. jaz-dyǧ-ym-dan davon daß ich schreibe, deshalb weil ich schr.

3. jaz-aǧaǧ-ym-a anstatt dessen daß ich schreibe (als Gerundium empfunden, weil einen besonders gearteten Nebensatz ausdrückend).

4. jaz-aǧaǧ-ym-da indem ich schr. werde.

5. jaz-aǧaǧ-ym-dan weil ich im Begriffe bin zu schr.

6. Die Infinitive mit Präpositionen in großer Anzahl.

Inhaltlich (nach I. äußeren und II. inneren Beziehungen) geordnet sind die Gerundia folgende:

I. Die Zeit. a. *Aufeinanderfolge:*

1. jaz-dyk-dan (soñra) nachdem er geschrieben hat (jaz-aǧak-dan soñra nachdem er geschrieben haben wird), zurückliegende Handlung.

2. jaz-y-ǧak unmittelbar nachdem er schrieb.

3. jaz-yp er schrieb und gleich darauf . . . .

4a. jaz-a-ly(-dan beri) ⎰ seitdem er geschrieben hat
  b. jaz-dy jaz-a-ly ⎱   (ich . . . habe . . .).

Die Handlung kann weit zurückliegen, aber auch bis an die Gegenwart reichen.

5. jaz-ar jaz-maz sobald er schreibt (bis zur Gleichzeitigkeit reichend).

b. *Gleichzeitigkeit.*

1. Partizipia mit iken: während er schreibt, schrieb, schreiben wird (alle Subjektpartizipia sind zulässig).

2. jaz-y-n-ġa während er schreibt (ich schreibe ...), schrieb ... (ġa bezeichnet die Art und Weise).

3. jaz-a jaz-a beständig schreibend.

4. jaz-a-rak indem er schreibt.

5. jaz-ar-ġa-sy-na sich stellend als ob er schreibe (schriebe).

II. Die Ursache und Bedingung.

1. jaz-maġ-yn weil er schreibt (schrieb ich ...).

2. jaz-dyġ-ym-dan weil ich geschrieben habe.

3. jaz-aġaġ-ym-dan weil ich im Begriffe stehe zu schreiben.

4. jaz-yp wenn ich geschrieben habe (schreibe, du schreibst, er schreibt ...).

Neben diesen Aussageformen besteht die Wunschform: jaz-a-sy(-ġa) möchte er doch schreiben (geschr. haben).

Das Gerundium auf -ip (ib) verdient wegen seiner vielfachen Bedeutungsausstrahlung noch einige Beachtung. Es bezeichnet zunächst eine Handlung, die fertig ist, indem eine zweite eintritt. otur-up jaz-yjorlar sie setzen sich und schreiben (dann), otur-up jaz-aryz wir setzten ... uns und schrieben, otur-up jaz-dyñyz ihr setztet euch und schriebet, otur-up jaz-aġaksyn du wirst dich setzen und (dann) schreiben. gelip gider er kommt und geht, gelip gitdi er kam und ging. Der Zeitabschnitt, der beide Handlungen trennt, ist ein geringer, so daß oft eine Gleichzeitigkeit vorliegt: kjöpek sev-in-ip kujruġ-unu sallamaġ-a baš-lar der Hund beginnt freudig (indem er sich freut) mit seinem Schwanze zu wedeln. Von dem zeitlichen Zusammenfallen entwickelt sich der Gedanke der logischen Gleichstellung. Wo wir also zwei gleich-stehende Begriffe mit „und" verbinden, z. B. lesen und schreiben, kann der T. den ersten durch dieses Gerundium wiedergeben: insan-yŭ ´hajvan-lardan fark-y oku-jup jaz-mak yla dyr der Unterschied zwischen Mensch und Tier liegt im Lesen und Schreiben (ile = durch, beruhend auf).

ujn-jup jat-ma gibi zevk u safa čok an-da dort gibt es
viele Wonnen- und Freuden (kollektiver Pl., auch als Paarausdruck aufzufassen und dann im Deutschen mit nur
einem Worte: „Seligkeit" wiederzugeben), z. B. schlafen
und träge liegen (kl. t. Sprachlehre 169, 4 unt.).

Aus dieser logischen Gleichstellung entwicklen sich
auch innerliche Abhängigkeitsverhältnisse, die wir mit
„indem" oder „wenn" ausdrücken: ezber-le-jüp ne jap-
ajym wenn ich auswendiglerne. was tue ich damit; indem (dadurch daß) ich etc. Auf diese Weise kann ein
kondizionales und sogar kausales Verhältnis zweier
Handlungen durch dieses Geruudium wiedergegeben werden.
Dementsprechend würde ezberlejüp bildim heißen: „weil
(indem) ich auswendig gelernt hatte, wußte ich es", oder
„als Folgerung aufgefaßt: ich lernte auswendig, sodaß
ich es dann wußte".

Die folgenden Übungen zu Pseudogerundien und Infinitiven sollen den Unterschied dieser Sprachformen von
den eigentlichen Gerundien und Partizipien dartun. Die
Infinitive mit pronominalen Suffixen und Kasusendungen
bilden eine Überleituug zu den eigentlichen Gerundien,
denen beides fehlt. Zwischen beiden vermitteln als Zwi-
schenformen Infinitive, die nur ein Kasussuffix aber kein
Pronomen tragen. I. 1. siziñ buraja geleǧej-iñiz-den baba-
myñ haberi joǧudu mein Vater hatte keine Nachricht davon, daß Ihr hierher kommen würdet („von Eurem hierher
Kommen-werden meines Vaters seine Nachricht war nicht
vorhanden"). Der deutsche Nebensatz wird durch einen
Inf. wiedergegeben, Prinzip der Vermeidung von Nebensätzen vgl. l. c. S. 39). 2. šagirdim ol-duǧ-uñuz-dan (olduǧu-
ñuz ičin, sebeb-i-le) weil Ihr meine Schüler (latenter Pl.) seid
(ičin auch: „zwecks, zu dem Zwecke um zu" mit dem Futurum). Der Abl. des Inf. Perf. ist den Präpositionen
sebeb-(i)-le = vegh-(i)-le = ičin gleich. 3. ver-éme-dik-leri
ičin (sebeb-den, sebeb-i-nden), veremedikleri-nden (dolaj)
habs olundular weil sie nicht bezahlen konnten, wurden
sie in Gefangenschaft gesetzt. „Ihres nicht Bezahlen-
könnens wegen." Inf. Perf. hat hier eventuell auch prä-

sentische Bedeutung. Auch dolaj eigentlich: betreffs, kann also einen kausalen Nebensatz vertreten. 4. šagirdler dersleri-ni söjle-jéme-dikleri-nden (söjlemej-e kadir oláma-dyklary sebeb-den) tekdir olundular = weil die Schüler ihre Lektion nicht hersagen konnten (nicht fähig — kadir — waren herzusagen), wurden sie bestraft (wörtlich: nicht fähig sein konnten). 5. gel-dij-ini gör-éme-dim ich konnte nicht konstatieren, daß er gekommen war (kam; präsentische Bedeutung) „Sein Gekommensein (Kommen) konnte ich nicht sehen". 6. jaryn ben gel-dij-im-de her iši bit-miš görmek isterim wenn ich morgen komme („in meinem Kommen"), wünsche ich alle Arbeit fertig zu sehen. Der Inf. umschreibt als Pseudogerundium einen Nebensatz der Zeit. 7. böjle kötü arka-daš-lar yla (ile) gez-eǧej-iñe eji arkadašlar ile gez konuš = anstatt daß du mit so bösen Freunden gehst, geh mit guten (und) schließ dich (ihnen) an. Der Inf. Fut. mit dem Pronomen im D. stehend ist Pseudogerundium für den Nebensatz mit: „anstatt" („deinem Gehen-werden" . . .; der D. drückt hier mit dem futurischen Gedanken den Gegensatz: „anstatt" aus). 8. mektebde čan čalyn-dyǧ-y-nda her kes jer-ine jatar ydy = Als (sobald als) die Glocke in der Schule läutete, ging jeder an seinen Ort zur Ruhe („in ihrem Läuten" Umschreibung eines temporalen Nebensatzes). 9. Sobald ich die Summe, die dein Onkel mir schuldet, erhalten habe, werde ich meine Schuld bei dir bezahlen: dajyñda olan alaǧaǧ-ymy al-dyǧ-ym gibi saña olan vereǧej-imi vereǧejim. -da L. bezeichnet wie a. ʿalā bei Schulden die Person, zu deren Lasten die Schuld steht, der D. hingegen die Person, zu deren Gunsten sie ist. alaǧaǧymy Objektpartz. im A. aldyǧym Inf. Perf. als Pseudogerundium: „mein Empfangenhaben", gibi = sobald als, „wie", saña olan zu deinen Gunsten stehend, vereǧejimi das was ich geben werde, zu geben verpflichtet bin, d. h. meine Schuld. 10. siz-iñ sat-yn al-dyǧ-yñyz-yñ hysab-y-ny (hisabini) baña ver-iñiz Objektpartz. bringt mir die Rechnung von dem, was Ihr gekauft habt — bul-aǧaǧ-yñyz-y torba-ja ko-juñ legt das, was ihr finden werdet, in den (einen) Sack (D. des

Bewegungszieles). čoǧuǧ-uñ jaz-dyǧ-y-na bir de-jeǧej-iñiz vár-my? haben Sie Einwände zu machen gegen das, was der Knabe geschrieben hat? de-jeǧej-im das was ich sagen. einwenden werde. 11. sen-iñ bunu güzel-ǧe jap-aǧaǧ-yñ-a šübhe-m jok-dur Gerundium: daß du dieses gut ausführen wirst, bezweifle ich nicht. „Deinem Ausführenwerden mein Zweifel ist nicht vorhanden“ a. Šabaha II zweifelhaft machen. 12. sen kötü-jü (ji) jap-aǧaǧ-yña eji-ji jap anstatt dessen, daß du das Böse tust, tu das Gute. „Deinem das Böse Tunwerden“. Dieser D. in der Bedeutung von: anstatt ... s. oben No. 7. 13. ben mal-yñ-y (maliñi) sat-dyǧ-ym-da para-ñ-y ver-irim sobald (wenn) ich deinen Besitz verkauft habe, gebe ich (dir) dein Geld; aber als Partizip des Objekts: benim sat-dyǧ-ym-da bir kusur jok-dur in dem, was ich verkauft habe, ist kein Makel. 14. onuñ hasta ol-duǧ-u-ndan haber-im joǧ-udu davon, daß er krank war, hatte ich keine Kunde („von seinem Kranksein“). 15. valide-m hasta ol-duǧ-undan bura-ja gelémedi weil (dasselbe Pseudogerundium bedeutet im vorhergehenden Satze: davon daß ...) meine Mutter krank war, konnte er nicht hierhin kommen. 16. biz bura-ja geleǧej-imiz-den oraja gidéme-dik weil wir hierhin zu kommen im Begriffe standen (die Absicht hatten), konnten wir nicht dorthin gehen (git-).

١ سزك بورايه كله‌جككزدن باباملك خبری یوغیدی. ٢ شاكردم اولديغكزدن (اولديغكز ايچون سببيله وجهيله). ٣ ويره‌مدكلری ايچون.(سببدن سببندن). ويره‌مدكلرندن (طولای) حبس اولنديلر. ٤ شاكردلر درسلرينی سويله‌يه‌مدكلرندن (سويلمكه قادر اوله‌مادقلری سببدن) تكدير اولنديلر. ٥ كلديكنی كوره‌مدم. ٦ باربن بن كلديكده هر ايشی بتمش كورمك ايسترم. ٧ بويله كوتو آرقه‌داشلر ايله كزه‌جككه ايی آرقه‌داشلر ايله كز قونوش. ٨ مكتبده چان چالنديغنده هر كس يرينه ياتار ايدی. ٩ داييكده اولان الهجغمی آلديغم كبی سكا اولان ويره‌جكمی ويره‌جكم. ١٠ سزك صتون آلديغكزك حسابنی بكاويركز — بوله‌جغكزی طوربه‌يه قويك — چوجوغك يازديغنه بردييه‌جكككز وارمی؟ ١١ سنك بونی كوزلجه ياپه‌جغكه شبهه‌م يوقدر. ١٢ سن كوتويی ياپه‌جغكه ايی‌يی ياپ. ١٣ بن مالمی

صاتديغمده پاره كى ويريرم (بنم صاتديغمده برقصه‌ور يوقدر). ۱۴ اونك خسته اولديغندن خبرم يوغيدى. ۱۵ وانلدم خسته اولديغندن بورايه كلهمدى. ۱۶ بزبورايه كلهجكمزدن اورايه كيدهمدك.

Übungen zur Formenlehre und Stilistik.

Das ganze Gebiet der t. Formenlehre kann der Lernende sich erst aus einer umfassenden Lektüre sammeln. Auch die umfangreicheren Grammatiken bieten hier nur einen kleinen Auszug aus dem wirklich vorhandenen Sprachgute. Einige lehrreiche Besonderheiten mögen hier noch als Übungen Erwähnung finden als Vorbereitung zu der unentbehrlichen anderweitigen Lektüre: 1. her gün ikije münkasim dir: geǧe ve gündüz Jeder Tag ist in zwei (Teile, D., wie Objekt der Bewegung behandelt, das immer im D. steht) geteilt: Nacht und Tag. gün Tag erhält manchmal das alte Suffix düz. wenn mit geǧe zusammenstehend, auch in der Bedeutung: am Tage. dir wird gern mit den vorhergehenden Verbalformen zusammengeschrieben, während die auf j und h endigenden Worte die Suffixe als selbständige Schriftbilder anfügen:

هر كون ايكى يه (ايكييه) منقسمهدر(منقسمدر): كيجه و كوندوز(كوندز).

2. Im Frühling ist das Wetter sehr schön. Der Schnee beginnt in dieser Jahreszeit zu schmelzen: ilk behar mevsiminde hava ǵajet latyfdyr. bu mevsimde karlar erimeje bašlar. behar p. Frühling, ilk erster „der erste Frühling“, soñ-behar „der späte Frühling“ = der Herbst, mevsim Jahreszeit, generische Bestimmung, in Genitivbeziehung stehend: mevsim-i-nde „in seiner Jahreszeit“, hava a. Luft, ǵajet a. das Ziel, der höchste Punkt der Entwicklung, das höchste Maß, hier adverbial gebraucht, a. latufa freundlich, liebevoll sein, latyf F. ḳatīl kar Schnee Pl., während das Verbum im Singular steht. eri- zerfließen, abnehmen, hinfällig werden, eri-n- erschlaffen = üšen- träge sein (üš- = üšüš- zusammenströmen von der Menschenmenge). bašla- beginnen regiert den D., wohl als D. des Bewegungszieles aufzufassen.

ایلك بهار موسمنده هوا غایت لطیفدر. بو موسمده قارلر اریمکه باشلار.

„In den Wiesen, Feldern und Wäldern leben die Pflanzen von neuem auf" čajyrlarda tarlalarda (ve) ormanlarda nebatat jeñiden ǧanlanyr. čajyr Wiese, tarla Feld, orman Wald, a. nabata wachsen, nabatāt Pl. f. von nabata jeñi neu, ǧan Seele, davon das reflexive Verbum: gan-la-n- eine Seele bekommen, leben.

چایرلرده تارلالرده واورمانلرده نباتات یكیدن جانلانیر.

3. Bei parallelen Verben (d. h. solchen, die in demselben Satze sich auf das gleiche Subjekt beziehen) erhält nur das letzte die genauere Personenbezeichnung, während die andern in der dritten Person des Singular stehen. Ebenso kann bei parallelen Substantiven die Konstruktion so erfolgen, daß nur das letzte die genaue Zahl und Kasusbezeichnung erhält, während die übrigen im N. Sing. stehen: Die Bauern arbeiten auf den Brachfeldern, Fruchtfeldern oder Weinbergen: köjlüler kyr, tarla (ve) ja baglarda čalyšyrlar. köj Dorf, köj-lü der Dorfbewohner, kyr unbebautes Feld, tarla Feld, bag Weinberg.

كویلیلر قیر ترلا ویا باغلرده چالیشیرلر.

4. Das Gerundium auf ǧe bedeutet: in dem Verhältnisse wie, je mehr als: oku-duk-ǧa je mehr (länger) ich lese ..., in dem Maße als ich lese. Negiert bedeutet es: ohne daß ..., bevor: serinlemedikǧe bevor er sich abgekühlt (serinle-) hat, ohne daß es kalt geworden ist. — Das Partz. auf -miš kann auch präsentische Bedeutung haben: terle-miš wer geschwitzt hat und schwitzt. Der verneinte Modus der Notwendigkeit bezeichnet zunächst, daß die Notwendigkeit nicht vorhanden ist: er muß nicht, ist nicht gezwungen, sodann aber auch das Gegenteil der Notwendigkeit, das Verbot: er darf nicht ..., ič-meli er muß trinken, ič-me-meli er darf nicht trinken (zuerst: er ist nicht gezwungen zu trinken). terle-miš ol-an kimse serin-lé-me-dik-ǧe su ič-me-meli-dir = Jemand der in Schweiß geraten ist, darf kein Wasser trinken, bevor er sich abgekühlt hat. bazy ič-ki-ler syǧak bazylary sovuk ičilir. Das a. ba'ḍ, t. baz (ba'yz) „der Teil" wird mit dem Pronomen ausgestattet bazy, oft sogar mit dem doppelten: baz-y-sy: „sein Teil",

einige (von ihm). Das Eigenschaftswort bleibt als Adjektivum (vor dem Substantivum stehend) und als Prädikats-
adjektiv unverändert. Das deutsche: „man" kann durch
das Pass. wiedergegeben werden. ič-ki Likör, Trank.

ترلهمش اولان كيمسه سرينلمد كاجه (سرينلهمهد كاجه) صو ايتجمهليدر
(ايتجمهمليدر) بعضى (بعض) ايتجكيلر صيجاق بعضيلرى صوعوق
ايتجيلر.

5. Weil die Henne zu fett geworden war, hörte sie
ganz auf, Eier zu legen. (Schlußsatz der Fabel von der
Frau, die von ihrer Henne mehr Eier haben wollte und
sie deshalb überfütterte). Zu großer Geiz bringt Schaden:
tavuk zijadeğe semizlendijinden jumurtalamasyny büsbütün
kesdi. čok tama zarer getirir. tauk wird mit Hilfskonsonant zu tavuk die Henne. zijade a. Zunahme; Überfluß
t. oft adv.: zuviel (dem a. A. zijādatan entsprechend), ğe
Diminutivsuffix, auch adv. semiz fett, davon reflexive Verbal-
bildung: zemiz-le-n- fett werden, zemiz-le-n-dij-i-nden „weil
es fett geworden war", jumurta-la-má das Eierlegen. büsbütün Alliterationsbildung von bütün alle, ganz, kes- abschneiden, aufhören mit ..., ablassen von, čok viel, zu viel,
a. tama‘a begierig sein, a. ḍarar, t. zarer Schaden, im latenten A. stehend.

طاووق زبادهجه سميزلنديكندن يورطلامهسنى بسبتون كسدى. چوق
طمع ضرر كتيرر.

6. Löwe, Fuchs und Esel taten sich zusammen, um
auf die Jagd zu gehen: ava gitmek üzere arslan tilki (ve)
merkeb ittifak etmišler dir. av Wild, Jagd, D. der Bewegung, üzere = ičin zwecks. merkeb = ešek Esel, a.
rakiba reiten. ittifak Inf. VIII von a. vafiḳa überein-
stimmen, ittifak et- ein Übereinkommen treffen. ve „und"
ist für das t. Sprachbewußtsein überflüssig. Der Löwe
war mit der Beuteverteilung des Esels nicht zufrieden
und schlug ihn nieder. Dadurch gewitzigt, war der Fuchs
in der Bestimmung seines Anteils bescheidener: denn: das
Unglück, das einem andern zugestoßen ist, soll uns zur
Warnung dienen: baškasynyñ dučar olduğu felaket bize
ders olmalydyr. Das Pronomen von baška-sy „sein andrer"

„ein andrer als er“ steht für unser Sprachgefühl pleonastisch. Im Gegensatz zum folgenden biz-e „für uns“ ist
es mit baška-myz „der andre als wir“ „jeder andre“ unser
Nächster, unser Mitmensch, zu übersetzen. du-čar = p. du
čihär 2 zu 4 = unter vier Augen = zusammen, felek die
Himmelssphäre, die in ihrer Umdrehung die Geschicke bestimmt; davon die F. ķatälat ergibt t. feläket Geschick, besonders: Unglück, ders deres Lektion, ol-maly Nezessitativus.

آوه كنتمك اوزره آرسلان نييلكى ومركب اتفاق ايتمشلردر . . . باشقهسنك
دوچار اولديغى فلاكت بزه درس اوِلملى در.

Auf einem Steg, der über einen rauschenden tiefen
Bach führte, begegneten sich zwei Ziegen: čaġylty derin
bir sejl suju üzerinden nzatylmyš ejreti bir köprü üzerinde
iki keči birbirine rast gelmišler Dem S. werden alle Bestimmungen vorangestellt. Die große Anzahl derselben
stört den T. nicht. čaġylty Gemurmel eines Baches, čaġla-
murmeln (vom Wasser, Nachahmung der Natur) derin tief
a. sāla fließen, sail der Sturzbach, der nach starkem Regen
durch das Wadi fließt, uzat-yl- ausgedehnt werden, uzak
weit, lang, ejir-, ejör- spinnen (die Wolle), ejirt- Wolle
spinnen lassen, ejreti künstlich gemacht als Notbehelf,
fremd, gefälscht, ejreti kapu falsche Tür, ejreti sač falsches
Haar, ejreti diš falscher Zahn, birbir-i „der eine und der
andere“ einander, „sein Gegenseitiges“, rast direkt ent-
gegen. Die eine Ziege sagte der andern: kečiniñ biri öte-
kine dedi. keči-niñ „der Ziege“, kollektiver Plural: „der
Ziegen seine = ihre eine“, öte jenseits, dort. öte-ki dort
gelegen, wird fast mit baška der andere gleichbedeutend
gebraucht . . . . Sie kamen in Streit „verloren das Gleich-
gewicht, fielen in das Wasser und ertranken. Das Ende
vom Streit ist immer Untergang“: müvazeneji ġajyb edip
suja juvarlandy ve buġuldular: ynadġylyġyñ soñu dajima
(a. da’iman) fena-dyr, a. vazana wiegen Inf. III das Gegengewicht gegen etwas halten, genau abwägen, a. ġāba untergehen Partz. I a. ġā’ib untergehend, verloren seiend, edip:
gemacht habend, juvarla- etwas rollen, juvarlan- sich rollen,
fallen, buġ- erwürgen, buġ-ul- ersticken, a. ’inäd Hals-

starrigkeit Inf. von 'anada III streiten, a. fanija untergehen, fenā Vernichtung, bei den Mystikern: das Nir-
wana, t. auch adj.: schlecht. Die Personenbezeichnung
bei parallelen Verben findet nur am letzten statt („er
rollte und sie beide ertranken“).

جاغلتيلی دربین بر سیل صویی اوزرندن اوزاتلمش اكرتی بر كوپری
اوزرنده ايكی كچی بربرينه راست كلمشلر. كچينك بری اوته كنددیدی
... موازنه‌یی غتب ايدوب صویه یوارلاندی وبوغلديلر هنادجبلغك
صوكی دائما فنادر.

خواجه نصر الدين بر حكايه‌سی.

بر كيجه خواجه نصر الدين اويقوسنده كورمش كه كندوسنه طقسان
طقوز ليرا ويريورلر. خواجه‌ده یوز ليرا تمام اولمزسه قبول ايتمم (ايتمم)
ديور. او آرالق اویانمش باقش كه النده پاره یوق. بونك اوزرينه خواجه
تكرار كوزلرينی قپايه‌رق والنی اوزاتهرق صنزری یوق طقسان طقوز
اولسون ويردبيش.

Ein Schwank des Nasreddin. In einer Nacht sah der
Lehrer Nasreddin im Traume („in seinem Schlafe“), daß
man ihm neun und neunzig Goldstücke (Lira Pfund, libra
Pfund, Wage) geben wollte[1]). Nasreddin: „Wenn sie nicht
die volle Zahl von hundert Goldstücken ausmachen, nehme
ich sie nicht an“. Inzwischen wurde er wach und sah,
daß in seiner Hand nicht einmal[2]) ein Para war. Darauf
(infolgedessen) schloß Nasreddin nochmals seine Augen,

---

1) „sie geben“ eigentliches Präsens, weil mit gör-müš gleichzeitig.
Die Bedeutung ist: „sie wollen geben“, „sie sind daran zu geben“, „sie
bieten ihm an“. Die ursprüngliche Bedeutung von ver- „bringen“ tritt
hier wieder hervor: „sie bringen 99 Goldstücke herbei“. — Dem entsprechend steht auch im folgenden jok, wo wir im Deutschen war (jok
udu, joġudu) übersetzen. Diese Steigerung der Lebhaftigkeit der Erzählung, die die Ereignisse in die erlebte Gegenwart rückt, liebt der
Türke.

2) Dieser Steigerungsgedanke liegt in dem Worte Para (das kleinste
Geldstück), auch ohne daß er durch ein besonderes Wort ausgedrückt
wird. 18,44 Pfennige = 1 Piaster (ġuruš) und 1 Piaster = 40 Para.
1 Para = weniger als ¹/₄ Pfennig.

streckte seine Hand aus und sagte: „Es schadet nichts!
gib mir meinetwegen nur neun und neunzig Goldstücke“.

hoǵa Nasr-eddin bir hikjajesi. bir geǵe (Nacht) hoǵa
Nasreddin ujkusunda (uju- schlafen, ujku der Schlaf, ujku-
su-nda in seinem Schlafe) görmüš (Narrativus = gördü er
sah, er träumte, er sah im Traume), ki (daß) kendi-si-ne
(ihm selbst, „seinem Selbst“ D.) doksan dokus lira veri-
jorlar (sie bringen augenblicklich, man bringt, man gibt).
hoǵáda: „jüz lira (100 Goldstücke) temam (a. Vollendung,
im adv. A. zu denken: vollständig) ol-maz-sa (wenn nicht
ist), kabul étmem“ („Aufnahme mache ich nicht“, ich nehme
nicht an; das Objekt wird, weil selbstverständlich, ausgelassen) dejor (er sagt). o aralyk (ara zwischen, ara-lyk
Zwischenzeit, Zwischenraum) ujan-myš (er erwachte, Narrativus, ujan- wach werden) bakmyš („er schaute“, er er-
kannte, daß ...; das zu erwartende „und“ fehlt im T.)
ki elinde (el Hand, el-i-nde in seiner Hand) para jok. bunuñ (die Deklination von bu dieser wird mit dem Hilfskonsonanten n gebildet) üzerine („über“ üzer, üzeri, üzere;
wohl von öz Wesen, Mark und erı aus ara zwischen, üze-
rimde über mir, jer-iñ üzer-i-nde „der Erde in ihrem Oberhalb“ über der Erde, metaphorisch: wegen, zwecks, zeitlich: „während“) hoǵa tekrar (a. tekraran adv. A. nochmals, von neuem) gözlerini (göz-ler Augen, göz-ler-i-ni
seine Augen, A.) kapajarak (kapa- schließen, -jarak Suffix
eines Gerundiums: „indem er schloß“) ve elni (el Hand,
el-i-ni seine Hand, A.) uzatarak (uzat- weit, lang machen):
„zareri (a. ḍarar Schaden, Unglück, zarer-i sein Unglück)
jok! doksan dokuz olsun (ol- sein, ol-sun es soll sein, in
Parenthese zu denken in dem Sinne: meinetwegen, ich will
mich damit zufrieden geben, auch: wenigstens) ver“ demiš
(Der direkten Rede wird immer eine Form des Zeitworts
de- sagen angefügt, de-di er sagte, de-miš er soll gesagt
haben, dejip, deji, dejü sagend; Nasr-ed-din Sieg der Religion,
a. naṣr Sieg, naṣara siegen, el der Artikel, das l assimiliert
sich den d- und s-Lauten, statt el-din ist also eddin auszusprechen, dīn Religion, ursprünglich: Recht, das im Namen der Gottheit gesprochen wurde, also ein religiöser

Akt war, daher medīna Stadt als Ort, wo Recht gesprochen
wurde, me- bildet Ortsbezeichnungen).

kar-dan deha (zijade) bejaz weißer als Schnee „von
Schnee weg mehr weiß". Der Steigerungsbegriff erfordert
den Ablativ als Vergleichskasus. zijade von a. zāda zunehmen, zijada Zunahme, Überschuß, adverbialer A.: zija-
datan zu viel, zu sehr, noch mehr. az wenig wird dementsprechend mit dem Abl. zu: weniger als bu saat šundan
az güzeldir diese Uhr ist weniger schön als jene, ist nicht
so schön als jene. Wird das Adj. substantiviert und in
Genitivverbindung zum Substantiv gesetzt, so bedeutet es
den Superlativ ev-ler-iñ eji-si „der Häuser sein schönes",
si steht für leri: „ihr schönes" = das schönste Haus.
Dabei findet sich oft der kollektive Plural (d. h. der Sing.
in pluralischer Bedeutung): ev-iñ eji-si „der Kategorie:
Haus ihr schönes" = das schönste Haus. — Bei Wort-
verbindungen mit ve tritt das Suffix nur an das letzte
Wort: köpek ve kedim mein Hund und meine Katze;
tebrik u tehnietler Gratulationen.

Die Sprache der Unterhaltung.

Die angeredete Person bezeichnet man mit siz,
im gehobeneren Stile durch das pronominale Suffix leri
(sie) neben iñiz, dann die Substantiva: zat-yñyz, zat-lary,
zevāt-lary, zevat-lar-yñyz (doppelter Pl.), zat-lar-yñyz,
zat-y-šerif-iñiz, zat-y-šerif-leri, zat-y-aliñiz (a. ʿālī erhaben),
hakklary (ihr Recht), hakkyñyz, hakk-lary-ndaki Ihr ...
(das Ihnen Gehörige).

Lutf ediñ, baña haber veriñ Bitte geben Sie mir Nachricht von ..., siziñ bejanyñyzdan pek memnunum effendim
Für Ihre Erklärung danke ich Ihnen bestens. Sonst wird:
„ich" durch Bescheidenheitsausdrücke, „Sie" durch Worte
der besonderen Hochschätzung wiedergegeben: bende-ñiz
(kuluñuz) size bu günki gazeta-jy gönderijorum ich sende
Ihnen (auch: zat-y-aliñiz-e Ihrem erhabenen Wesen ...)
die heutige Zeitung, p. bende Diener = kul. bende-ñiz euer
Diener = ich, aġiz-iñiz (a. ʿāġiz Partz.) „euer Schwacher",
„euer Bescheidener, Demütiger" = aġiz-leri Ihr Demütiger

(hakk-y-agizāne-m-de betreffs meiner = hakkymda = meinetwegen „in meinem schwachen Rechte“, ağiz-ane schwach = demütig, taraf-y-ağizanemden meinerseits = „von meiner schwachen Seite her“, čaker-iñiz, čaker-leri („euer Sklave“), abd-y-ahkar-yñyz euer demütigster („verächtlichster“ a. ḥaḳara niedrig, verächtlich sein) Diener = ʿabd-y-ahkar-lary.

„Bitte sehr“ ich bitte: riğa ederim „Hoffnung mache ich“, temenni (a. tamannin Inf. V von manā bitten) ederim, am meisten gebräuchlich ist: bujuruñ. bujuruñuz. iltimas olunur („Bitten ist“ a. lamasa betasten, Geste des Bittens ist, den Bart jemandes zu streicheln Inf. VIII, Passiv der Bescheidenheit: „Streicheln wird“) kerem et- = ikrām et- (Inf. IV von a. karuma edel sein) = „erweis mir die Ehre“.

Keif-i-šerifleri násyl? Wie geht es Ihnen? tañri taalaja šükür Gott sei Dank gut (dieses „gut“ wird der bösen Vorbedeutung und des bösen Blickes wegen nicht ausgesprochen) — Mizāğ-y-alileri násyıdyr? Wie geht es aber Ihnen? (a. ʿālī erhaben Partz. I ʿalā hoch sein, a. mizāğ körperliche Mischung, Gesundheit, Befinden) — al-hamdu lillah „Gott sei Dank“ gut, sizi gördükden soñra deha eji Seitdem ich Sie sehe, geht es mir noch besser (a. ḥamd Lob, li- Dativ-Präpos., a. bišōfak mabsūṭ dadurch, daß ich dich sehe, bin ich glücklich), afijet olsun wohl bekomms! (nach Zusichnehmen von Speise und Trank) — Antwort: ömrüñ čok olsun effendim „Dein Leben soll viel sein mein Herr“ = Gesundheit. Jemandem, der eine Trauernachricht überbringt: čok esef etdim bašyñyz sağ olsun Mein herzlichstes Beileid! Euer Haupt möge gesund sein (zur Abwendung des bösen Omens) — Antwort: siz sağ oluñ, Allah sizlere uzun ömürler versin Mögen Sie gesund sein. Gott gebe ihnen ein langes Leben. Allah bizim biraderiñ ömrini sizlere bağyšlasyn Gott möge unseres Bruders (des Verstorbenen, dessen Tod man anzeigte) Leben Ihnen hinzugeben (Ihr Leben um das des Verstorbenen, der zu früh gestorben ist, verlängern).

Den Gruß „Guten Tag“ drückt der T. nicht mit dem Worte für „Tag“ oder „Zeit“ aus. Untürkisch und fremden

Einfluß verratend sind Ausdrücke wie: vakt-i-šerif-iñiz hajr olsun „Die Zeit eurer Hochwohlgeboren sei gut“ oder evkat-y-šerifiñiz hajr olsun (evkat Pl. von vakyt), vakytlar (t. Pl. von vakyt oder vakytlaryñyz) hajr olsun. Die bestimmten Tageszeiten sind vielmehr zu nennen: sabahlár hajr olsun guten Morgen (unser: „guten Tag“ vor der Mittagszeit), ahšamlár hajr olsun guten Abend (unser: „guten Tag“ im Laufe des Nachmittags) u. s. w.

Bejim effendim, jaryn siziñ ile görüšmeje gideǧejim Lieber Freund! morgen werde ich Sie besuchen („um mit Ihnen zusammenzutreffen gehen“, sizi görmeje git- visita et-, zjaret et- Sie zu sehen, zu besuchen) — Pek memnunuz effendim Besten Dank! jaryn da evimize tešrif edeǧeksiñiz (bizim ile görüšmeje geleǧeksiñiz) ise, hoš gelirsiñiz safa gelirsiñiz Wenn Sie mich morgen besuchen (beehren), sind Sie mir willkommen („zur Freude und zur Wonne kommen Sie“) — hoš geldiñ sefa geldiñ Willkommen! Antwort: bíz de hoš bulduk, safa bulduk Besten Dank für den freundlichen Empfang („Wonne und Freude haben auch wir gefunden“ bei Ihnen) — jaryn bizim evde kalaǧak ve sizi beklejeǧejim Morgen bleibe ich zu Hause („in unserm Hause“ = evimizde) und werde Sie erwarten. (Da beide Verba dieselbe Personenbezeichnung haben, wird das Personalsuffix nur dem zweiten angefügt, also statt kalaǧagym ohne Suffix: kalaǧak.) sizde inǧizab kuvveti var Sie sind sehr liebenswürdig (ǧadaba anziehen Inf. VII Angezogenwerden a. kuvvatu-linǧidābi die Anziehungskraft im physischen Sinne, kuvvetli kräftig).

„*Ich habe die Ehre*, Ihnen mitzuteilen“ size haber vermekle müšerref olurum (šeref Ehre Partz. II Pass. a. mušarraf), kesb (kesp)-i-fahr ederim („Gewinn des Ruhmes mache ich“ a. fahura berühmt sein), kesb-i-iftihár ederim (Inf. VIII von fahura), kesb-i-fahr u sena ederim (a. tanā Lob. „Erwerb von Ruhm und Ehre mache ich“) (šeref) tešrif buldum („Ehre habe ich gefunden“), mutešerrif oldum („ich bin geehrt worden“ šarafa V = Ehre empfangen), auch vereinfacht: iftihar ederim („ich mache ein mich Rühmen"), šeref-e najil ol- (die Ehre — D. — erlangen"). Jemanden ehren: müšerref bujur- („geehrt machen").

Redeweisen des Alltagslebens: ašk (a. 'išḳ) olsun = Bravo! pir-i-aškyna umsonst („für seinen Meister der Liebe" den mystischen Seelenführer, den Abt des Ordens oder Klosters, = ohne Selbstzucht; y = Suffix das sich auf die ganze Sachlage bezieht). keifim jerinde dejil „mein Befinden ist nicht an seinem, d. h. dem ihm zukommenden Orte" = ich bin krank. borǧum né dir „meine Schuld was ist sie!" Was habe ich Ihnen zu zahlen? — Nachgesetztes a آ verstärkt den Wunsch: baksañyza (باقسكزآ) Schauen Sie her! gelseñ-a komm doch her! (Bedingungsform im Sinne des Wunsches), bereket ver-sin ki = es ist gut, daß . . ., zareri jok. doksan dokuz lira olsun. ver: es schadet nichts. Meinetwegen (olsun) mögen es (nur) 99 Goldstücke sein. Gib sie (Ich bin schon damit zufrieden, wenn es keine 100 sind S. 152 f.).

Häufig steht, für uns unerwartet, der Pl. der Pronomina. Wir haben den Begriff des kollektiven Pl., den wir mit dem Sing. wiedergeben: „was wird er sagen?", während der T. an eine Vielheit von Einzeldingen denkt: neler dejeǧek welche Dinge wird er sagen? — neki istedim das was ich wünschte, nereje ki azimetimiz olursa wo auch immer unsre Reise hinführen wird. „sa" verallgemeinert.

In den *Antworten* wird das Verbum der Frage wiederholt: šöle bir šej vármy? var kuzum Gibt es solch ein Ding? Sicherlich mein lieber Freund („es ist vorhanden mein Lämmchen") oder vardyr Freilich! bakalym! wohlan! ich gehe auf deinen Vorschlag ein; gut! („laßt uns sehen"), olmaz ǧanym nein mein Freund! ničin olmaz? weshalb sagst du nein (weshalb soll es nicht möglich sein)? — jene (jine) olmaz trotzdem muß ich nein sagen (es bleibt unmöglich) — čok šej wie schlimm! (Das ist „eine große Sache"), amma siziñ ḫatyryñyz ičin olsun aber Ihnen zu Liebe soll es sein (will ich die Sache ausführen), ben sözünden vaz gečer adam dejilim ich bin kein Mann, der von seinem Versprechen zurücktritt.

Der Briefstil[1]) gefällt sich darin, den einfachen t. Satz (S. — O. — P.) durch U. (Umstände) und B. (Bestimmungen) zu einer ausgedehnten Periode zu entwickeln. Es liegt hier eine dem t. Sprachgefühle fremde Nachahmung persischer Kultur vor. Die Umstände, die den Inhalt des Briefes veranlaßten, Bedingungen, Ort, Zeit und Verwandtes beginnen das Schreiben. Dann folgt der Gegenstand desselben. Handelt es sich um eine Bitte, so steht diese gerne im Infinitiv, an den dann eine Formel der Bitte angeschlossen wird. Mit einem vielfach sehr formellen Ausdrucke der Ergebenheit schließt der Brief.

Die Anrede ist den Titeln des Adressaten entsprechend zu wählen, in gewöhnlichen Fällen: azizim effendim, aziz dostum = mein lieber Freund, yffet-lü ḫanym effendi, asymetlii ḫanym effendi sehr geehrte Frau, yffetlü ḫanym kyz (mademoiselle, mademvazel) sehr geehrtes Fräulein; formeller sind yzzetlii effendim hazretleri, seadetlü effendim hazretleri, an Vorgesetzte veli en-niam effendimiz hazretleri, atufetlii effendim hazretleri, kemal hurmetli (hormetli) effendim hazretleri . . . .

Der Brief selbst faßt gerne seinen ganzen Inhalt in eine grammatische Formel zusammen, wozu Partizipia, Gerundia und Infinitive die Möglichkeit bieten, z. B. „Dies . . . teile ich Ihnen mit. Indem ich Sie bestens grüße . . .“ wird türkisch: „Sein Vorhandensein indem ich mitteile gehe ich dazu über, Grüße darzubieten“ = olduğunu bejan ile arz-y-tahyjat-a ibtidar ederim (ol-duğ-u-nu sein Vorhandensein A. a. bejān Darlegung, ile mit, arz Darbringen, tahyjet Gruß Inf. II von a. ḫajj leben, Pl. tahyjat, ibtidar Inf. VIII von a. badara beginnen, herbeieilen zu . . .). „Ich bitte Sie, mich zu besuchen und grüße Sie hochachtungsvoll . . .“ wird im Türkischen: „Ihr mich Beehren seine Hoffnung, Bitte wurde gemacht zur Gelegenheit, Ihnen viele Grüße zu entbieten“: bende-hane-leri-ni tešrif bujur-ma-

---

1) Reiches Material auch in t. Kursive findet man in dem im Verlage von Groos (Heidelberg) erschienenen t. Konversationsgrammatiken von Jehlitschka und Hagopian und in dem „Deutsch-Türkischen Konversationsbuch“ von Connor und Bayer (Groos, Heidelberg 1907).

lary riǧasy arz-y-tahyjat-y-vafire-je zaria-jy-ittiḥaz kylyndy („das Haus Ihres Dieners“ statt hane-ji-bende-leri-
ni oder bende-leri-niñ hane-si A. tešrif Inf. II von a. šarafa
beehren, bujur-má- Inf. „(Ihr) Machen“, riǧa-sy die Hoffnung darauf, die Bitte darum, vāfir m. vafire f. reichlich,
a. vafara reichlich sein; der D. ist vom Folgenden abhängig: zaria Vorwand, Mittel etwas zu erreichen a., ittiḥaz
Inf. VIII von a. 'ahada nehmen, „zum Vorwande des Neh-
mens, des sich einer Sache Bemächtigens“, Pleonasmus,
kyl-yn-dy „es wurde gemacht“ Passiv der Bescheidenheit,
daß die Person des Redenden zurücktreten läßt, statt:
„ich habe gemacht“).

Die Schlußformel des Briefes ist eine Ergeben-
heitsbezeugung: „In jener Sache steht der Befehl meinem
Herrn zu“ ol bab-da emer effendim hazretleriniñ-dir („in
jenem Kapitel“ bab Tür; Abschnitt, Objekt der Verhand-
lung; a. amrun, amr, t.: emer, bei folgendem Vokale, wenn
ohne Pause emr-; durch den G. wird der Besitz und hier
das Berechtigtsein zum Befehle und zu selbständiger
Entscheidung der besprochenen Frage ausgesprochen), in
anderen Variationen: ol bab-da irade (emr u irade; Inf. IV
von a. rāda wollen, der Entschluß) effendim hazretleriniñ-
dir; ol bab-da ve her hal-da (halde „und in jedem Zustande“,
hal Zustand: „und immer“) emr n irade effendim hazretleriniñ-dir; baky (a. bleibend, der übrige ...) emr u irade
effendim hazretleriniñ-dir. Das p. fermān Befehl oder das
a. atyfet Liebe, Zuneigung tritt für irade ... oft ein. Auch
Ausdrücke der Hochachtung sind beliebt: „mit der
übrigen vollendeten Hochachtung entbiete ich Ihnen die
ausgezeichnetste Aufrichtigkeit“ = baky kemal-y-ihtiram
ile arz-y-ǧezil muhalasat olunur effendim (a. bakā bleiben
Partz. I bakin p. baki, t. baky übrig bleibend, kemal Vollkommenheit F. katāl von kamula vollkommen sein, ihtiram
Inf. VIII von haruma heilig, Gott geweiht, verboten sein,
a. 'araḍa von der Seite an etwas herantreten, darbieten,
t. arz, a. ǧazula groß, bedeutend sein F. katīl, a. ḥalaṣa
rein, aufrichtig sein, Inf. III muhalasa Freundestreue; arz
ol-un- die Darbietung wird vollzogen, Reflexiv in passiver

Bedeutung, Passiv der Bescheidenheit: „die Darbietung der größten Freundestreue geschieht“).

Grußformen und Unterschriften sind z. B. 1. tahyjat-y-halysa-jy-mühybbane-m-iñ mazher-i-husn-i-kabul bujurul-ma-syny temenni ederim Ich bitte Sie meine aufrichtigen Grüße entgegenzunehmen (tahyjat Grüße, halys m. halysa f. aufrichtig, a. F. kātil, mühybb, mühibb liebend, freundschaftlich, -ane- p. Adj.-Endung. -m- „mein“ geht auf tahyjat zurück, der G. -iñ auf den folgenden Inf. bujurulmasy „sein Gemachtwerden“ = „meiner Grüße ihr Aufgenommenwerden“, mazher, mazhar von a. zahara sichtbar werden bezeichnet den Ort, wo etwas erscheint, dann den Gegenstand, auf den sich eine Handlung richtet, den Empfänger einer Wohltat, hier einfach das Objekt. husn, hüsn, hüsün Schönheit, kabul Annahme „zum Objekt der Schönheit der Annahme“ = zum Gegenstande freundlicher Annahme, a. manā V tamannā wünschen, erbitten, Inf. t. temenni das Bitten). muhlis-yñyz Ihr ergebenster ... (muhlis Partz. IV von a. halusa = treu), mühibb-iñiz Ihr Freund = sadyk-yñyz = dost-uñuz = mühibb-i-sadakat-šiar-yñyz (šiar, šyar Kennzeichen, in Zusammensetzungen: „gekennzeichnet mit“ nach Art p. Partz. konstruiert a. ša'ara wissen, sadakat Freundschaft, a. saduka treu sein, sadakat-šyar- „mit Freundschaft gekennzeichnet“), an samim al-kalb vefakjar-yñyz Ihr aufrichtiger Freund (a. 'an = von her, samīm Grund, Inneres, kalb Herz „vom Grunde des Herzens“, vefā Treue, Erfüllung des Versprechens, -kjar- ausführend, vefa-kjar Treue pflegend), sadik (sadyk, syddyk)-y- meveddet-perver-leri „der Liebe pflegende Freund Ihrer Person“ (meveddet Liebe von a. vadda lieben, perver pflegend, verehrend, ursprünglich: „ernährend“ = Ihr Freund = sadyk-y-meveddet-kjar-lary (meveddet-kjar-yñyz), bende-ñiz Ihr Diener; bende-ji-ferman-ber-leri Ihr gehorsamster (ferman Befehl, -ber „tragend“, ausführend -leri „Ihr“ bezieht sich auf bende) Diener, abd-y-akhar-lary Ihr demütiger Diener (a. 'abd Diener, ahkar verächtlich, gering, demütig, Steigerungsform, -lary bezieht sich auf abd). Mit ubudijet-kjar-

ane „das Dienstverhältnis (ʿubudijet von a. ʿabada Diener
sein F. ḳutūlijet, -kjar tuend, besitzend) habend“ bezeichnet
man ebenso wie mit bendekjane (nach Art des Dieners)
und ferman-ber (Befehl-tragend = ausführend) den Begriff:
„mein“. zat-y-asylane-lerine tazymat-y-fajika-jy-ubudijet-
kjarane-m-iñ arz u takdimi-ni kesb-i-mefḫaret-e vesile-ji-
ittihaz elerim „Ihrem edlen (a. aṣil edelgeboren, -ane p.
Adj.-Endung). Wesen (a. ḏāt) entbiete ich (arz Anbietung =
takdim Inf. II von a. ḳadama vorangehen) meine vorzüg-
lichen (a. faik Partz. I von fāḳa übertreffen) und demütigen
(„dienerartigen“) Lobpreisungen (a. ʿaẓuma groß sein Inf. II
Lobspruch) und sie sind mir ein Mittel (vasīle-ji-ittihaz
„Mittel des Erlangens“), Ruhm (mefḫaret a. faḫura berühmt sein) zu erwerben (kesb Inf. für das Erwerben des
Ruhmes; D. „Der Lobpreisungen ihre Darbietung mache
ich zum Mittel für das Erwerben des Ruhmes“ = tazy-
mat … iñ takdim-i-ni …) = Ich habe die Ehre, Ihnen
meine Hochachtung auszusprechen.

Ich habe die Ehre, Ihnen meine Ergebenheit auszusprechen = zat-y-faḫymane-lerine („Ihrem Wesen dem
ruhmreichen“, a. faḫīm berühmt mit p. Adj.-Endung -ane;
leri „Ihr“ geht auf zat) ʿarz-y-measir-i-bendegi ile („mit
der = durch die Darbietung der Zeichen der Dienstbar-
keit“, a. aṯara bewirken, meser a. maʾṯar Wirkung, measir
Pl. Zeichen, Ausdrucksweisen, bende Knecht, bendegi Knecht-
schaft) kesb-i-faḫr ederim („mache ich Erwerb von Ruhm“).
Ich habe die Ehre, Ihnen mitzuteilen … = „durch das
Mitteilen mache ich Erwerb von Ruhm“ = bejan etmek-le
kesb-i-faḫr ederim.

Kaufmännische Schriftstücke wie Quittungen,
Geldanweisungen etc. werden nach folgendem Schema aus-
gefertigt. I. Oben auf dem Blatte findet man oft das
Zeichen bh. (بﻪ) = bi mennihi taala = mit der Gnade
Gottes. Darunter steht die fragliche Summe unter dem
(meist unleserlichen) Zeichen jz = jalyñyz = nur d. h.
die reine Summe ohne Mitberechnung der Zinsen von: Die
Summe wird in Zahlen und Buchstaben geschrieben. II. Der
Text des Dokumentes faßt möglichst in einen Satz die

ganze Sachlage zusammen, indem 1. der Termin angegeben wird z. B. taryḫdan beš sene mururunda von heute
ab nach Verlauf von fünf Jahren taryḫ Datum: Geschichte
murur Verfließen von a. marra vorbeigehen, 2. der Gegenwert der schuldigen Summe: bedelini emtia olarak istifa
eledijim(-i) ihr Gegenwert in Waren habe ich erhalten;
bedel Ersatz a. matā' Pl. emtia Güter, olarak indem
sind, istifa Inf. X von vafa erfüllen, Schuld bezahlen.
X. Bezahlung einer Schuld annehmen. sich Waren aus-
händigen lassen. Der Kasus von eledij-im „mein Gemacht-
haben" hängt von dem letzten Verbum ab. Stehen vor
diesem parallele Formen, so kann hier jede Kasusbezeichnung fehlen, 3. nochmalige Nennung der Summe
ber veǧh-i-bala ... wie oben erwähnt, 4. Nennung der
Person des Gläubigers etc.: auszuzahlen an N. N.
oder an seine Order: N. N. effendi-je-veja emri-ne („seinem
Befehle") te'dije ed-eǧej-im-i „mein Bezahlenwerden" A.
daß ich (ihm) bezahlen werde. 5. Dieser A. ist abhängig
von der Schlußformel mübejjin (dieses „erklärend" dar-
legend a. bāna II trennen, klar machen) išbu sened (dieser
Schein) testyr u imza („Schreiben und Ausfertigen"; saṭara
schreiben Inf. II, maḍā gehen Inf. IV vorbeigehen lassen,
ausfertigen) kylyndy (wurde gemacht = edildi, bujuruldu):
Dieses enthält der vorliegende Schein. III. Datum (nach
a. Sitte fi ... sene ... mit den muslimischen oder syrischen oder europäischen Monaten und Jahren) und Siegel
(Unterschrift allein genügt nicht) des Ausstellers des Dokumentes und eventuell seiner Zeugen (unter der Bezeichnung el-šāhid; der Schuldner setzt sein Siegel unter
das Wort al-medjūn; von a. dejn Schuld Partz. I Pass.)
schließen das Ganze.

Die Einführung in die t. Sprache wäre keine voll-
ständige, wenn nicht auch über die t. Metrik einige Angaben gemacht würden, die dem Leser vielleicht ein Führer
durch das unwegsame und schwierige Gebiet der t. Poesie
werden könnten. Die zugrunde gelegten Texte, an denen
die ersten metrischen Übungen vorgenommen werden können,
finden sich in Horten: Kleine Türkische Sprachlehre, S. 176 f.:

„Der Jäger“ und 178—181, drei Stanzen von Zyja Paša (erklärt im zugehörigen „Schlüssel“ S. 82—90) und 160 f.: Die Turkmenenmaid[1]). Es ist dem Türken natürlich, das Metrum seiner Volkspoesie, ein akzentuierendes, in das seiner Kunstpoesie, das quantitierend ist, hineinspielen zu lassen. Im Vortrage des letzteren spielen Hebung und Senkung (also regelmäßig sich folgende Akzente) eine maßgebende Rolle, was dem Wesen dieser nach Längen und Kürzen messenden Poesie eigentlich ferne liegt. Liest man einem Türken diese Poesie in der klassischen (altarabischen) Weise vor, so empfindet er auch dies als gut und richtig. Sein Sprachgefühl sucht sich also auch solchen Verhältnissen anzupassen, die ihm unnatürlich sind. Die im Folgenden behandelten Textproben sind Strophe 4 des Gedichtes: „Der Jäger“ (l. c. 177, 9), Stanze I 178, 20 f., II 179, 13 f., III 180 15 f. u. 20 f., Stumme: Lesestoffe 19 unt. Strophe 2.

Die t. Poesie hat die arabischen Metra übernommen. Das A. baut seine Versmaße auf dem Unterschiede von Längen und Kürzen der Vokale auf. Da nun das T. eine solche Unterscheidung nicht kennt, liegt es auf der Hand, daß die a. Metra für das T. unnatürlich sind. Wie ein echt t. Versmaß aussieht, zeigt die Volkspoesie. Sie hat im Gegensatz zu der durch Perser und Araber beeinflußten Kunstpoesie rein akzentuierende Metra, z. B. die Turkmenenmaid S. 160: vier Hebungen wechseln mit vier Senkungen. Entsprechend dem t. Akzentgesetze der Endbetonung entwickelt das Sprachgefühl in der Poesie den steigenden Versfuß .! (nicht den fallenden !.). Das Skandieren nach Längen und Kürzen wird ersetzt durch die regelmäßige Folge von Hebung (!) und Senkung (unbetonte Silbe). ben bá ba mýñ | evín | jykdým | = .!.! .!.!

Unnatürlich sind dem gegenüber die komplizierten quantitierenden a. Metra. A. und p. Längen werden noch

<hr>

1) Andere Gedichte findet man leicht zugänglich in Jacob, Prof. Dr. Georg: Hilfsbuch für Vorlesungen über das Osmanisch-Turkische, I. Teil (dort S. 22 Die Turkmenenmaid) u. II. Teil, Berlin 1915/16, 2. Aufl. Stumme: Türkische Lesestücke, Leipzig 1916, S. 19 f. und derselbe: Türkische Lesestoffe, Leipzig 1916, S. 19—23.

als solche empfunden und können für je zwei Kürzen eintreten. Der Türke liest diese Metra (nach meinen Ge-
währsmännern zu urteilen) akzentuierend, d. h. nach
Hebung und Senkung, also dem türkischen Sprachempfinden
entsprechend. Die Quantitätsunterschiede des A. kann er
in den original-türkischen Worten (und den eingebürgerten
und türkisch empfundenen a. und p. Fremdworten) nicht
mehr nachempfinden. So resultieren die Konflikte, die un-
vermeidlich sind, wenn eine Sprache mit notwendig akzen-
tuierender Metrik eine quantitierende aus einer fremden
Sprache übernimmt. Die Poesie „der Jäger“ ist im kata-
lektischen Hafif: ⏑⏑ — —|⏑ — ⏑ —|⏑⏑ — (akatalektisch ist
der letzte Fuß: ⏑⏑ — —), akzentuierend gelesen: ..!.|...!|..!|.
Der Nebenton des mittleren Fußes liegt auf der zweiten
(.!..!) jedoch auch auf der ersten Silbe (!...!): susnñúz kuš-|
g̣ygazlarým | susnñúz |. Der erste Vers der ersten Strophe
hat eine im A. unbekannte katalektische Form — —|, die
sich akzentuiert darstellt als .! (statt ..!). Man könnte
versucht sein, in ihm ein katalektisches Madid (⏑⏑ ⏑⸴ —|
⏑⏑ ⏑⸴|⏑⏑ ⸴) oder Ramel (⏑⏑ ⸴ —|⏑⏑ ⸴|⏑⏑ ⸴) zu lesen. Jedoch
wird die vorletzte Länge (tän in fattänlar) als Länge
empfunden, wodurch diese beiden Metra ausgeschlossen
sind. Wir haben uns an das im Refrain deutlich auftretende Hafif zu halten und dementsprechend die Länge
in zwei Kürzen zu sprechen — eine Anpassung des t.
Sprachempfindens an a. und p. Längen: kušg̣ygázlar | se-
vimli fét- ta-anlár). In der Akzentuierung aus t. Munde
klang dieser Vers wie ein doppelt gesetzter Kamil-Fuß
(:⏑⏑ — ⏑ —|⏑⏑ — ⏑ —| akzentuiert ..!.!|..!.!): kušg̣ygázlar
sév-imli féttanlár. Die Länge vor der letzten Hebung ist
jedoch für das Arabische unmöglich und auch für das
Türkische wohl ausgeschlossen (sicher in diesem Gedichte,
wie andere ausschlaggebende Verse zeigen).

1. biliñ ínsan¦-laryñ hasá|-iliní[1])
görüñ éfkja¦-rynyû delá¦-iliní

---

1) Den zweiten Versfuß betont der Türke gerne: | láryñ hasá |.
Dadurch wird ein scharfer Gegensatz gegen den ersten gebildet: dieser

> 2. zuafásy | vesile g̈úʼ-ji sitiz
>   akvijásy | bütün bütûn | ḫu-unríz¹)
> 3. elemíšler | g̈ihany zúlm | a-abád
>   bunlar ínsan -my bir aláʼ-ji g̈ellád
> 4. olamázlar | mühybb-y-sáʼ-dyk u ḫáir
>   bunlarýñ eñ | rabymy káʼ-til-i-tájr
> 5. bilirím ger-ʼče vasyf láʼ-jyk (u) mý?
>   baña sôjletʼ-mejiñ bakáʼ-yk (u) mý
>   susuñúz kuš-g̈ygazlarým | susuñúz.

1. Erkennt die moralischen Eigenschaften der Menschen (in ihrer ganzen Schlechtigkeit), habt ein Auge für die Kennzeichen ihrer (bösen) Gedanken! 2. Sogar die Schwachen unter ihnen suchen einen Vorwand zu Streit. Die Starken unter ihnen sind aber alle Blutvergießer. 3. Sie haben aus der Welt ein Land des Frevels gemacht. Sind sie noch Menschen? Nein! Sie sind eine Schar von Henkern. 4. Sie können keine gerechten und guten Freunde sein (liest man sydyk statt sadyk: sie können nicht die Gerechtigkeit und das Gute lieben). Der mitleidigste von ihnen tötet (wehrlose) Vögel. 5. Wie klar ich dies auch erkenne, es gibt keine („gibt es eine . . . ?") entsprechende Bezeichnung (die die Menschen so verurteilt, wie sie es wirklich verdienen). Drängt mich nicht, mein Urteil auszusprechen. Ist solche Tat (der Menschen) gerecht. — Haltet still, meine lieben kleinen Vögel! haltet still!

Die drei Stanzen von Zija Paša sind Ṭavil, mit dem Ḥafif eines der gebräuchlichsten a. Metra: $\cup\ \_\ \_\ |\ \cup\ \_\ \bar{\cup}\ \_\ \|$ $\cup\ \_\ \_\ |\ \cup\ \_\ \smile\ \_\ |$ akzentuierend gelesen: .!.|.!..||.!.|.!..| das mir von einem Türken gelesen wurde als: .!..!|...!|.!..!| z. B. dehríñ ne safá | vár ag̈abá | sim ú serindé. Danach

---

ist ansteigend, jener fallend, in diesem gehen zwei Kürzen dem Akzente voraus, in jenem folgen sie dem ersten Akzent des Fußes. Möglich ist auch larýñ hasá und mit ausschließlicher Betonung der letzten Silbe: larýñ hasá. Dadurch wird der Gegensatz zum ersten Fuße abgeschwächt.

1) Die Länge vor dem Hauptakzente wird in zwei Kürzen aufgelöst. Die fehlende Senkung könnte man auch durch eine Hilfssenkung gewinnen, die man v o r dieser Silbe entwickelte, z. B. in Fällen, in denen diese keine a: oder p. Länge enthielte, hier z. B. | e ḫunriz; a-abäd = ābād.

könnte man eine metrische Neubildung vermuten, bestehend aus einem Vafir- und einem Reǧez-Fuße (vafir: ◡ — ◡◡ — | .!..| | reǧez: ◡ — ◡ —|...! mit einem Nebentone bald auf der ersten bald auf der zweiten Senkung). Der zweite Vers sollte nach demselben Gewährsmanne ein anderes Metrum haben: .!.!|..!||.!...!| insán braǧýr | hepsiní || hiní | seferindé | (statt hepisini). Wenn im Türkischen aber jeder Vokal, auch der kurze des Arabischen, den Akzent tragen kann, läßt sich auch dieser Vers als Tavil lesen: insán bra-'ǧýr hépisi||-ni hín-i|-seférinde | und der erste: debríñ ne | safá var a-||ǧebá sim | u sérinde |. Die zweite Stanze: alláha | tevékkül e||-deníñ ja'-verí hakk-dyr | und die dritte: bir abd-i -habéš dehre || olúr baht | ylá sultan [1]). Im zweiten und vierten Fuße liegt ein Nebenton auf der letzten Silbe (hepisí, seferindé, var á-, serindé, kül é. dýr). Der Türke neigt dazu, diese letzten Hebungen stärker als mit einem Nebentone hervorzuheben entsprechend dem t. Sprachgesetze der Endbetonung. Dadurch wird dieses Metrum zu einem steigenden (Hebung am Ende des Fußes ...!), während es im Arabischen ein fallendes ist (Senkung am Ende des Fußes .!..). Trotz dieser Umbildungen durch das t. Sprachgefühl behält das Tavil seine feierliche Stimmung bei, und eignet sich für den gehobenen Inhalt der drei Stanzen in hervorragendem Maße. Die Vortragsweise als fallendes Metrum ist vielleicht als die klassische vorzuziehen.

I. ajýna‚-sy íš-dir kiš||-iníñ laí|-a bákylmaz

    šaḫsýñ gör|ünûr rütbe|-ji ákly | esérinde.

Der Spiegel des Mannes ist die Tat. Leeres Gerede wird nicht beachtet. Die geistige Stufe der einzelnen Person ist in seiner Leistung sichtbar.

II. bed ásyl‚-a néǧabet || mi vérir | unýforma

    zer-dúz pa‚-lan-ý vursañ || ešék ji|-ne éšek-dir.

<hr>

1) Die zitierten Verse bedeuten 1. Stanze: Welche Freude ist in dem Silber und Golde der (vergänglichen) Welt gelegen? Alles verläßt der Mensch, wenn er die Reise ins Jenseits antritt. 2. Stanze: Gott ist der Helfer derer, die auf ihn vertrauen. 3. Stanze: Ein abessinischer Sklave wird durch den Zufall des Glückes Sultan der Welt.

Kann das Kleid einem Menschen von unedler Ab-
stammung Edelsinn verleihen? Wenn du einem Esel eine
golddurchwirkte Decke auflegst, bleibt er doch ein Esel
(aṣyla statt asla, palan-y statt palan, latenter A.).

III. eksér gör -ülür čünki ǁ ǧezá ǧinș-i- ámelden
      engám-da | ahín-i-nden ǁ olúr rah̦.- ne-jí- suhan.

Meistens erlebt man es, daß die Strafe für das Verbrechen von derselben Natur ist wie die (strafbare) Handlung (das Vergehen birgt in sich schon den Keim der
Strafe). Am Ende wird die Feile durch das zugehörige
(„ihr“) Eisen schartig.

    mümkín-mi | ki téfrik olǁ-uná küfr | ilé iman
      bir h̦ákdan | inšá olun -ur déjir | ile mesǧid.

Lassen sich Unglaube und Glaube unterscheiden? Aus
einem und demselben Staube entstehen beide, ein heid-
nischer Tempel (ein christliches Kloster) und eine Moschée.

In der Volkspoesie z ä h l t der T., um in seiner eigenen
Ausdrucksweise zu reden, die Silben. Er spricht von einer
„Fingerzählung“ derselben. Dabei l i e s t er den Vers aber
akzentuierend. Die äußerliche Maßbestimmung des Verses
ist also die Silbenzahl — bei Überzahl an Silben fällt das
Zuviel in der Aussprache aus —, das eigentliche Wesen
des poetischen Schwunges im Vortrag aber der Akzent.
Eine reine Zählung ergibt noch keine Metrik, sondern nur
die Bestimmung für die Größe des Verses. Das W e s e n
des Dichterischen liegt in der regelmäßigen Abwechselung
zwischen Hebung und Senkung.

    baǧá gitdím | nar ičín   gül kópardým | jar ičin
    análar kýz | doǧurmúš   delikanlý̦-lar ičin.

In den Garten (statt baǧče) ging ich des Liebesfeuers
wegen; eine Rose pflückte ich für die Geliebte. Die Mütter
haben Mädchen geboren für die tollblütigen Jünglinge [1]).

---

1) S. 44, 22 ist oǧak- statt uǧak- zu lesen.